BIBLIOTHÈQUE
LATINE=FRANÇAISE

PUBLIÉE

PAR

C. L. F. PANCKOUCKE.

PARIS, IMPRIMERIE DE C. L. F. PANCKOUCKE
Rue des Poitevins, n. 14.

LUCRÈCE

DE LA NATURE DES CHOSES

POËME

TRADUIT EN PROSE

PAR DE PONGERVILLE

SUIVI

D'UN EXPOSÉ DU SYSTÈME PHYSIQUE D'ÉPICURE

PAR

AJASSON DE GRANDSAGNE

TOME SECOND.

PARIS

C. L. F. PANCKOUCKE

MEMBRE DE L'ORDRE ROYAL DE LA LÉGION D'HONNEUR
ÉDITEUR, RUE DES POITEVINS, N° 14.

M DCCC XXXII.

LUCRÈCE.

LIVRE IV.

T. LUCRETII CARI

DE RERUM NATURA.

LIBER IV.

Avia Pieridum peragro loca, nullius ante
Trita solo; juvat integros accedere fontes,
Atque haurire; juvatque novos decerpere flores,
Insignemque meo capiti petere inde coronam,
Unde prius nulli velarint tempora Musæ.
Primum, quod magnis doceo de rebus, et arctis
Relligionum animos nodis exsolvere pergo;
Deinde, quod obscura de re tam lucida pango
Carmina, Musæo contingens cuncta lepore:
Id quoque enim non ab nulla ratione videtur.
Nam veluti pueris absinthia tetra medentes
Quum dare conantur, prius oras pocula circum
Contingunt mellis dulci flavoque liquore,
Ut puerorum ætas improvida ludificetur
Labrorum tenus; interea perpotet amarum
Absinthî laticem, deceptaque non capiatur,
Sed potius, tali facto recreata, valescat:
Sic ego nunc, quoniam hæc ratio plerumque videtur
Tristior esse, quibus non est tractata; retroque

LUCRÈCE

DE LA NATURE DES CHOSES.

LIVRE IV.

Je parcours sur le Pinde des lieux déserts, où nul n'a laissé l'empreinte de ses pas; j'aime à puiser aux sources vierges encore; j'aime à cueillir des fleurs nouvelles; j'aspire à ceindre une couronne dont les Muses n'aient jamais orné le front des poètes. Car je révèle aux hommes de hautes vérités, je brise les fers honteux dont la religion accablait leur âme; je répands des flots de lumière sur les mystères les plus profonds; je revets de l'éclat des vers l'austérité de la raison : tel quand l'habile médecin présente aux enfans l'absinthe salutaire, il environne les bords du vase d'un miel savoureux. Séduite par cette erreur bienfaisante, leur lèvre puérile accepte sans défiance le noir breuvage qui verse dans leurs jeunes membres la vie et la santé. Ainsi, le sujet que je chante, trop sérieux pour les esprits qui ne l'ont point abordé, et rebutant peut-être pour le vulgaire, m'invite à emprunter le doux langage des Muses, afin que le miel suave de la poésie corrige l'amertume de la vérité. Heureux, ô mon ami, si, captivé

Volgus abhorret ab hac, volui tibi suaviloquenti
Carmine Pierio rationem exponere nostram,
Et quasi Musæo dulci contingere melle;
Si tibi forte animum tali ratione tenere
Versibus in nostris possem, dum perspicis omnem
Naturam rerum, ac persentis utilitatem.
SED quoniam docui, cunctarum exordia rerum
Qualia sint, et quam variis distantia formis
Sponte sua volitent æterno percita motu,
Quoque modo possint res ex his quæque creari;
Atque animi quoniam docui natura quid esset,
Et quibus e rebus cum corpore comta vigeret,
Quove modo distracta rediret in ordia prima.

NUNC agere incipiam tibi, quod vehementer ad has res
Attinet, esse ea, quæ rerum *simulacra* vocamus;
Quæ, quasi membranæ, summo de corpore rerum
Dereptæ, volitant ultro citroque per auras;
Atque eadem nobis vigilantibus obvia montes
Terrificant, atque in somnis, quum sæpe figuras
Contuimur miras, simulacraque luce carentum,
Quæ nos horrifice languentes sæpe sopore
Excierunt; ne forte animas Acherunte reamur
Effugere, aut umbras inter vivos volitare;
Neve aliquid nostri post mortem posse relinqui,
Quum corpus simul atque animi natura peremta,

par la mélodie des vers, tu ne cesses de les entendre qu'après avoir approfondi l'utile étude de la nature et déchiré le voile qui couvre ses grands secrets.

Je t'ai déjà enseigné quelles sont les qualités et les nombreuses configurations des premiers élémens. Tu sais maintenant comment ces principes de toutes choses, entraînés par l'impulsion que leur imprime leur essence, parcourent de toute éternité l'espace infini, et comment tous les êtres ont dû l'existence à leurs innombrables combinaisons. Tu n'ignores pas non plus la nature de l'âme, ni les ressorts qui lui transmettent la vie et l'activité dès qu'elle s'allie au corps; ni la métamorphose qu'elle subit, lorsque, séparée des sens, elle se dissout, et restitue ses principes à la nature.

Embrassons maintenant un sujet différent, mais intimement lié aux vérités que je t'ai fait connaître. Apprends que, dans l'espace, des substances revêtues du nom de *simulacres,* qui, pour ainsi dire, membranes détachées de la surface des corps, voltigent au hasard dans l'atmosphère, nous épouvantent pendant que nous veillons, et, dans les songes, assiègent notre esprit de figures monstrueuses, de spectres, de fantômes, dont l'essaim funèbre nous arrache aux langueurs du doux sommeil. Ainsi, ne croyons pas, comme l'erreur nous l'atteste, que ces simulacres légers soient des âmes transfuges de l'Achéron, qui s'efforcent de revoler parmi les vivans et d'assister encore aux scènes de la vie; car

In sua discessum dederint primordia quæque.

Dico igitur, rerum *effigias* tenuesque *figuras*
Mittier ab rebus, summo de corpore earum,
Quæ quasi membrana, vel cortex nominitanda est;
Quod speciem, ac formam similem gerit ejus imago,
Quojuscunque cluet de corpore fusa vagari.
Id licet hinc quamvis hebeti cognoscere corde :
Principio, quoniam mittunt in rebus apertis
Corpora res multæ; partim diffusa solute,
Robora ceu fumum mittunt, ignesque vaporem;
Et partim contexta magis condensaque, ut olim
Quum veteres ponunt tunicas æstate cicadæ,
Et vituli quum membranas de corpore summo
Nascentes mittunt, et item quum lubrica serpens
Exuit in spinis vestem; nam sæpe videmus
Illorum spoliis vepres volitantibus auctas.
Hæc quoniam fiunt, tenuis quoque debet imago
Ab rebus mitti, summo de corpore earum :
Nam, cur illa cadant magis, ab rebusque recedant,
Quam quæ tenuia sunt, hiscendi est nulla potestas;
Præsertim quum sint in summis corpora rebus
Multa minuta, jaci quæ possint ordine eodem
Quo fuerint, veterem et formæ servare figuram,
Et multo citius, quanto minus endopediri
Parva queunt, et sunt in prima fronte locata.

Nam certe jaci atque emergere multa videmus,

lorsque le corps et l'âme, en se séparant, ont été rendus à leurs élémens, la mort ne laisse point survivre la moindre partie de l'être qu'elle a frappé.

Ainsi donc, de la surface de tous les corps s'exhalent en flottant des *effigies*, des *images* mobiles, espèces de membranes ou d'écorces déliées, qui conservent, en s'échappant dans les airs, les traits et la forme exacte des corps dont elles sont émanées.

Leur existence se révèle aisément à l'esprit le moins pénétrant; car il est un grand nombre de corps dont les émanations sont sensibles à tous les yeux. Là, ce sont des parties distinctes qui s'épanchent en tous sens, comme la fumée exhalée du bois, la chaleur élancée du feu. Ici, elles offrent un tissu souple et serré, comme le vêtement léger dont la cigale se dépouille pendant l'été, l'enveloppe dont le veau naissant se débarrasse aux portes de la vie, ou la robe dont le serpent se dépouille en glissant et qu'il laisse flotter sur les buissons. Ces exemples suffisent pour te convaincre que de la surface de tous les corps se détachent de semblables images, mais plus légères et plus subtiles. Car, peut-on affirmer pourquoi ces grossières effigies se détacheraient plutôt des corps, que celles dont la ténuité se dérobe à nos sens, surtout en reconnaissant que tous les corps sont environnés d'une multitude de molécules imperceptibles qui, sans altérer leur forme, sans renoncer à leur ordre primitif, peuvent, de la surface même, où est placée leur essence légère, s'élancer avec une vélocité qui n'a besoin de triompher d'aucun obstacle.

Nous voyons même des flots de molécules s'échapper

Non solum ex alto penitusque, ut diximus ante,
Verum de summis ipsum quoque sæpe colorem;
Et volgo faciunt id lutea russaque vela
Et ferrugina, quum magnis intenta theatris
Per malos volgata, trabesque trementia flutant:
Namque ibi consessum caveaï subter, et omnem
Scenaï speciem, patrum, matrumque, Deorumque,
Inficiunt, coguntque suo fluitare colore;
Et quanto circum mage sunt inclusa theatri
Mœnia, tam magis hæc intus perfusa lepore
Omnia conrident, conrepta luce diei.
Ergo lintea de summo quum corpore fucum
Mittunt, effigias quoque debent mittere tenues
Res quæque; ex summo quoniam jaculantur utraque:
Sunt igitur jam formarum vestigia certa,
Quæ volgo volitant, subtili prædita filo,
Nec singillatim possunt secreta videri.
PRÆTEREA, omnis odos, fumus, vapor, atque aliæ res
Consimiles, ideo diffusæ rebus abundant,
Ex alto quia dum veniunt, intrinsecus ortæ,
Scinduntur per iter flexum; nec recta viarum
Ostia sunt, qua contendunt exire coortæ:
At contra, tenuis summi membrana coloris
Quum jacitur, nihil est quod eam discerpere possit;
In promptu quoniam est, in prima fronte locata.
POSTREMO in speculis, in aqua, splendoreque in omni
Quæcunque apparent nobis simulacra, necesse est,
Quandoquidem simili specie sunt prædita rerum,
Esse in imaginibus missis consistere eorum:
Nam, cur illa cadant magis, ab rebusque recedant

non-seulement de l'intérieur des objets, mais aussi de leur surface : telles sont les émanations des couleurs. Vois-tu ces voiles colorés de pourpre, de noir ou d'azur, qui, déployés sur des colonnes, flottent au sommet de nos vastes théâtres : leurs reflets mouvans éclatent sur les nombreux spectateurs, et leur mobile lueur frappe la scène, le cercle des femmes, des graves sénateurs et les images des dieux. Ce magique reflet flatte plus nos regards quand le théâtre, moins ouvert, permet une moins libre issue aux traits de la lumière. Si le coloris de ces voiles se détache de leur superficie, tous les corps soumis à cette loi doivent expulser des effigies déliées, puisque ces deux espèces d'émanations ont leur source à la surface des corps. Nous avons donc révélé l'existence des *simulacres* qui parcourent l'espace aérien sous des formes si délicates, qu'en se divisant ils échappent à nos yeux.

La chaleur, les parfums, la vapeur et toutes les émanations semblables s'évanouissent en se disséminant, puisque, détachées du centre des corps, elles ne peuvent se frayer une route directe et se divisent dans les issues tortueuses où elles s'ouvrent un étroit passage ; tandis que la membrane fluide des couleurs s'échappant de la superficie, n'est déchirée par aucun obstacle.

Enfin, les miroirs, la surface des eaux, les corps lisses nous renvoient les simulacres des objets avec une ressemblance si parfaite, qu'ils ne peuvent être formés que par les propres images de ces objets. Car, je le dis encore, les effigies des corps solides ne peuvent pas

Corpora, res multæ quæ mittunt corpore aperto,
Quam quæ tenuia sunt, hiscendi est nulla potestas.
Sunt igitur tenues formarum, consimilesque
Effigiæ, singillatim quas cernere nemo
Quum possit, tamen, assiduo crebroque repulsu
Rejectæ, reddunt speculorum ex æquore visum;
Nec ratione alia servari posse videntur
Tantopere, ut similes reddantur quoique figuræ.
Nunc age, quam tenui natura constet imago,
Percipe; et inprimis, quoniam primordia tantum
Sunt infra nostros sensus, tantoque minora,
Quam quæ primum oculi cœptant non posse tueri.
Nunc tamen id quoque uti confirmem, exordia rerum
Cunctarum quam sint subtilia, percipe paucis.
Primum animalia sunt jam partim tantula, eorum
Tertia pars nulla ut possit ratione videri:
Horum intestinum quodvis quale esse putandum est?
Quid cordis globus, aut oculi? quid membra? quid artus?
Quantula sunt? quid præterea primordia quæque,
Unde anima atque animi constet natura necessum est?
Nonne vides, quam sint subtilia, quamque minuta?
Præterea, quæcunque suo de corpore odorem
Exspirant acrem, panaces, absinthia tetra,
Abrotonique graves, et tristia centaurea;
Horum unum quòdvis leviter si forte ciebis,
Quam primum noscas rerum simulacra vagare
Multa, modis multis, nulla vi, cassaque sensu:
Quorum quantula pars sit imago, dicere nemo est
Qui possit, neque eam rationem reddere dictis.
Sed, ne forte putes ea demum sola vagare,

plus tôt être émanées, que celles dont la ténuité échappe à nos sens.

De tous les corps s'écoulent donc des images qu'on ne peut apercevoir isolées, mais dont les émissions fréquentes, réunies, et renvoyées de la surface des miroirs, se manifestent enfin à nos organes. Telle est la cause de leur ressemblance avec la forme des objets qui les produisent.

Poursuis, et connais quelle est l'extrême ténuité de ces images, dont les principes sont plus imperceptibles, plus subtils que ceux même dont l'essence commence à échapper à notre vue. Veux-tu t'en convaincre? Songe à quel point les principes des corps sont inaperçus, puisqu'il existe des êtres animés dont le corps divisé seulement en trois parts ne serait qu'un atome invisible. Quelle sera donc la ténuité de leur cœur, de leurs yeux, de leurs entrailles, de leurs faisceaux nerveux? Et peux-tu concevoir la nature délicate et subtile des principes créateurs de leur âme et de leurs sentimens?

Frappe légèrement la tige des fleurs dont le parfum est pénétrant, l'absinthe amère, le panace, l'aurone acerbe et la triste centaurée, une foule de simulacres odorans, mais sans force, voltigent aussitôt dans les airs, les parcourent, sans que leur choc et leur agilité soient sensibles à nos sens. Nul ne pourra apprécier à quel point ces images sont petites, comparées aux corps dont elles sont émanées.

Mais, ne crois pas que l'air récèle d'autres simula-

Quæcunque ab rebus rerum simulacra recedunt;
Sunt etiam, quæ sponte sua gignuntur, et ipsa
Constituuntur in hoc cœlo, qui dicitur aer;
Quæ multis formata modis sublime feruntur,
Nec speciem mutare suam liquentia cessant,
Et cujusque modi formarum vertere in ora.
Ut nubes facile interdum concrescere in alto
Cernimus, et mundi speciem violare serenam,
Aera mulcentes motu; nam sæpe gigantum
Ora volare videntur, et umbram ducere late;
Interdum magni montes, avolsaque saxa
Montibus anteire, et solem succedere præter;
Inde alios trahere atque inducere bellua nimbos.
Nunc ea quam facili et celeri ratione genantur,
Perpetuoque fluant ab rebus, lapsaque cedant.
Semper enim summum quidquid de rebus abundat,
Quod jaculentur; et hoc, alias quum pervenit in res,
Transit, ut inprimis vestem; sed in aspera saxa,
Aut in materiem ut ligni pervenit, ibi jam
Scinditur, ut nullum simulacrum reddere possit:
At quum, splendida quæ constant, opposta fuerunt,
Densaque, ut inprimis speculum est, nihil accidit horum.
Nam neque, uti vestem, possunt transire, neque ante
Scindi, quam meminit lævor præstare salutem.
Quapropter fit, ut hinc nobis simulacra redundent;
Et quamvis subito, quovis in tempore, quamque
Rem contra speculum ponas, apparet imago:
Perpetuo fluere ut noscas e corpore summo
Texturas rerum tenues, tenuesque figuras.
Ergo multa brevi spatio simulacra genuntur,

cres, que ceux dont les corps ont produit l'émanation ; il en est qui s'échappent d'eux-mêmes, se balancent dans la région aérienne, et qui, sans cesse, quittent et reprennent mille formes nouvelles, comme ces nuages amoncelés rapidement dans les hautes régions, voilent l'azur d'un ciel serein, s'épanchent dans l'air qu'ils caressent. Tantôt, des spectres gigantesques semblent remplir l'espace de ténèbres ; tantôt, des montagnes énormes se dressent, et des rochers arrachés de leurs flancs laissent tout à coup entrevoir le soleil ; tantôt, un monstre immense rassemble, pousse les nuages et les répand dans l'étendue des cieux.

Mais avec quelle facile abondance et quelle promptitude naissent les simulacres ! avec quelle vélocité ils se détachent et s'échappent sans cesse des objets ! Les surfaces de tous les corps sont les sources intarissables des émanations ; arrivées à la superficie des corps, elles pénètrent les tissus poreux, tels que les étoffes, et sont repoussées par les objets solides, tels que le bois ou la pierre, et n'en réfléchissent point les images. Mais leur effet est différent, lorsque les émanations rencontrent un corps serré et poli, tels que les miroirs : elles ne peuvent les traverser comme de légers vêtemens, mais elles ne se décomposent par le choc, qu'après avoir été réfléchies en entier par la surface plane. C'est ainsi que les corps lisses renvoient les simulacres : quelles que soient la brièveté du temps et la promptitude avec laquelle on leur oppose le miroir, leur image s'y réfléchit soudain. Ainsi, des surfaces des corps s'échappent sans cesse

Ut merito celer his rebus dicatur origo.

Et quasi multa brevi spatio summittere debet
Lumina sol, ut perpetuo sint omnia plena;
Sic a rebus item simili ratione necesse est
Temporis in puncto rerum simulacra ferantur
Multa, modis multis, in cunctas undique partes :
Quandoquidem, speculum queiscunque obvertimus oris,
Res ibi respondent simili forma atque colore.
PRÆTEREA, modo quum fuerit liquidissima cœli
Tempestas, perquam subito fit turbida fœde
Undique, uti tenebras omnes Acherunta rearis
Liquisse, et magnas cœli complesse cavernas;
Usque adeo, tetra nimborum nocte coorta,
Impendent atræ formidinis ora superne :
Quorum quantula pars sit imago, dicere nemo est
Qui possit, neque eam rationem reddere dictis.
NUNC age, quam celeri motu simulacra ferantur,
Et quæ mobilitas ollis tranantibus auras
Reddita sit, longo ut spatio brevis hora teratur,
In quemcunque locum diverso numine tendunt,
Suavidicis potius, quam multis, versibus edam :
Parvus ut est cycni melior canor, ille gruum quam
Clamor, in ætheriis dispersus nubibus austri.
PRINCIPIO, persæpe leves res, atque minutis
Corporibus factas, celeres licet esse videre.
In quo jam genere est solis lux, et vapor ejus;
Propterea quia sunt e primis facta minutis;
Quæ quasi truduntur, perque aeris intervallum

des tissus déliés, des images imperceptibles. Un seul instant voit en foule des simulacres naître et s'élancer à flots pressés.

Si l'astre du jour, dans un court intervalle de temps, répand les flots lumineux dont l'espace est sans cesse rempli; de même les simulacres émanés des corps, de toute part, se précipitent en foule dans toutes les directions ; car de quelque côté que le miroir se présente, l'objet s'y reproduit soudain avec sa forme et ses couleurs.

A L'INSTANT même où le ciel brille de l'éclat le plus pur, le voile épais de la tempête le couvre tout à coup. Il semble que les ténèbres, s'élançant de l'Achéron, coulent à flots impétueux dans les cavités du ciel. Dans cette nuit de vapeurs orageuses, nous contemplons, sous mille formes horribles, l'effroi balancé sur nos têtes. Mais, qui pourrait apprécier la ténuité des images innombrables dont se forment ces spectres aériens ?

POURSUIS, apprends quelle est la vélocité des simulacres, avec quel prompt essor ils s'élancent dans les airs, quel immense espace ils parcourent dans un seul instant, en se précipitant dans toutes les directions ; mais j'emploierai le charme et non la multitude des vers; car l'oreille est moins docile aux cris dont la grue ne cesse d'agiter les airs, qu'au rapide chant du cygne mélodieux.

TU le vois, la vitesse appartient aux corps légers, formés d'élémens subtils. Ainsi, la lumière et la chaleur du soleil sont doués d'une grande vélocité; ils se composent d'élémens actifs et déliés qui se succèdent, se poussent en courant, pénètrent aisément le fluide aé-

Non dubitant transire, sequenti concita plaga :
Suppeditatur enim confestim lumine lumen,
Et quasi protelo stimulatur fulgure fulgur.
Quapropter, simulacra pari ratione necesse est
Immemorabile per spatium transcurrere posse
Temporis in puncto : primum, quod parvola causa
Est procul a tergo quæ provehat atque propellat;
Deinde, quod usque adeo textura prædita rara
Mittuntur, facile ut quasvis penetrare queant res,
Et quasi permanare per aeris intervallum.
Præterea, si, quæ penitus corpuscula rerum
Ex altoque foras mittuntur, solis uti lux,
Ac vapor, hæc puncto cernuntur lapsa diei
Per totum cœli spatium diffundere sese;
Perque volare mare ac terras, cœlumque rigare
Quod super est; ubi tam volucri hæc levitate feruntur;
Quid? quæ sunt igitur jam prima in fronte parata,
Quum jaciuntur, et emissum res nulla moratur,
Nonne vides citius debere et longius ire,
Multiplexque loci spatium transcurrere eodem
Tempore, quo solis pervolgant lumina cœlum?
Hoc etiam inprimis specimen verum esse videtur,
Quam celeri motu rerum simulacra ferantur,
Quod, simul ac primum sub divo splendor aquai
Ponitur, extemplo, cœlo stellante, serena
Sidera respondent in aqua radiantia mundi.
Jamne vides igitur, quam puncto tempore imago
Ætheris ex oris in terrarum accidat oras?
Quare etiam atque etiam mitti hæc fateare necesse est
Corpora, quæ feriant oculos, visumque lacessant;

rien. Les flots d'élémens pressent les flots qui les précèdent. La lumière succède sans cesse à la lumière, et la vitesse de son éclat s'accroît toujours par un éclat nouveau. Ainsi les simulacres parcourent en un clin d'œil d'incommensurables espaces, parce qu'ils sont incessamment chassés par l'impulsion des corpuscules qui les suivent, et que ces légers corpuscules, dont le tissu est subtil et délié, pénètrent sans peine tous les corps et coulent, en quelque sorte, dans tous les interstices de l'air.

Tu vois des corpuscules émanés de l'intérieur des objets, jaillir de leurs pores : tels sont l'éclat et la chaleur du soleil : ils se répandent en un rapide instant dans l'immense étendue des airs, envahissent la terre et les flots, s'élancent vers le ciel, le baignent de leurs feux, dont ils inondent l'espace. Ne sois donc pas surpris si les simulacres nés à la surface des corps, et dont nul obstacle ne retarde l'émanation, se précipitent avec plus de vitesse et en de plus vastes profondeurs, dans un temps égal à celui que la lumière du soleil emploie à traverser les plaines célestes.

Mais veux-tu mieux encore te convaincre de l'extrême vélocité des simulacres ; épanche sur le sol une légère nappe d'eau. A l'instant, les étoiles dont le ciel est parsemé, les flambeaux éclatans du monde sont réfléchis dans le cristal liquide. Tu vois donc avec quelle extrême vitesse les images se précipitent des extrémités du monde à la surface de la terre.

Reconnais donc l'existence des simulacres qui assiègent sans cesse notre vue et affectent nos sens. Tous

Perpetuoque fluunt certis ab rebus odores,
Frigus ut a fluviis, calor a sole, æstus ab undis
Æquoris, exesor mœrorum littora circum;
Nec variæ cessant voces volitare per auras:
Denique, in os salsi venit humor sæpe saporis,
Quum mare versamur propter; dilutaque contra
Quum tuimur misceri absinthia, tangit amaror.
Usque adeo omnibus ab rebus res quæque fluenter
Fertur, et in cunctas dimittitur undique partes.
Nec mora, nec requies inter datur ulla fluendi;
Perpetuo quoniam sentimus, et omnia semper
Cernere, odorari licet, et sentire sonorem.
PRÆTEREA, quoniam manibus tractata figura
In tenebris quædam, cognoscitur esse eadem, quæ
Cernitur in luce et claro candore; necesse est
Consimili causa tactum visumque moveri.
Nunc igitur, si quadratum tentamus, et id nos
Commovet in tenebris; in luci quæ poterit res
Accidere ad speciem, quadrata nisi ejus imago?
Esse in imaginibus quapropter causa videtur
Cernendi, neque posse sine his res ulla videri.
NUNC ea, quæ dico, rerum simulacra, feruntur
Undique, et in cunctas jaciuntur didita partes;
Verum, nos oculis quia solis cernere quimus,
Propterea fit, uti, speciem quo vertimus, omnes
Res ibi eam contra feriant forma atque colore:
Et, quantum quæque a nobis res absit, imago
Efficit ut videamus, et internoscere curat.
Nam quum mittitur, extemplo protrudit agitque
Aera, qui inter se cunque est oculosque locatus;

les corps ont leurs émanations constantes : les parfums coulent des corps odorans, le froid émane des fluides, la chaleur émane du soleil; de la plaine turbulente des mers s'exhale le sel rongeur qui mine les édifices du rivage. Mille sons variés voltigent incessamment dans les airs. Parcours les bords de l'Océan; la vapeur saline affecte ton palais, et l'absinthe broyée devant toi te lance son amertume : tant les sources intarissables des émanations coulent vers nous de tous côtés, puisqu'il nous est toujours permis de voir, d'odorer et d'entendre.

Enfin, puisque dans les ténèbres le toucher nous révèle les contours et la forme d'un objet, au point de le reconnaître quand la lumière du jour vient le découvrir à nos yeux; du toucher et de la vue le mécanisme est semblable. Si le corps en effet que nous touchons dans l'ombre est de forme carrée, le jour ne l'offrira point sous un autre aspect. La faculté de voir est donc due aux images : sans elles nul objet ne serait aperçu.

Leur écoulement continu et rapide s'élance dans tous les sens; mais le don de la vue appartenant aux yeux seuls, partout où le regard se porte, il est frappé par la forme et la couleur des objets. Par des signes certains, les mêmes images nous révèlent des distances; car en se précipitant des corps elles poussent et chassent l'air élastique qui s'amasse entre elles et l'organe : cette colonne d'air, après avoir glissé dans toute son étendue sur l'organe, et, pour ainsi dire, nettoyé la prunelle, la

Isque ita per nostras acies perlabitur omnis,
Et quasi perterget pupillas, atque ita transit.
Propterea fit, uti videamus quam procul absit
Res quæque; et quanto plus aeris ante agitatur,
Et nostros oculos perterget longior aura,
Tam procul esse magis res quæque remota videtur :
Scilicet hæc summe celeri ratione geruntur;
Quare fit ut videamus, et una quam procul absit.
Illud in his rebus minime mirabile habendum est,
Cur ea quæ feriant oculos simulacra, videri
Singula quum nequeant, res ipsæ perspiciantur.
Ventus enim quoque paulatim quum verberat, et quum
Acre ferit frigus, non privam quamque solemus
Particulam venti sentire, et frigoris ejus;
Sed magis unversum; fierique perinde videmus
Corpore tum plagas in nostro, tanquam aliquæ res
Verberet, atque sui det sensum corporis extra.
Præterea lapidem digito quum tundimus, ipsum
Tangimus extremum saxi, summumque colorem;
Nec sentimus eum tactu, verum magis ipsam
Duritiem penitus saxi sentimus in alto.
Nunc age, cur ultra speculum videatur imago,
Percipe; nam certe penitus semota videtur.
Quod genus illa, foris quæ vere transpiciuntur,
Janua quum per se transpectum præbet apertum,
Multa facitque foris ex ædibus ut videantur.
Is quoque enim duplici geminoque fit aere visus :
Primus enim est, citra postes qui cernitur aer;
Inde fores ipsæ dextra lævaque sequuntur;
Post extraria lux oculos pertinget, et aer

traverse. Par là nous apprécions les distances : plus la colonne d'air poussée par les simulacres, en effleurant nos yeux, s'étend et s'épaissit, plus l'objet qui les envoie nous paraît éloigné; et, comme le jeu de la nature s'exécute avec une vitesse inconcevable, nous apercevons les corps, et à l'instant même nous jugeons leur distance.

Tu t'étonnes peut-être que les simulacres inaperçus, lorsqu'ils sont divisés, puissent, par leur agglomération, nous faire apercevoir les objets : mais sentons-nous chaque molécule de l'air, quand le zéphyr nous caresse, ou quand l'aquilon nous frappe? Leurs impressions réunies se manifestent seules à nos sens : leur action est semblable au choc des objets dont la surface agit sur nos corps. Presse du doigt ce rocher; tu ne touches que l'extrémité de la surface et de la couleur, et cependant le tact te révèle la dureté de la masse entière de la pierre.

Tu demandes pourquoi l'image apparaît au delà du miroir et dans l'éloignement ; c'est ainsi que, du fond de nos demeures, notre vue peut atteindre les objets extérieurs, lorsque l'issue ouverte lui permet de se promener sur les lieux d'alentour. Deux colonnes d'air s'interposent, l'une, entre la porte et l'œil, à laquelle succède l'image et de la porte et des corps placés dans l'intérieur d'un et d'autre côté. L'autre colonne, précédée de la lumière qui vient frapper nos yeux, est suivie

Alter, et illa foris quæ vere transpiciuntur.
Sic, ubi se primum speculi projecit imago,
Dum venit ad nostras acies, protrudit agitque
Aera, qui inter se cunque est oculosque locatus;
Et facit, ut prius hunc omnem sentire queamus,
Quam speculum : sed, ubi speculum quoque sensimus ipsum,
Continuo a nobis in id hæc, quæ fertur, imago
Pervenit, et nostros oculos rejecta revisit;
Atque alium præ se propellens aera volvit;
Et facit, ut prius hunc, quam se, videamus; eoque
Distare a speculo tantum semota videtur.
Quare etiam atque etiam minime mirarier est par
Ollis, quæ reddunt speculorum ex æquore visum,
Aeribus binis, quoniam res confit utroque.
Nunc ea, quæ nobis membrorum dextera pars est,
In speculis fit ut in læva videatur, eo quod
Planitiem ad speculi veniens quum offendit imago,
Non convertitur incolumis; sed recta retrorsum
Sic eliditur, ut si quis, prius arida quam sit
Cretea persona, allidat pilæve trabive;
Atque ea continuo rectam si fronte figuram
Servet, et elisam retro sese exprimat ipsa;
Fiet, ut, ante oculos fuerit qui dexter, hic idem
Nunc sit lævus, et e lævo sit mutua dexter.
Fit quoque, de speculo in speculum ut tradatur imago;
Quinque, etiam sex, ut fieri simulacra suerint :
Nam quæcunque retro parte interiore latebunt,
Inde tamen, quamvis torte penitusque remota,
Omnia per flexos aditus educta, licebit
Pluribus hæc speculis videantur in ædibus esse.

de l'image des objets placés et aperçus au dehors. Tel est aussi l'effet du miroir : son image même, en se précipitant vers nous, chasse devant elle les flots d'air placés entre sa surface et nos yeux. L'impression de cette colonne d'air devance l'image du miroir ; mais à l'instant même où nous l'apercevons, notre propre image s'élance vers le miroir qui ne la réfléchit à nos yeux qu'après avoir fait glisser sur nous d'autres flots d'air pressés par notre image. Voilà pourquoi cette image paraît enfoncée au delà du miroir, à une distance égale à celle qui nous sépare de sa surface. Deux colonnes d'air donnent naissance à ce phénomène.

Si le miroir transpose les parties des objets qu'il renvoie, c'est qu'en frappant la surface plane, l'image, avant d'être réfléchie, se retourne et change de face, en un sens opposé. Ainsi, applique sur une colonne un masque d'argile humide et souple : s'il se peut qu'en conservant leurs formes, toutes les parties saillantes se replient en elles-mêmes et surgissent au dehors dans leur intégrité, tu verras l'œil gauche et l'œil droit faire échange de leur place accoutumée.

Quelquefois, l'image reportée de miroir en miroir quintuple et sextuple le simulacre. Alors, quels que soient l'obliquité, l'enfoncement, la distance de la position des objets environnans, ils sont attirés vers toi par ces réfractions rapides, et la multiplicité des miroirs les reproduit sur tes lambris. Ainsi, de miroir en miroir sont

Usque adeo e speculo in speculum tralucet imago;
Et quum læva data est, fit rursum ut dextera fiat :
Inde retrorsum reddit se et convertit eodem.
Quin etiam, quæcunque latuscula sunt speculorum
Adsimili lateris flexura prædita nostri;
Dextera ea propter nobis simulacra remittunt,
Aut quia de speculo in speculum transfertur imago,
Inde ad nos elisa bis advolat; aut etiam quod
Circumagitur, quum venit imago, propterea quod
Flexa figura docet speculi convertier ad nos.
Endogredi porro pariter simulacra, pedemque
Ponere nobiscum credas, gestumque imitari;
Propterea, quia de speculi qua parte recedas,
Continuo nequeunt illinc simulacra reverti :
Omnia quandoquidem cogit Natura referri,
Ac resilire ab rebus, ad æquos reddita flexus.
Splendida porro oculi fugitant, vitantque tueri :
Sol etiam cæcat, contra si tendere pergas :
Propterea, quia vis magna est ipsius, et alte
Aera per purum graviter simulacra feruntur,
Et feriunt oculos, turbantia composituras :
Præterea, splendor, quicunque est acer, adurit
Sæpe oculos; ideo, quod semina possidet ignis
Multa, dolorem oculis quæ gignunt insinuando.
Lurida præterea fiunt, quæcunque tuentur
Arquati; quia luroris de corpore eorum
Semina multa fluunt, simulacris obvia rerum;
Multaque sunt oculis in eorum denique mista,
Quæ contage sua palloribus omnia pingunt.

propagées les images : le premier les réfléchit-il à gauche, le second les retourne à droite, un troisième les saisit et les rétablit aussitôt.

Les miroirs taillés à plusieurs faces réfléchissent les objets dans le sens où ils leur sont présentés, ou parce que l'image de miroirs en miroirs n'est transmise à nos yeux qu'après son double trajet, ou parce que, roulant sur elle-même en volant vers nous, la courbure de la facette la presse et la retourne.

Le simulacre est si fidèle imitateur de notre corps, que tu le vois se mouvoir, nous suivre pas à pas : il reproduit l'attitude, le geste ; il se montre et disparaît ; parce que tu quittes la ligne du miroir, il cesse de réfléchir : car la nature a voulu que l'image ne puisse être portée et réfléchie qu'en formant des angles égaux.

Les yeux craignent les objets resplendissans, ils en évitent l'aspect. Le soleil éteindra ta vue, si tu la portes obstinément sur lui. A la propre force de ses rayons se joint la force des simulacres lumineux qui, tombant avec impétuosité du haut des airs, frappent violemment nos yeux et brisent leurs ressorts. D'ailleurs, une trop vive splendeur, par la multitude des semences de feu qu'elle fait jaillir, irrite et blesse l'organe qu'elle pénètre. Tous les objets, en un mot, sont jaunes à l'œil d'un bilieux ; parce qu'en s'échappant de son corps, des semences jaunes se mêlent aux simulacres qui affluent vers lui ; et peut-être aussi le cristal de ses yeux est empreint d'émanations colorantes dont la contagion dore toutes les images.

E tenebris autem, quæ sunt in luce, tuemur,
Propterea, quia quum propior caliginis aer
Ater init oculos prior, et possedit apertos;
Insequitur candens confestim lucidus aer,
Qui quasi purgat eos, ac nigras discutit umbras
Aeris illius : nam multis partibus hic est
Mobilior, multisque minutior et mage pollens :
Qui simul atque vias oculorum luce replevit,
Atque patefecit quas ante obsederat ater,
Continuo rerum simulacra adaperta sequuntur,
Quæ sita sunt in luce, lacessuntque, ut videamus :
Quod contra facere in tenebris e luce nequimus,
Propterea, quia posterior caliginis aer
Crassior insequitur, qui cuncta foramina complet,
Obsiditque vias oculorum, ne simulacra
Possint ullarum rerum conjecta moveri.
Quadratasque procul turres quum cernimus urbis,
Propterea fit, uti videantur sæpe rotundæ,
Angulus obtusus quia longe cernitur omnis;
Sive etiam potius non cernitur, ac perit ejus
Plaga, nec ad nostras acies perlabitur ictus;
Aera per multum quia dum simulacra feruntur,
Cogit hebescere eum crebris offensibus aer :
Hinc, ubi suffugit sensum simul angulus omnis,
Fit, quasi tornata ut saxorum structa tuantur;
Non tamen ut coram quæ sunt, vereque rotunda,
Sed quasi adumbratim paulum simulata videntur.
Umbra videtur item nobis in sole moveri,
Et vestigia nostra sequi, gestumque imitari,
Aera si credas privatum lumine posse

Du fond d'un lieu obscur on découvre facilement les objets, exposés à la lumière du jour, parce que l'air ténébreux, environnant nos yeux, s'y introduit sans obstacle, et s'empare de toutes les issues de l'organe. Aussitôt il est suivi par l'air éclairé qui, doué de plus de vitesse et d'énergie que l'air ténébreux, purge en quelque sorte les yeux et les affranchit des ombres noires qui les envahissaient. Quand les conduits qu'avaient obstrués les ténèbres ont été ainsi abreuvés de lumière, les simulacres des corps placés au jour s'en emparent rapidement et procurent la sensation de la vue. Au contraire, il est impossible de distinguer d'un lieu éclairé les objets placés dans l'obscurité, parce que l'air sombre, plus épais, ne se présentant que le dernier, ferme tous les canaux visuels, envahit toutes les voies et repousse tous les simulacres qui cherchent notre vue.

Dans le lointain, les tours carrées des villes apparaissent arrondies : tout angle, à une grande distance, se brise, ou plutôt on ne l'aperçoit pas. Son élancement se perd; son trait ne peut arriver jusqu'à l'œil, parce que le choc continu de l'air émousse les simulacres dans un long trajet. L'angle usé ainsi devient insensible, et l'on ne distingue plus qu'une masse de pierres arrondies, non pas comme les corps dont l'œil de près détermine la forme sphérique, mais, pour ainsi dire, comme un objet dont l'ombre qui l'entoure, rend la forme douteuse.

Quand le soleil brille, notre ombre se meut avec nous : asservie à nos pas, elle imite nos gestes, elle semble participer à la vie. On lui croirait la faculté de

Endogredi, motus hominum gestusque sequentem;
Nam nihil esse potest aliud nisi lumine cassus
Aer, id quod nos umbram perhibere suemus :
Nimirum quia terra locis ex ordine certis
Lumine privatur solis, quacunque meantes
Officimus; repletur item, quod liquimus ejus.
Propterea fit, uti videatur, quæ fuit umbra
Corporis, e regione eadem nos usque secuta :
Semper enim nova se radiorum lumina fundunt;
Primaque dispereunt, quasi in ignem lana trahatur :
Propterea facile et spoliatur lumine terra,
Et repletur item, nigrasque sibi abluit umbras.
Nec tamen hic oculos falli concedimus hilum;
Nam quocunque loco sit lux atque umbra, tueri
Illorum est; eadem vero sint lumina, necne,
Umbraque, quæ fuit hic, eadem num transeat illuc;
An potius fiat, paulo quod diximus ante;
Hoc animi demum ratio discernere debet;
Nec possunt oculi naturam noscere rerum :
Proinde animi vitium hoc oculis adfingere noli.
Qua vehimur navi, fertur, quum stare videtur :
Quæ manet in statione, ea præter creditur ire;
Et fugere ad puppim colles campique videntur,
Quos agimus præter navim, velisque volamus :
Sidera cessare ætheriis adfixa cavernis
Cuncta videntur; et assiduo sunt omnia motu;
Quandoquidem longos obitus exorta revisunt,
Quum permensa suo sunt cœlum corpore claro;
Solque pari ratione manere et luna videtur
In statione, ea quæ ferri res indicat ipsa.

marcher, de déployer les mouvemens et les gestes humains, si l'ombre n'était autre chose qu'un espace privé de lumière. La terre recevant et perdant alternativement la lumière du soleil, selon que la marche de nos corps ouvre ou ferme le passage à ses rayons, il semble que la même ombre nous suit incessamment en tous lieux : mais la lumière n'étant que l'effusion continue des rayons lumineux qui se perdent et renaissent comme un fuseau de laine, déroulé et attiré dans un foyer dévorant : tu conçois comment la terre, quand un corps mobile lui dérobe les rayons de l'astre, se revêt alternativement d'ombres noires ou de clartés brillantes.

Cependant, nous n'accusons point nos yeux d'imposture. Discerner l'ombre et la clarté, tel est leur emploi. Mais est-ce toujours la même lumière qui coule ? est-ce toujours la même ombre qui poursuit sa carrière, ou bien ai-je révélé ce phénomène ? C'est à la raison seule de porter l'arrêt. Les yeux ne peuvent approfondir la nature des corps. Ne leur impute donc pas les erreurs de l'imagination.

Le vaisseau qui nous enlève rapidement nous paraît immobile, tandis que celui qui est captif dans le port semble nous fuir emporté par le courant; les collines, les champs que nous font raser nos voiles enflées par le vent semblent courir et se précipiter vers la poupe. Les astres paraissent immuables dans les cavités des cieux, et cependant leur marche est éternelle; ils s'élèvent d'un côté de la terre et ne vont se précipiter à l'autre horizon qu'après avoir fait jaillir leur clarté dans la vaste enceinte des cieux. Du flambeau des jours, de

Exstantesque procul medio de gurgite montes,
Classibus inter quos liber patet exitus, îdem
Apparent, et longe divolsi licet, ingens
Insula conjunctis tamen ex his una videtur.
Atria versari, et circumcursare columnæ
Usque adeo fit uti pueris videantur, ubi ipsi
Desierunt verti, vix ut jam credere possint,
Non supra sese ruere omnia tecta minari.

JAMQUE rubrum tremulis jubar ignibus erigere alte
Quum cœptat Natura, supraque extollere montes;
Quos tibi tum supra sol montes esse videtur,
Cominus ipse suo contingens fervidus igni,
Vix absunt nobis missus bis mille sagittæ,
Vix etiam cursus quingentos sæpe veruti;
Inter eos solemque jacent immania ponti
Æquora, substrata ætheriis ingentibus oris;
Interjectaque sunt terrarum millia multa,
Quæ variæ retinent gentes et sæcla ferarum.
AT conlectus aquæ, digitum non altior unum
Qui lapides inter sistit, per strata viarum,
Despectum præbet sub terras impete tanto,
A terris quantum cœli patet altus hiatus;
Nubila despicere, et cœlum ut videare videre, et
Corpora mirando sub terras abdita cœlo.

DENIQUE, ubi in medio nobis equus acer obhæsit

l'astre des nuits, la raison seule nous révèle la marche continue. Vois ce vaste amas de montagnes se dresser au milieu des flots de l'Océan : entre ces monts des flottes entières trouveraient un libre passage ; et, vus dans le lointain, ces rochers séparés par de larges intervalles, se réunissent à nos yeux et ne forment qu'une île immense. Les enfans, après avoir tourné sur eux-mêmes, voient les lambris de leur demeure se mouvoir, les colonnes circuler rapidement autour d'eux ; ils sont prêts à craindre que les murailles, que les combles entraînés ne s'écroulent et ne les ensevelissent sous leurs débris.

Quand la Nature commence à élever au sommet des montagnes le disque du soleil rougi de feux ondulans, ces cimes où l'astre, avant de prendre son essor, semble reposer son orbe étincelant, ne sont séparées de nous que de deux fois mille, quelquefois de cinq cents portées de traits. Entre ces monts et le soleil pourtant, des mers se prolongent sans fin sous la voûte étoilée. Au delà de ces mers sont d'innombrables régions surchargées d'habitans divers, d'animaux, de cités et de milliers de peuples.

Une nappe d'eau d'un doigt d'épaisseur étendue entre les pierres de la voie publique nous découvre sous nos pas un espace aussi vaste que celui qui s'arrondit sur nos têtes entre la terre et le ciel. Il semble que le globe, entr'ouvrant ses flancs profonds, nous laisse contempler de nouveaux nuages, un autre firmament et tous les corps brillans sous des cieux inconnus dont la terre nous dérobait l'admirable spectacle.

Si ton coursier s'arrête en traversant un fleuve, re-

Flumine, et in rapidas amnis despeximus undas,
Stantis equi corpus transversum ferre videtur
Vis, et in adversum flumen contrudere raptim :
Et, quocunque oculos trajecimus, omnia ferri,
Et fluere adsimili nobis ratione videntur.
Porticus æquali quamvis est denique ductu,
Stansque in perpetuum paribus suffulta columnis,
Longa tamen, parte ab summa, quum tota videtur,
Paulatim trahit angusti fastigia coni,
Tecta solo jungens atque omnia dextera lævis,
Donec in obscurum coni conduxit acumen.

In pelago nautis, ex undis ortus, in undis
Sol fit uti videatur obire, et condere lumen :
Quippe ubi nil aliud nisi aquam cœlumque tuentur;
Ne leviter credas labefactari undique sensus.
At maris ignaris in ponto clauda videntur
Navigia, aplustris fractis, obnitier undis ;
Nam quæcunque supra rorem salis edita pars est
Remorum, recta est; et recta superne guberna;
Quæ demersa liquore obeunt, refracta, videntur
Omnia converti, sursumque supina reverti;
Et reflexa prope in summo fluitare liquore.
Raraque per cœlum quum venti nubila portant
Tempore nocturno, tum splendida signa videntur
Labier adversum nubes, atque ire superne
Longe aliam in partem, quam quo ratione feruntur.
At si forte oculo manus uni subdita subter
Pressit eum, quodam sensu fit, uti videantur
Omnia, quæ tuimur, fieri tum bina tuendo;

garde fixement fuir l'onde rapide ; le coursier, quoique immobile, te paraît céder à une force qui l'entraîne à l'opposé du courant. Que tes regards se portent sur ce qui t'environne, tu verras tous les corps, entraînés comme toi, remonter vers la source du fleuve.

Contemple de l'une de ses extrémités et dans toute son étendue ce portique, que soutient un double rang de colonnes égales en hauteur, il décroît, se resserre par degré, prend une forme conique : le sommet s'abaisse vers le sol, l'un et l'autre côté se rapprochent, et leur extrémité anguleuse n'offre plus que la forme d'un cône.

Les nochers voient le soleil s'élancer de l'onde, et replonger ses feux dans l'onde. N'accusons point leurs sens de tromperie, puisque rien ne s'offre à leurs yeux que les cieux et les mers.

L'homme qui ignore les effets du liquide élément, croit voir les vaisseaux qui surchargent la mer renversés, déformés, lutter contre les flots. Le gouvernail, les rames, demeurent droits au dessus du niveau de l'onde ; mais la partie plongée sous le cristal mobile se replie, s'allonge, se redresse et semble revenir flotter jusqu'à la surface.

Quand le vent nocturne chasse les nuages épars çà et là sous la voûte d'azur, les flambeaux du firmament semblent se précipiter contre le cours des nuages et se frayer dans les cieux une route inaccoutumée.

Si le hasard te fait presser du doigt l'orbite de tes yeux, tu verras autour de toi tous les objets se doubler ; les flambeaux brilleront d'une double lumière, un

Bina lucernarum florentia lumina flammis,
Binaque per totas ædes geminare supellex,
Et duplices hominum facies, et corpora bina.
Denique, quum suavi devinxit membra sopore
Somnus, et in summa corpus jacet omne quiete;
Tum vigilare tamen nobis, et membra movere
Nostra videmur; et in noctis caligine cæca
Cernere censemus solem lumenque diurnum;
Conclusoque loco cœlum, mare, flumina, montes
Mutare, et campos pedibus transire videmur;
Et sonitus audire, severa silentia noctis
Undique quum constent; et reddere dicta tacentes.

Cætera de genere hoc mirando multa videmus,
Quæ violare fidem quasi sensibus omnia quærunt :
Nequicquam, quoniam pars horum maxima fallit,
Propter opinatus animi, quos addimus ipsi;
Pro visis ut sint, quæ non sunt sensibu' visa;
Nam nihil egregius, quam res secernere apertas
A dubiis, animus quas ab se protinus addit.

Denique, nil sciri si quis putat, id quoque nescit
An sciri possit; quoniam nil scire fatetur :
Hunc igitur contra mittam contendere causam,
Qui capite ipse suo instituit vestigia retro.
Et tamen hoc quoque uti concedam scire, at id ipsum
Quæram, quum in rebus veri nil viderit ante,
Unde sciat, quid sit scire et nescire vicissim;

double ameublement ornera ta demeure, et les hommes t'apparaîtront avec un double corps, avec un double visage.

Quand nos membres enfin sont enchaînés par le doux sommeil, et que le corps est plongé dans un immuable repos, nous croyons quelquefois veiller, et agiter nos membres ; et, quoique environnés de profondes ténèbres, nous contemplons les feux du soleil et l'éclat du jour ; enfermés dans une étroite enceinte, nous errons sous d'autres cieux, nous franchissons des mers, des montagnes, des fleuves. De vastes campagnes sont traversées par nos pas rapides ; le profond silence des nuits nous environne, et cependant des sons arrivent à notre oreille ; on nous appelle, et notre bouche muette croit répondre.

Une foule de phénomènes peuvent ainsi nourrir nos illusions, et tendent à violer la foi due aux sens. L'erreur naît presque toujours de l'imagination, que nous nous plaisons à mêler au jugement des sens. On prétend avoir vu ce que les sens ne nous ont point montré. Qu'il est rare, en effet, de dégager la vérité que nos organes nous révèlent des vagues prestiges dont l'esprit se plaît lui-même à l'environner.

Celui enfin qui croit que la science consiste à tout ignorer, ne peut pas même s'assurer de sa propre ignorance, puisque son propre aveu le condamne. Non, je ne combats point l'homme absurde qui repousse l'évidence, et semble marcher à reculons, et la tête sur la terre. Mais, je lui accorde l'existence de son ignorance absolue, qu'il me dise alors comment il discerne ce qu'on

Notitiam veri quæ res falsique crearit;
Et dubium certo quæ res differre probarit?

Invenies primis ab sensibus esse creatam
Notitiam veri, neque sensus posse refelli :
Nam majore fide debet reperirier illud,
Sponte sua veris quod possit vincere falsa :
Quid majore fide porro, quam sensus, haberi
Debet? an ab sensu falso ratio orta valebit
Dicere eos contra, quæ tota ab sensibus orta est,
Qui nisi sint veri, ratio quoque falsa sit omnis?
An poterunt oculos aures reprehendere? an aures
Tactus? an hunc porro tactum sapor arguet oris;
An confutabunt nares, oculive revincent?
Non, ut opinor, ita est : nam seorsum quoique potestas
Divisa est; sua vis quoique est; ideoque necesse est,
Quod molle aut durum est, gelidum fervensve, seorsum
Id molle aut durum, gelidum fervensve videri;
Et seorsum varios rerum sentire colores;
Et quæcunque coloribu' sunt conjuncta, necesse est.
Seorsus item sapor oris habet vim, seorsus odores
Nascuntur, seorsum sonitus : ideoque necesse est
Non possint alios alii convincere sensus;
Nec porro poterunt ipsi reprendere sese;
Æqua fides quoniam debebit semper haberi.
Proinde, quod in quoque est his visum tempore, verum est.
Et, si non poterit ratio dissolvere causam,
Cur ea quæ fuerint juxtim quadrata, procul sint
Visa rotunda; tamen præstat rationis egentem

peut savoir, ce qu'on peut ignorer, puisque pour lui la certitude n'existe pas ; d'où lui vient le sentiment du vrai et du faux ; comment choisit-il entre le doute et la certitude ?

Reconnais donc que la vérité ne nous est transmise que par le ministère des sens ; que les sens ne peuvent être justement accusés d'imposture. Nous leur devons une entière confiance : leur pouvoir énergique et sûr confond l'erreur en lui opposant la vérité. Et quels guides seraient plus infaillibles que les sens ? Diras-tu que la raison, quoique enfantée par les mêmes organes, rectifiera leurs erreurs : la raison, dont l'existence est leur ouvrage, la raison qui chancelle, lorsqu'ils l'abandonnent ? Mais les sens pourront-ils s'entr'aider, et rectifier en commun l'erreur de chacun d'eux ? l'oreille dévoilera-t-elle l'illusion de la vue ? le tact recueillera-t-il des sons échappés à l'ouïe ? le goût, l'odorat ou la vue révèleront-ils les méprises du toucher ? Non, non : chaque organe a son but et son emploi, il est limité dans sa puissance. Ainsi, l'âpreté ou la mollesse, le froid ou la chaleur, le coloris et ses nuances, les sons, les parfums, les saveurs, ont séparément leur arbitre. Les sens portent isolément leur arrêt, et ne peuvent le rectifier eux-mêmes. Chacun à part mérite la même confiance, et leurs rapports en tous temps sont toujours sincères.

Si la raison ne peut définir pourquoi l'objet angulaire paraît arrondi dans l'éloignement, il vaut mieux n'expliquer que d'une manière indécise cette double ap-

Reddere mendose causas utriusque figuræ,
Quam manibus manifesta suis emittere quæquam,
Et violare fidem primam, et convellere tota
Fundamenta, quibus nixatur vita salusque.
Non modo enim ratio ruat omnis, vita quoque ipsa
Concidat extemplo, nisi credere sensibus ausis,
Præcipitesque locos vitare, et cætera, quæ sint
In genere hoc fugienda; sequi, contraria quæ sint :
Illa tibi est igitur verborum copia cassa
Omnis, quæ contra sensus instructa, parata est.
DENIQUE ut in fabrica, si prava est regula prima,
Normaque si fallax rectis regionibus exit,
Et libella aliqua si ex parti claudicat hilum;
Omnia mendose fieri atque obstipa necessum est,
Prava, cubantia, prona, supina atque absona tecta;
Jam ruere ut quædam videantur velle, ruantque,
Prodita judiciis fallacibus omnia primis.
Sic igitur ratio tibi rerum prava necesse est
Falsaque sit, falsis quæcunque ab sensibus orta est.
NUNC alii sensus quo pacto quisque suam rem
Sentiat, haud quaquam ratio scruposa relicta est.
Principio, auditur sonus et vox omnis, in aures
Insinuata, suo pepulere ubi corpore sensum :
Corpoream quoque enim vocem constare fatendum est,
Et sonitum, quoniam possunt impellere sensus :
Præterradit enim vox fauces sæpe, facitque
Asperiora, foras gradiens, arteria clamor :
Quippe, per angustum, turba majore coorta,
Ire foras ubi cœperunt primordia vocum,
Scilicet expletis quoque janua raditur oris

parence, que de laisser échapper de nos mains l'évidence, d'anéantir tous les principes de la certitude, et de faire écrouler cette base où repose notre salut et notre vie. Car, il ne s'agit pas seulement ici du triomphe de la raison : la vie elle-même n'a de guides et de conservateurs que les sens; ils signalent les objets dangereux, l'abîme qui menace de nous engloutir, et la route qui doit nous en écarter. Tu le vois donc, toutes les paroles exhalées contre les sens sont injurieuses et vaines.

Ainsi, lorsqu'en érigeant un édifice, l'architecte adopte une règle fausse; si un aplomb inexact l'a trompé sur le niveau du sol, si quelques parties sont dirigées par une équerre inégale, nécessairement il n'élève qu'un édifice claudiquant, qui s'affaisse, se penche, sans grâce, sans force et sans harmonie : une part menace de s'écrouler, et l'ensemble, appuyé sur des bases vicieuses, s'écroule en effet. Ainsi, en répudiant le guide des sens, le raisonnement trompeur et vain sera bientôt renversé.

Maintenant, comment chaque sens est-il affecté par les objets qui lui sont analogues? la raison dévoile aisément ce mystère. La voix et tous les sons ne se font entendre qu'à l'instant où les élémens qui les composent pénètrent les sinueuses cavités de l'oreille : car tu ne peux contester l'essence matérielle des sons, puisqu'ils affectent nos sens. Souvent la voix, en son passage, irrite le gosier, et les cris perçans offensent ses canaux. Quand les principes nombreux de la voix se précipitent à l'extérieur avec impétuosité, ils pressent leur étroite issue, la fatiguent, et en déchirent l'orifice en s'échap-

Rauca viis, et iter lædit, qua vox it in auras.
Haud igitur dubium est, quin voces verbaque constent
Corporeis e principiis, ut lædere possint.
Nec te fallit item, quid corporis auferat, et quid
Detrahat ex hominum nervis ac viribus ipsis
Perpetuus sermo, nigrai noctis ad umbram
Auroræ perductus ab exoriente nitore;
Præsertim si cum summo est clamore profusus:
Ergo corpoream vocem constare necesse est,
Multa loquens quoniam amittit de corpore partem.
Asperitas autem vocis fit ab asperitate
Principiorum, et item lævor lævore creatur;
Nec simili penetrant aures primordia forma,
Quum tuba depresso graviter sub murmure mugit,
Aut reboant raucum retrocita cornua bombum;
Vallibus et cycni gelidis orti ex Heliconis,
Quum liquidam tollunt lugubri voce querelam.

Hasce igitur penitus voces quum corpore nostro
Exprimimus, rectoque foras emittimus ore,
Mobilis articulat verborum dædala lingua,
Formaturaque labrorum pro parte figurat.
Atque ubi non longum spatium est, unde illa profecta
Perveniat vox quæque, necesse est verba quoque ipsa
Plane exaudiri, discernique articulatim;
Servat enim formaturam, servatque figuram:
At si interpositum spatium sit longius æquo,
Aera per multum confundi verba necesse est,
Et conturbari vocem, dum transvolat auras.
Ergo fit, sonitum ut possis audire, neque hilum

pant dans les airs. Tu ne peux donc nier que la voix et les sons ne soient doués d'élémens corporels, puisqu'ils nous font éprouver la douleur.

Tu sais à quel point l'homme fatigue ses nerfs et lasse sa vigueur, si sa voix sonore retentit depuis le lever éclatant de l'aurore jusqu'à l'instant où la nuit étend ses ombres, surtout si le feu de la querelle enfle sa voix. La voix participe donc de l'essence du corps, puisqu'elle ne peut résonner long-temps sans lui ravir une partie de ses forces.

Mais la rudesse ou la douceur de la voix dépendent de la rudesse et de la douceur de leurs élémens. Les mêmes élémens ne frappent point notre oreille, lorsque de la trompette retentit le grave et profond murmure, ou lorsque du cor recourbé éclate le rauque frémissement, ou lorsque le cygne, éclos dans les fraîches vallées de l'Hélicon, d'une voix mélancolique, exhale et module ses suaves adieux.

Quand les sons, du fond de la poitrine, se sont précipités dans les cavités du palais, la langue, industrieuse et mobile ouvrière de la parole, façonne les mots, et la lèvre agile et souple les modifie. Si le trajet de la voix est court, elle se transmet à l'organe avec clarté, et lui porte ses plus légères inflexions; mais si l'intervalle qui les sépare est considérable, l'amas du fluide aérien embarrasse et confond les paroles qui flottent indécises dans la plaine de l'air. Alors, on ne recueille que des sons entrecoupés, et le sens des mots nous échappe, parce que la voix, en volant dans l'air qu'elle traverse, se brise, et ne nous parvient qu'incertaine et confuse.

Internoscere verborum sententia quae sit;
Usque adeo confusa venit vox inque pedita.
PRÆTEREA, edictum saepe unum perciet aures
Omnibus in populo, emissum praeconis ab ore:
In multas igitur voces vox una repente
Diffugit, in privas quoniam se dividit aures,
Obsignans formam verbis clarumque sonorem.

At quae pars vocum non aures accidit ipsas,
Praeterlata perit, frustra diffusa per auras;
Pars solidis adlisa locis, rejecta, sonorem
Reddit, et interdum frustratur imagine verbi.
Quae bene quum videas, rationem reddere possis
Tute tibi atque aliis, quo pacto, per loca sola,
Saxa pares formas verborum ex ordine reddant,
Palantes comites quum, montes inter opacos,
Quaerimus, et magna dispersos voce ciemus.

Sex etiam aut septem loca vidi reddere voces,
Unam quum jaceres; ita colles collibus ipsis
Verba repulsantes iterabant dicta referre.
Haec loca capripedes Satyros, Nymphasque tenere
Finitimi fingunt; et Faunos esse loquuntur,
Quorum noctivago strepitu ludoque jocanti
Affirmant volgo taciturna silentia rumpi,
Chordarumque sonos fieri, dulcesque querelas,
Tibia quas fundit digitis pulsata canentum;
Et genus agricolûm late sentiscere, quum Pan,
Pinea semiferi capitis velamina quassans,
Unco saepe labro calamos percurrit hiantes,

Enfin, lorsque le crieur publie un édit récent, ses accens frappent à la fois les oreilles d'un peuple entier : une seule voix se divise donc tout à coup en des milliers de voix, puisqu'elle s'introduit en même temps dans d'innombrables organes, et leur transmet des paroles distinctes, claires et sonores.

Les voix qui ne rencontrent aucun organe poursuivent leur essor, s'égarent et s'évanouissent dans les airs, ou quelquefois vont heurter des masses solides qui répercutent les sons, et nous font illusion en réfléchissant, pour ainsi dire, l'image de la parole. Instruit par la révélation de ce phénomène, tu peux expliquer à toi-même et aux autres pourquoi, dans les lieux solitaires, les rochers nous renvoient les paroles, sans altérer ni leur ordre, ni leurs intonations, lorsque en cherchant nos pâles compagnons égarés dans les montagnes ombreuses, nous les rallions d'une voix éclatante.

Et moi, j'ai vu des lieux qui reproduisaient la voix six fois et plus, tant la voix revolait de collines en collines dans son intégrité. Aussi, les habitans de ces contrées supposent-ils la présence des Nymphes et des Satyres aux pieds légers. Les Faunes, disent-ils, dans leurs nocturnes ébats, par des chants joyeux, troublent le silence de la solitude : aux doux frémissemens de la corde sonore s'unissent leurs tendres accens que, par intervalle, accompagne la flûte, pressée sous leurs doigts agiles. Pan révèle son approche aux hôtes de ces lieux : ils le pressentent quand, sur sa tête amphibie, le dieu agite sa

Fistula silvestrem ne cesset fundere musam.
Cætera de genere hoc monstra ac portenta loquuntur,
Ne loca deserta ab Divis quoque forte putentur
Sola tenere; ideo jactant miracula dictis;
Aut aliqua ratione alia ducuntur, ut omne
Humanum genus est avidum nimis auricularum.

Quod superest, non est mirandum, qua ratione
Quæ loca per nequeunt oculi res cernere apertas,
Hæc loca per voces veniant, auresque lacessant;
Quum loquimur clausis foribus, quod sæpe videmus;
Nimirum quia vox per flexa foramina rerum
Incolumis transire potest, simulacra renutant;
Perscinduntur enim, nisi recta foramina tranant,
Qualia sunt vitri, species quæ travolat omnis.

Præterea, partes in cunctas dividitur vox;
Ex aliis aliæ quoniam gignuntur, ubi una
Dissiluit semel in multas exorta; quasi ignis
Sæpe solet scintilla suos se spargere in ignes:
Ergo replentur loca vocibus, abdita retro
Omnia quæ circum fuerint, sonituque cientur:
At simulacra viis directis omnia tendunt,
Ut sunt missa semel; quapropter cernere nemo
Se supra potis est, at voces accipere extra:
Et tamen ipsa quoque hæc, dum transit clausa viarum,
Vox obtunditur, atque aures confusa penetrat;
Et sonitum potius quam verba audire videmur.

couronne de pin, et promène ses lèvres recourbées sur
ses nombreux pipeaux, qu'il enfle d'intarrissables sons
rustiques. Leurs discours ne cessent de proclamer de semblables prodiges; peut-être ce peuple veut-il prouver
ainsi que son pays n'est point dédaigné des dieux : mais
qu'importe le but de leurs récits miraculeux; on sait
trop à quel point l'esprit humain est avide de fables !

Ne sois donc pas surpris que le son se fraie, pour
frapper l'ouïe, des chemins interdits à nos regards.
Ainsi, ces portes se closent vainement entre nous : notre
parole les traverse; l'expérience l'atteste chaque jour.
La voix flexible, sans se détruire, s'introduit dans les
pores les plus sinueux des corps, tandis que les images
destinées à nos yeux s'arrêtent dans les moindres détours,
se divisent et se perdent, s'ils ne sont reçus dans des
conduits directs, tels que ceux du cristal, que l'image
traverse en conservant son intégrité.

D'ailleurs, la voix se divise en d'innombrables voix
qui se répandent de tous côtés, parce qu'elles s'engendrent
mutuellement; une seule en enfante une foule. Telle l'é-
tincelle se divise en milliers d'étincelles. Tous les lieux
se remplissent donc en même temps des sons de la voix,
qui se répand à la ronde, entoure l'orateur et pénètre
dans les cavités les plus secrètes, tandis que les simulacres
ne s'élancent qu'en ligne droite de l'objet qui les émane
à nos yeux. La ligne du regard n'a point d'obliquité :
nul ne peut apercevoir l'objet qui plane sur sa tête. Le
son, au contraire, arrive en tous sens, même à travers
les obstacles. Cependant, la voix s'émousse aussi en traversant les murailles : elle ne parvient qu'en se brisant;
elle n'apporte, au lieu de mots, que de vagues murmures.

Hæc, queis sentimus succum, lingua atque palatum,
Plusculum habent in se rationis, plusque operai.
Principio, succum sentimus in ore, cibum quum
Mandendo exprimimus; ceu plenam spongiam aquai
Si quis forte manu premere exsiccareque cœpit:
Inde, quod exprimimus, per caulas omne palati
Diditur, et raræ per plexa foramina linguæ:
Hæc ubi lævia sunt manantis corpora succi,
Suaviter attingunt, et suaviter omnia tractant
Humida linguai circum sudantia templa:
At contra pungunt sensum, lacerantque coorta,
Quanto quæque magis sunt asperitate repleta.
DEINDE voluptas est e succo in fine palati;
Quum vero deorsum per fauces præcipitavit,
Nulla voluptas est, dum diditur omnis in artus:
Nec refert quidquam, quo victu corpus alatur,
Dummodo, quod capias, concoctum didere possis
Artubus, et stomachi humectum servare tenorem.

NUNC aliis alius cur sit cibus, ut videamus,
Expediam; quareve, aliis quod triste et amarum est,
Hoc tamen esse aliis possit prædulce videri;
Tantaque in his rebus distantia differitasque est,
Ut quod alis cibus est, aliis fuat acre venenum:
Est utique, ut serpens hominis contacta salivis
Disperit, ac sese mandendo conficit ipsa.
Præterea, nobis veratrum est acre venenum;
At capris adipes et coturnicibus auget.
UT, quibus id fiat rebus, cognoscere possis,

Il me reste à t'offrir un phénomène moins facile à dévoiler : comment les sucs savoureux aiguillonnent-ils la langue et le palais. D'abord, nous goûtons la saveur quand la bouche triture les alimens dont elle exprime les sucs. Telle, sous la main qui la comprime, l'éponge expulse l'eau qu'elle renferme : ainsi les sucs épanchés s'infiltrent dans les pores du palais et dans les fibres poreuses de la langue. Si leurs élémens sont lisses et coulans, ils flattent mollement les organes du goût, et remplissent d'une suave volupté le moite séjour de la langue. Au contraire, lorsque leurs élémens sont rudes et anguleux, ils portent la douleur dans les organes qu'ils déchirent.

La volupté du goût siège à l'extrémité du palais : dès que les alimens, précipités dans les canaux du gosier, se liquéfient et se répandent dans tous les membres, la volupté alors n'existe plus. Le goût exquis des mets ne nous importe donc guère, pourvu que, épurée par le feu, une nourriture salutaire entretienne la douce humidité dans notre sein, circule dans nos membres, et ranime le corps fatigué.

Pourquoi, diras-tu, le même aliment est-il à la fois propice et dangereux ? pourquoi des mets amers et révoltans pour des espèces sont-ils agréables et doux pour les autres ? d'où naît l'effet si opposé de ces alimens qui offrent à celui-ci un repas salutaire, à celui-là une mort douloureuse ? Ainsi, le serpent qu'humecte la salive humaine périt, se déchire et se dévore lui-même. L'ellébore, poison subtil pour l'homme, surcharge d'embonpoint la caille et la chèvre.

Pour dévoiler toutes ces causes diverses, rappelle-toi

Principio meminisse decet, quæ diximus ante,
Semina multimodis, in rebus, mista teneri:
Porro omnes, quæcunque cibum capiunt animantes,
Ut sunt dissimiles extrinsecus, et generatim
Extima membrorum circumcæsura coercet;
Proinde et seminibus distant, variantque figura:
Semina quum porro distent, differre necesse est
Intervalla viasque, foramina quæ perhibemus,
Omnibus in membris, et in ore ipsoque palato:
Esse minora igitur quædam, majoraque debent,
Esse triquetra aliis, aliis quadrata necesse est,
Multa rotunda, modis multis multangula quædam;
Namque figurarum ut ratio, motusque reposcunt,
Proinde foraminibus debent differre figuræ,
Et variare viæ proinde ac textura coercet:
Ergo ubi quod suave est aliis, aliis fit amarum,
Illis, queis suave est, lævissima corpora debent
Contrectabiliter caulas intrare palati:
At contra, quibus est eadem res intus acerba,
Aspera nimirum penetrant hamataque fauces.
Nunc facile ex his est rebus cognoscere quæque.
Quippe, ubi quoi febris, bili superante, coorta est,
Aut alia ratione aliqua est vis excita morbi;
Perturbatur ibi totum jam corpus, et omnes
Commutantur ibi positura principiorum;
Fit, prius ad sensum ut quæ corpora conveniebant,
Nunc non conveniant, et cætera sint magis apta,
Quæ penetrata queunt sensum progignere acerbum;
Utraque enim sunt in mellis commista sapore,
Id quod jam supera tibi sæpe ostendimus ante.

les secrets que la nature nous a déjà révélés. Les élémens constitutifs se combinent différemment dans les êtres divers, et toutes les espèces animées, si variées dans leurs contours, leurs formes, leurs grandeurs, sont bien plus dissemblables dans les ressorts secrets de leur formation, et la différence dans leurs élémens prouve la dissemblance de leurs conduits, de leurs pores, de leurs dimensions; mais cette variété est surtout sensible dans les organes du goût. Les pores de la langue et du palais ne sont pas également étroits, larges, ovales, circulaires, carrés, polygones, longs ou triangulaires; car les conduits poreux varient de figures, selon le mouvement des principes et la nature du tissu qui les contient. Si l'aliment est doux, suave pour les uns, amer pour les autres, c'est que leurs sucs, sous une forme arrondie et lisse, s'insinuent mollement dans tel palais, tandis qu'âpres, anguleux, recourbés, ils pénètrent avec peine dans les organes qu'ils déchirent.

Continue, Memmius, il n'est point de secrets qu'avec cette explication tu ne puisses arracher à la nature. Quand la bile, à flots débordés, allume la fièvre dans nos veines, ou quand d'autres souffrances accablent nos sens, l'harmonie de la machine entière est troublée; ses principes se confondent; ils perdent l'analogie qui les unissait à nos organes, l'accès leur en est interdit, et les principes des douleurs s'en réservent l'entrée. De ces deux espèces d'élémens, nous l'avons déjà reconnu, le miel se compose.

Nunc age, quo pacto nares adjectus odoris
Tangat, agam. Primum res multas esse necesse est,
Unde fluens volvat varius se fluctus odorum :
Nam fluere, et mitti volgo, spargique putandum est:
Verum aliis alius magis est animantibus aptus,
Dissimiles propter formas : ideoque per auras
Mellis apes, quamvis longe, ducuntur odore,
Volturiique cadaveribus; tum fissa ferarum
Ungula quo tulerit gressum, promissa canum vis
Ducit; et humanum longe præsentit odorem
Romulidarum arcis servator, candidus anser :
Sic aliis alius nidor datus ad sua quemque
Pabula ducit, et a tetro resilire veneno
Cogit; eoque modo servantur sæcla ferarum.

Hic odor ipse igitur, nares quicunque lacessit,
Est alio ut possit permitti longius alter :
Sed tamen haud quisquam tam longe fertur eorum,
Quam sonitus, quam vox; mitto jam dicere, quam res
Quæ feriunt oculorum acies, visumque lacessunt.
Errabundus enim tarde venit, ac perit ante,
Paulatim facilis distractus in aeris auras :
Ex alto primum quia vix emittitur ex re :
Nam penitus fluere atque recedere rebus odores
Significat, quod fracta magis redolere videntur
Omnia, quod contrita, quod igni conlabefacta.
Deinde videre licet majoribus esse creatum
Principiis voci; quoniam per saxea septa
Non penetrat, qua vox volgo sonitusque feruntur:

Maintenant, pourquoi les parfums affectent-ils l'odorat? Je vais le révéler. La nature a voulu que d'un grand nombre de corps s'écoulent en tourbillons des flots de parfums différens. Car tout l'atteste : les odeurs sont des émanations, des écoulemens continus. Mais leurs analogies sont diverses avec les diverses espèces, selon la différence de leur conformation. Ainsi, à travers les champs de l'air, l'abeille est attirée par le parfum du miel; le vautour, par les cadavres infects. L'odeur laissée par les pieds fugitifs du cerf promet au chien qui l'interroge la retraite de sa proie; l'oiseau sauveur du Capitole, par les émanations du corps de l'homme, pressent de loin son approche. Par ces diverses exhalaisons des corps, la nature guide les animaux vers l'objet salutaire, les détourne du venin dangereux, et conserve ainsi les espèces renaissantes.

La puissance et l'activité de ces flots odorans diffèrent selon les corps dont ils émanent; mais ils n'ont jamais une sphère aussi étendue que le son et la voix, et bien moins encore que celle des simulacres qui nous transmettent la vue des objets. Les odeurs se traînent péniblement; elles s'égarent peu à peu, s'atténuent, se décomposent et s'évanouissent, avant de parvenir à l'organe. D'abord elles se fraient difficilement une route au sein des objets dont elles sont émanées. On peut s'en convaincre lorsque les corps sont brisés, se broient sous le choc ou se consument dans les flammes : ils exhalent des sucs plus odorans; et puis on ne peut méconnaître que les parfums se forment d'élémens plus lourds, plus grossiers que les principes des sons, car l'enceinte de nos

4.

Quare etiam quod olet, non tam facile esse videbis
Investigare, in qua sit regione locatum:
Refrigescit enim cunctando plaga per auras,
Nec calida ad sensum decurrit nuntia rerum:
Errant saepe canes itaque, et vestigia quaerunt.

Nec tamen hoc solis in odoribus, atque saporum
In genere est; sed item species rerum atque colores
Non ita conveniunt ad sensus omnibus omnes,
Ut non sint aliis quaedam magis acria visu.
Quin etiam gallum, noctem explaudentibus alis,
Auroram clara consuetum voce vocare,
Nenu queunt rapidi contra constare leones,
Inque tueri; ita continuo meminere fugai:
Nimirum quia sunt gallorum in corpore quaedam
Semina quae, quum sunt oculis immissa leonum,
Pupillas interfodiunt, acremque dolorem
Praebent, ut nequeant contra durare feroces;
Quum tamen haec nostras acies nil laedere possint,
Aut quia non penetrant, aut quod penetrantibus illis
Exitus ex oculis liber datur, in remeando
Laedere ne possint ex ulla lumina parte.
Nunc age, quae moveant animum res, accipe, et unde,
Quae veniunt, veniant in mentem, percipe paucis.
Principio hoc dico, rerum simulacra vagari
Multa, modis multis, in cunctas undique partes,
Tenuia, quae facile inter se junguntur in auris,
Obvia quum veniunt, ut aranea bracteaque auri:
Quippe etenim multo magis haec sunt tenuia textu,

murailles est un obstacle qu'elles ne peuvent vaincre, tandis que la voix les pénètre sans peine. Aussi, les odeurs ne nous révèlent qu'avec incertitude le lieu où résident les corps dont elles sont émanées. Leur lenteur continue les balance indécises dans les airs ; messagers engourdis, ils n'offrent que des rapports tardifs. Voilà pourquoi le chien suit, quitte, ressaisit et perd la trace de sa proie.

Les images et les couleurs ont aussi des effets divers, selon leurs rapports avec les sens : il en est surtout qui, douées d'une certaine âcreté, irritent et blessent les yeux. Ainsi, à l'aspect de l'oiseau dont le battement de l'aile chasse la nuit, dont la voix éclatante appelle l'aurore, le lion épouvanté fuit rapidement, parce qu'exhalés du corps de l'oiseau, de certains principes, en s'introduisant dans les yeux du lion, irritent la pupille et lui causent une âpre douleur, à laquelle ne peut résister sa féroce audace. Tandis que ces mêmes principes sont inoffensifs pour nos regards, soit qu'ils n'y trouvent point d'accès, soit qu'après leur entrée, ils retrouvent une facile issue qui leur permet un prompt retour sans endommager l'organe.

Poursuis, ô Memmius, connais quels principes affectent notre âme, et comment se fécondent ses idées : je serai succinct : je l'affirme, les simulacres de tous les corps voltigent sans cesse sous toutes les formes; ils remplissent l'espace; par leur substance menue et déliée, ils s'unissent aisément dans le vague des airs, en s'entrechoquant comme les fils légers d'Arachné, ou

Quam quæ percipiunt oculos, visumque lacessunt;
Corporis hæc quoniam penetrant per rara, cientque
Tenuem animi naturam intus, sensumque lacessunt:
Centauros itaque, et Scyllarum membra videmus,
Cerbereasque canum facies, simulacraque eorum,
Quorum morte obita tellus amplectitur ossa;
Omne genus quoniam passim simulacra feruntur,
Partim sponte sua quæ fiunt aere in ipso,
Partim quæ variis ab rebus cumque recedunt,
Et quæ consistunt ex horum facta figuris:
Nam certe ex vivo Centauri non fit imago;
Nulla fuit quoniam talis natura animalis:
Verum ubi equi atque hominis casu convenit imago,
Hærescit facile extemplo, quod diximus ante,
Propter subtilem naturam et tenuia texta:
Cetera de genere hoc eadem ratione creantur:
Quæ quum mobiliter summa levitate feruntur,
Ut prius ostendi, facile uno commovet ictu
Quælibet una animum nobis subtilis imago.
Tenuis enim mens est et mire mobilis ipsa.
Hæc fieri, ut memoro, facile hinc cognoscere possis;
Quatenus hoc simile est oculis, quod mente videmus,
Atque oculis simili fieri ratione necesse est.
Nunc igitur quoniam docui me forte leones
Cernere per simulacra, oculos quæcunque lacessunt;
Scire licet mentem simili ratione moveri
Per simulacra leonum cetera, quæ videt æque,
Nec minus atque oculi, nisi quod mage tenuia cernit:
Nec ratione alia, quum somnus membra profudit,
Mens animi vigilat, nisi quod simulacra lacessunt

comme l'or en feuilles amincies. Ils sont plus déliés que les images qui s'échappent des objets et frappent notre vue, car ils s'insinuent dans les moindres conduits de nos corps, et pénètrent jusqu'à la subtile essence de l'âme, dont ils éveillent les ressorts. Voilà pourquoi nous voyons intérieurement des Centaures, des Scylla, la gueule des Cerbères, et les images des morts dont les ossemens sont enfermés depuis long-temps dans les entrailles de la terre: car des simulacres nombreux et variés nagent dans l'atmosphère; les uns naissent d'eux-mêmes au milieu des airs, les autres s'exhalent des corps; quelques-uns sont l'assemblage de ces différens et vaporeux essaims. L'image d'un Centaure n'est point émanée d'un être que la nature n'a jamais enfanté ; elle naît des simulacres de l'homme et du coursier, que le hasard a réunis, et, je le repète, dont la souplesse et la ténuité ont secondé la combinaison. Toutes les autres images bizarres sont le fruit d'une semblable union. Leur agile légèreté leur permet, dès la première impression, d'affecter notre âme, dont la substance mobile, active et frêle à l'excès, s'ébranle au moindre choc.

Pour mieux t'en convaincre, souviens-toi que les objets qu'aperçoit l'âme ressemblent aux objets qui ont frappé les organes de la vue, et qu'ainsi cette perception doit s'opérer par le même mécanisme. Déjà je l'ai prouvé; je n'aperçois ce lion que par les simulacres qui affectent mes yeux. Sans doute l'âme n'éprouve la même sensation que par le contact d'autres simulacres émanés des lions : elle les discerne avec la même facilité que les yeux ; mais ils sont plus mobiles, plus déliés, pour pénétrer jusqu'à ce sens intime. Quand les membres

Hæc eadem nostros animos, quæ, quum vigilamus :
Usque adeo, certe ut videamur cernere eum, quem
Reddita vitai jam mors, et terra potita est.
Hoc ideo fieri cogit Natura, quod omnes
Corporis affecti sensus per membra quiescunt,
Nec possunt falsum veris convincere rebus :
Præterea meminisse jacet, languetque sopore;
Nec dissentit eum mortis lethique potitum
Jampridem, quem mens vivum se cernere credit.

Quod superest, non est mirum simulacra moveri,
Brachiaque in numerum jactare, et cetera membra :
Nam fit ut in somnis facere hoc videatur imago :
Quippe ubi prima perit, alioque est altera nata
Endo statu, prior hæc gestum mutasse videtur :
Scilicet id fieri celeri ratione putandum est.

Multaque in his rebus quæruntur, multaque nobis
Clarandum est, plane si res exponere avemus.
Quæritur imprimis quare, quod quoique libido
Venerit, extemplo mens cogitet ejus idipsum :
Anne voluntatem nostram simulacra tuentur,
Et simul ac volumus, nobis occurrit imago?
Si mare, si terram cordi est, si denique cœlum,
Conventus hominum, pompam, convivia, pugnas,
Omnia sub verbone creat Natura paratque?
Quum præsertim aliis, eadem in regione locoque,
Longe dissimiles animus res cogitet omnis.

sont appesantis par le sommeil, si l'âme et l'esprit veillent, ils reçoivent le choc des mêmes images qui les ont environnés pendant le jour, et qui les poursuivent encore; elles reproduisent alors l'objet réel avec tant de vérité, qu'on croit voir ceux-mêmes que la terre renfermait, rendus par la mort aux doux champs de la vie. La nature enfante ces illusions parce que les membres et les sens, plongés dans un profond sommeil, ne peuvent opposer l'erreur à la vérité ; et la mémoire elle-même assoupie, languit et ne peut plus discerner ceux qui jouissent encore de la vie et ceux qui sont ensevelis dans l'ombre de la mort.

Au reste ne sois pas surpris que les simulacres soient doués de mouvemens; qu'ils agitent leurs bras et leurs membres en cadence. Telle doit être l'apparence produite par le sommeil, car dès que le premier simulacre est évanoui, un autre aussitôt lui succède; leur foule fugitive paraît ne présenter qu'une seule image, avec des attitudes variées : tant est rapide leur apparition successive.

Que de secrets nous pourrions encore sonder ! que d'obstacles nous resteraient à vaincre, s'il fallait épuiser ce sujet profond! On cherche surtout comment l'âme appelle et possède sur-le-champ les idées qu'elle désire combiner : on cherche si les simulacres dociles épient nos penchants pour accourir à leur premier signal : et, quand notre pensée se rappelle l'océan, la terre, les cieux, la foule des hommes, les pompes, les festins, les combats, on se demande si la nature crée soudain les images de toutes les scènes de la vie et les offre à nos désirs, tandis que dans les mêmes lieux, dans la région

Quid porro, in numerum procedere quum simulacra
Cernimus in somnis, et mollia membra movere;
Mollia mobiliter quum alternis brachia mittunt;
Et repetunt oculis gestum pede convenienti;
Scilicet arte madent simulacra, et docta vagantur,
Nocturno facere ut possint in tempore ludos?
An magis illud erit verum, quia tempore in uno
Quum sentimus id, ut quum vox emittitur una,
Tempora multa latent, ratio quæ comperit esse :
Propterea fit uti, quovis in tempore, quæque
Præsto sint simulacra, locis in queisque parata :
Tanta est mobilitas et eorum copia tanta!
Et quia tenuia sunt, nisi se contendit, acute
Cernere non potis est animus; proinde omnia, quæ sunt
Præterea, pereunt, nisi sic sese ipse paravit.
Ipse parat sese porro, speratque futurum
Ut videat; quod consequitur rem quamque fit ergo.

Nonne vides, oculos etiam, quum, tenuia quæ sint,
Cernere cœperunt, contendere se atque parare,
Nec sine eo fieri posse ut cernamus acute?
Et tamen in rebus quoque apertis noscere possis,
Si non advertas animum, proinde esse, quasi omni
Tempore semotæ fuerint longeque remotæ :
Cur igitur mirum est, animus si cetera perdit,
Præter quam quibus est in rebus deditus ipse?

qui nous environne, d'autres âmes reçoivent des images entièrement opposées.

Nous apercevons en songe les simulacres s'avancer en cadence, mouvoir leurs membres flexibles, entrelacer mollement leurs souples bras, et multiplier à nos yeux les mouvemens de leurs pieds agiles. Ces simulacres sont-ils formés par l'art, et, doctes voltigeurs, ont-ils étudié leurs jeux nocturnes ? Mais l'âme ne peut saisir leur foule entière; et comme nous n'entendons chaque mot successif d'un discours que dans un rapide instant, il s'écoule un grand nombre d'images que la raison seule peut distinguer. Aussi, dans tous les temps et dans tous les lieux, nous sommes assiégés d'une foule variée et innombrable de simulacres : tant est grande et leur foule et leur rapidité ! Mais comme leur substance est très-déliée, l'âme, sans un effort assidu, ne peut les observer distinctement : ils n'ont d'existence que selon l'attention qu'elle leur prête; ils périssent si elle n'est point préparée à les recueillir. Mais l'âme se dispose donc par le désir curieux et par l'espérance de voir certains objets qu'elle désire apercevoir, et qu'elle aperçoit réellement.

NE remarquons-nous pas que les yeux, après avoir parcouru des corps menus et délicats, ne peuvent, sans une attention soutenue, les discerner clairement. Les corps, même les plus distincts à notre vue, si l'âme ne s'applique à les observer, restent pour elle aussi vagues que s'ils en étaient séparés par un immense intervalle. Est-il donc surprenant que l'âme, préoccupée des simulacres qui la frappent à l'instant même, laisse échapper l'essaim des autres images qui se pressent autour d'elle?

Deinde adopinamur de signis maxima parvis :
Ac nos in fraudem induimus, frustramur et ipsi :
Fit quoque ut interdum non suppeditetur imago
Ejusdem generis; sed fœmina quæ fuit ante,
In manibus vir tum factus videatur adesse :
Aut alia ex alia facies ætasque sequatur :
Quod ne miremur, sopor atque oblivia curant.
Istud in his rebus vitium vehementer et istum
Effugere errorem vitareque præmeditator,
Lumina ne facias oculorum clara creata,
Prospicere ut possimus; et ut proferre viai
Proceros passus, ideo fastigia posse
Surarum ac feminum pedibus fundata plicari;
Brachia tum porro validis ex apta lacertis
Esse, manusque datas utraque a parte ministras,
Ut facere ad vitam possimus, quæ foret usus.
Cetera de genere hoc inter quæcunque pretantur,
Omnia perversa præpostera sunt ratione;
Nil ideo quoniam natum est in corpore, ut uti
Possemus; sed quod natum est, id procreat usum :
Nec fuit ante videre oculorum lumina nata;
Nec dictis orare prius quam lingua creata est;
Sed potius longe linguæ præcessit origo
Sermonem; multoque creatæ sunt prius aures,
Quam sonus est auditus; et omnia denique membra
Ante fuere, ut opinor, eorum quam foret usus :
Haud igitur potuere utendi crescere causa.
At contra conferre manu certamina pugnæ,
Et lacerare artus, fœdareque membra cruore,
Ante fuit multo; quam lucida tela volarent :

Souvent l'âme accroît l'étendue des simulacres, et son erreur nous abuse. Souvent aussi elle dénature leur forme et leur sexe. Ainsi, quand nos bras caressans enlacent une jeune beauté, un homme lui succède, et souvent elle est remplacée par un être dont l'âge et la figure sont bien différens. Ne nous en étonnons pas : le sommeil et l'oubli abondonnent l'esprit à son erreur.

Mais avant tout, il faut te signaler une erreur trop accréditée, te prémunir contre elle et la faire évanouir. Ne crois pas que le brillant éclat de tes yeux ait été préparé pour te faire discerner les objets ; que la jambe, liée à la cuisse mobile, ait reçu pour appui tes pieds légers afin de donner un libre essor à ta course ; que tes bras musculeux et souples aient été placés à l'un et à l'autre côté de son corps et terminés par une adroite main, pour devenir les protecteurs de ta vie et les ministres de tes besoins.

C'est ainsi qu'on a renversé l'enchaînement successif des causes et des effets. Non, les membres n'ont point été destinés à notre usage ; mais leur forme invita à s'en servir. Le don de la vue n'a point précédé la formation des yeux : le langage n'a point devancé l'organe de la parole. Au contraire, la langue devança de bien loin les discours. Avant que l'art ait modulé des sons, les oreilles existaient, et chacun de nos organes précéda dès long-temps son usage. Ils n'ont donc pas été formés pour satisfaire à nos désirs.

On combattit avec la main ; on se déchira avec les ongles tranchans ; on se souilla de sang, avant que la flèche brillante ne volât dans les airs ; la nature avait

Et volnus vitare prius Natura coegit,
Quam daret objectum parmai læva per artem :
Scilicet et fessum corpus mandare quieti
Multo antiquius est, quam lecti mollia strata;
Et sedare sitim prius est, quam pocula, natum :
Hæc igitur possunt utendi cognita causa
Credier, ex usu quæ sunt vitaque reperta;
Illa quidem seorsum sunt omnia, quæ prius ipsa
Nata, dedere suæ post notitiam utilitatis;
Quo genere imprimis sensus et membra videmus.
Quare etiam atque etiam procul est ut credere possis
Utilitatis ob officium potuisse creari.

ILLUD item non est mirandum, corporis ipsa
Quod natura cibum quærit quojusque animantis :
Quippe etenim fluere atque recedere corpora rebus
Multa modis multis docui; sed plurima debent
Ex animalibus iis, quæ sunt exercita motu;
Multaque per sudorem ex alto pressa feruntur;
Multa per os exhalantur, quum languida anhelant :
His igitur rebus rarescit corpus, et omnis
Subruitur natura; dolor quam consequitur rem :
Propterea capitur cibus, ut suffulciat artus,
Et recreet vires interdatus, atque patentem
Per membra ac venas ut amorem obturet edendi.

HUMOR item discedit in omnia, quæ loca cunque
Poscunt humorem; glomerataque multa vaporis
Corpora, quæ stomacho præbent incendia nostro,
Dissupat adveniens liquor ac restinguit, ut ignem,

enseigné à éviter les blessures, avant que l'art n'ait suspendu au bras gauche du guerrier le bouclier protecteur. Le doux repos et la fatigue sont antérieurs aux lits et aux moelleux duvets. On étanchait la soif, avant que le ciseau n'ait arrondi les coupes. Ces découvertes, fruit du besoin et de l'expérience, on peut le croire, ont eu pour but notre jouissance. Mais il n'en est point ainsi de nos membres et de nos organes, dont l'usage n'a été déterminé que par leur forme, et tout atteste qu'ils n'ont point été officieusement offerts à nos besoins.

Tu t'étonnes peut-être que chaque être animé recherche de lui-même l'aliment que la nature lui destine. Je t'ai déjà enseigné, que de tous les corps s'écoulent sans cesse d'innombrables corpuscules. Le mouvement, les travaux, excitent surtout ces émanations. La sueur en expulse à grands flots de l'intérieur même du corps ; la fatigue les excite et les chasse de la bouche haletante. Par ces chocs réitérés le corps est amoindri, ses forces sont abattues, et à cet épuisement succède la douleur. On éprouve alors le besoin de la nouriture; elle se répand, se dissémine dans tous les membres, les soutient, ranime les forces, et assouvit cet amour des alimens, qui avait dilaté les canaux de la machine entière.

Les breuvages à leur tour humectent leur passage. Ils apaisent les tourbillons de chaleur qui fermentaient dans les entrailles : leur liquide fraîcheur éteint le foyer dévorant qui consumait les membres. Tu vois ainsi com-

Urere ne possit calor amplius aridus artus.
Sic igitur tibi anhela sitis de corpore nostro
Abluitur, sic expletur jejuna cupido.
Nunc qui fiat uti passus proferre queamus,
Quum volumus, varieque datum sit membra movere,
Et quæ res tantum hoc oneris protrudere nostri
Corporis insuerit, dicam; tu percipe dicta.
Dico, animo nostro primum simulacra meandi
Accidere, atque animum pulsare, ut diximus ante.
Inde voluntas fit; neque enim facere incipit ullam
Rem quisquam, quam mens providit, quid velit, ante :
At, quod providet, illius rei constat imago :
Ergo animus quum sese ita commovet, ut velit ire
Inque gredi, ferit extemplo, quæ in corpore toto
Per membra atque artus, animai dissita vis est;
Et facile est factu, quoniam conjuncta tenetur :
Inde ea proporro corpus ferit, atque ita tota
Paulatim moles protruditur atque movetur.
Præterea tum rarescit quoque corpus, et aer,
Scilicet ut debet, qui semper mobilis exstat,
Per patefacta venit penetratque foramina largus;
Et dispergitur ad partes ita quasque minutas
Corporis : hinc igitur rebus fit utrinque duabus,
Corpus uti, ut navis velis ventoque, feratur.
Nec tamen illud in his rebus mirabile constat,
Tantula quod tantum corpus corpuscula possint
Contorquere, et onus totum convertere nostrum :
Quippe etenim ventus, subtili corpore tenuis,
Trudit agens magnam magno molimine navim;
Et manus una regit quantovis impete euntem;

ment s'éteint la soif haletante et s'apaise le pressant aiguillon de la faim.

Mais comment pouvons-nous, au gré de nos désirs, ajouter des pas à nos pas, et imprimer à nos membres des mouvemens si divers? Quelle puissance secrète s'est accoutumée à mouvoir, à diriger la masse de notre corps? Sois attentif, je le révèle. Il faut, je le répète, le concours des simulacres destinés à agir sur l'âme; ils la frappent, de là naît la volonté : car toute action ne se détermine qu'au signal de la volonté, et pour connaître l'objet vers lequel la pensée se porte, la présence du simulacre émané de cet objet est indispensable. L'esprit ainsi excité au mouvement, se communique aussitôt à l'âme répandue dans tous les membres. Leur intimité rend cette communication facile. Le choc reçu par l'âme se répercute dans tout le corps, qui commence à se mouvoir; il s'agite progressivement. Le corps se raréfie aussitôt, et l'air, toujours mobile, s'infiltre dans tous ses canaux, les remplit à grands flots, frappe les molécules les plus déliées, et pénètre jusqu'aux moindres conduits. Ainsi, le corps est entraîné par l'âme et par l'air, comme un vaisseau par la voile et les vents.

Ne sois pas surpris que des corpuscules aussi légers puissent agiter et pousser à leur gré la masse entière de nos corps. Ne vois-tu pas le vent, ce fluide si subtil, pour faire voler un immense vaisseau déployer une force immense? le faible bras du pilote guide sa course la plus rapide; un seul gouvernail le dirige à son gré; et ne

Atque gubernaclum contorquet quolibet unum :
Multaque per trochleas et tympana pondere magno
Commovet, atque levi sustollit machina nisu.
Nunc quibus ille modis somnus per membra quietem
Inriget, atque animi curas e pectore solvat,
Suavidicis potius, quam multis versibus, edam :
Parvus ut est cycni melior canor, ille gruum quam
Clamor, in aetheriis dispersus nubibus austri.
Tu, mihi da tenues aures, animumque sagacem,
Ne fieri negites, quae dicam, posse; retroque
Vera repulsanti discedas pectore dicta;
Tutemet in culpa quum sis, ne cernere possis.

Principio, somnus fit, ubi est distracta per artus
Vis animae, partimque foras ejecta recessit,
Et partim contrusa magis concessit in altum :
Dissolvuntur enim tum demum membra fluuntque :
Nam dubium non est, animai quin opera sit
Sensus hic in nobis; quem quum sopor impedit esse,
Tum nobis animam perturbatam esse putandum est,
Ejectamque foras; non omnem, namque jaceret
Æterno corpus perfusum frigore lethi :
Quippe ubi nulla latens animai pars remaneret
In membris, cinere ut multa latet obrutus ignis,
Unde reconflari sensus per membra repente
Possit, ut ex igni caeco consurgere flamma.
Sed quibus haec rebus novitas confletur, et unde
Perturbari anima, et corpus languescere possit,
Expediam : tu fac ne ventis verba profundam.

voyons-nous pas la poulie et de frêles rouages soulever sans efforts les plus énormes fardeaux!

Maintenant apprenons comment le sommeil verse le repos dans nos membres, et chasse, du fond de nos cœurs, les noirs soucis. J'emploierai moins la multitude des vers que leur mélodieuse suavité. Le chant rapide du cygne est préférable aux cris longs et perçans, dont la grue fait retentir les plaines éthérées. Et toi, prête ici une oreille attentive et un esprit recueilli, afin que tu ne puisses méconnaître l'évidence elle-même; et qu'en repoussant avec obstination les accens de la vérité sortie de mon cœur, tu n'épaississes, par ta faute, le bandeau qui couvrirait tes yeux.

Le sommeil arrive quand l'essence de l'âme se divise dans les membres, et qu'une partie d'elle-même s'échappe au dehors, tandis que l'autre s'agglomère intérieurement: chaque membre se délie et flotte mollement. On n'en peut douter: sans l'âme, le sentiment n'existe pas, et quand il semble éteint par le sommeil, tout nous atteste que l'âme troublée s'échappe de son vaisseau; non pas tout entière, car le froid éternel de la mort glacerait nos membres; ils ne conserveraient plus une seule étincelle de l'âme qui, pareille au feu caché sous la cendre, en rallumerait la flamme.

Mais, je dois te révéler les causes de ce nouvel état, et d'où naît le désordre de l'âme et cette langueur des sens. Deviens attentif, et fais que mes paroles ne soient pas abandonnées aux vents.

Principio, externa corpus de parte necessum est,
Aeriis quoniam vicinum tangitur auris,
Tundier, atque ejus crebro pulsarier ictu :
Proptereaque fere res omnes, aut corio sunt,
Aut seta, aut conchis, aut callo, aut cortice tectæ :
Interiorem etiam partem spirantibus aer
Verberat hic idem quum ducitur atque reflatur.
Quare utrinque secus quum corpus vapulet, et quum
Parveniant plagæ per parva foramina nobis
Corporis ad primas partes, elementaque prima;
Fit quasi paulatim nobis per membra ruina :
Conturbantur enim positura principiorum
Corporis atque animi sic, ut pars inde animaï
Ejiciatur, et introrsum pars abdita cedat;
Pars etiam distracta per artus, non queat esse
Conjuncta inter se, nec motu mutua fungi :
Inter enim sepit aditus Natura viasque :
Ergo sensus abit mutatis motibus alte :
Et quoniam non est, quasi quod suffulciat artus,
Debile fit corpus, languescunt omnia membra,
Brachia palpebræque cadunt, poplitesque procumbunt.
Deinde cibum sequitur somnus; quia quæ facit aer,
Hæc eadem cibus, in venas dum diditur omnes,
Efficit; et multo sopor ille gravissimus exstat,
Quem satur aut lassus capias, quia plurima tum se
Corpora conturbant magno contusa labore :
Fit ratione eadem conjectus porro animaï
Altior, atque foras ejectus largior ejus,
Et divisior inter se ac distractior intus.
Et quoi quisque fere studio devinctus adhæret,

La surface de tous les corps, livrée sans cesse au contact de l'air, doit donc éprouver ses fréquentes impressions : aussi, presque tous les êtres en butte à ces chocs s'enveloppent de pellicules, de duvets, de coquilles, d'écorces et de tissus membraneux. L'intérieur même des corps est ainsi agité par le flux et le reflux de l'air, qu'il attire et chasse tour-à-tour en respirant. Le corps, heurté en tous sens par ce choc qui l'agite, et qui pénètre dans ses pores jusqu'au siège des élémens constitutifs ; le corps, d'assauts en assauts, se prépare insensiblement à la destruction : les principes de l'esprit et des sens se déplacent ; une part de l'âme est bannie, l'autre se réfugie intérieurement ; une troisième, disséminée dans tous les membres, ne peut plus se réunir, ni porter son tribut au concert de la vie : la nature à son essor ferme tous les conduits. Dans cet orageux désordre, le sentiment s'exile ; le corps privé de soutiens languit ; les membres chancellent, les jarrets fléchissent, les bras tombent, les paupières se closent.

Le sommeil succède au repas ; car le corps, au lieu d'air, reçoit les alimens liquéfiés dans ses veines, et l'effet en est semblable : le sommeil même est plus profond, s'il naît de la fatigue ou du faix des alimens. En effet, tout effort pénible désordonne les élémens, refoule l'âme plus profondément dans le corps, l'en chasse à flots impétueux, l'entraîne et la dissout plus complètement.

Les objets de nos plus habituelles méditations, qui

Aut quibus in rebus multum sumus ante morati,
Atque in qua ratione fuit contenta magis mens;
In somnis eadem plerumque videmur obire:
Causidici causas agere, et componere leges;
Induperatores pugnare, ac proelia obire;
Nautæ contractum cum ventis cernere bellum;
Nos agere hoc autem, et naturam quærere rerum
Semper, et inventam patriis exponere chartis.
Cætera sic studia atque artes plerumque videntur
In somnis animos hominum frustrata tenere.

Et quicunque dies multos ex ordine ludis
Assiduas dederunt operas, plerumque videmus,
Quum jam destiterint ea sensibus usurpare,
Reliquas tamen esse vias in mente patentes,
Qua possint eadem rerum simulacra venire:
Permultos itaque illa dies eadem observantur
Ante oculos, etiam vigilantes ut videantur
Cernere saltantes, et mollia membra moventes,
Et citharæ liquidum carmen, chordasque loquentes
Auribus accipere, et consessum cernere eundem,
Scenaïque simul varios splendere decores:
Usque adeo magni refert studium atque voluntas,
Et quibus in rebus consuerint esse operati
Non homines solum, sed vero animalia cuncta.
Quippe videbis equos fortes, quum membra jacebunt
In somnis, sudare tamen spirareque sæpe,
Et quasi de palma summas contendere vires,
Tunc quasi carceribus patefactis sæpe quiete.

nous captivent davantage, et qui exercent le plus la contention de l'esprit, sont aussi ceux qui nous préoccupent le plus constamment dans le sommeil. En songe, l'orateur prête à sa cause la puissance des lois ; le guerrier médite des assauts et livre des combats ; le pilote s'abandonne à la lutte des tempêtes, et moi-même, en songe, je ne quitte point ma lyre : je continue d'explorer la nature et d'en révéler les mystères à ma patrie. Ainsi, les arts et l'étude dans l'illusion des songes, reviennent charmer leurs adorateurs.

Si, durant quelques jours, nous sommes assidus spectateurs des jeux de la scène ; lorsqu'ils ont cessé de frapper nos sens, nous les voyons encore : leurs simulacres s'introduisent encore en nous, et s'ouvrent de libres issues jusqu'à notre âme. Pendant long-temps, ces objets nous poursuivent : en veillant, nous voyons le danseur bondir et déployer ses membres assouplis ; la suave harmonie du luth, la vibration des cordes éloquentes caressent notre oreille, et la foule des spectateurs, la pompeuse variété des ornemens de la scène, se déroulent à nos regards : tant l'habitude, les goûts et les penchans exercent de pouvoir, non-seulement sur les hommes, mais sur les brutes elles-mêmes.

Vois-tu ces coursiers fougueux, dont les membres sont engourdis par le sommeil? cependant, ils écument de sueur, ils soufflent tout haletans ; leurs muscles sont tendus, comme si, dans leur repos, ils rassemblaient toutes leurs forces pour disputer le prix, comme si la carrière s'ouvrait à leur rapidité.

VENANTUMQUE canes, in molli sæpe quiete,
Jactant crura tamen subito, vocesque repente
Mittunt et crebras reducunt naribus auras,
Ut vestigia si teneant inventa ferarum :
Expergefactique sequuntur inania sæpe
Cervorum simulacra, fugæ quasi dedita cernant;
Donec discussis redeant erroribus ad se.

AT consueta domi catulorum blanda propago
Degere, sæpe levem ex oculis volucremque soporem
Discutere, et corpus de terra conripere instant,
Proinde quasi ignotas facies atque ora tuantur.
Et quam quæque magis sunt aspera semina eorum,
Tum magis in somnis eadem sævire necessum est.

AT variæ fugiunt volucres, pennisque repente
Sollicitant Divum, nocturno tempore, lucos,
Accipitres somno in leni si prœlia pugnasque
Edere sunt persectantes, visæque volantes.

PORRO hominum mentes magnis quæ motibus edunt?
Magna etenim sæpe in somnis faciuntque geruntque;
Reges expugnant, capiuntur, prœlia miscent,
Tollunt clamores, quasi si jugulentur ibidem;
Multi depugnant, gemitusque doloribus edunt,
Et quasi pantheræ morsu sævive leonis
Mandantur, magnis clamoribus omnia complent;
Multi de magnis per somnum rebu' loquuntur,
Indicioque sui facti persæpe fuere;
Multi mortem obeunt; multi de montibus altis

Souvent, dans un doux sommeil, les chiens, intrépides compagnons du chasseur, agitent leurs membres, tout à coup exhalent des cris retentissans; leurs narines hument fréquemment l'air, et semblent interroger la trace de leur proie; et, souvent arrachés au sommeil, ils s'élancent vers l'image des cerfs, qu'ils croient voir fuir devant eux, jusqu'à ce qu'ils soient désabusés d'une erreur qu'ils regrettent.

Vois ce vigilant et caressant gardien de nos toits : il chasse tout à coup le sommeil léger qui voltigeait sur ses paupières : son corps agile, élancé de la terre, se dresse ; attentif, il croit voir la figure suspecte d'un inconnu. Plus les élémens des simulacres ont de rudesse, plus ils sont anguleux, plus ils nous tourmentent en songe.

Mais la foule des oiseaux fuit et va à tire d'aile dans l'ombre de la nuit, implorer l'épaisseur des bois sacrés, lorsque, dans un doux sommeil, ils ont vu l'avide vautour leur préparer un combat terrible, ou se précipiter sur eux d'un vol rapide.

Et de quels mouvemens impétueux l'âme des humains n'est-elle point agitée pendant le sommeil? que de vastes desseins naissent et s'accomplissent en un moment! Là, vous devenez le maître ou l'esclave d'un roi; on se livre au combat; on exhale des cris affreux, comme si l'on vous égorgeait; souvent on se débat, renversé sur la terre. Il en est qui, gémissant de douleur, remplissent l'air de cris, comme si la dent tranchante du lion ou de la panthère leur déchirait le sein. Les uns, se livrant en songe à de graves entretiens, se trahissent par d'imprudens

Se quasi præcipitent ad terram corpore toto,
Exterrentur, et ex somno, quasi mentibu' capti,
Vix ad se redeunt, permoti corporis æstu.
Flumen item sitiens, aut fontem propter amœnum
Adsidet, et totum prope faucibus occupat amnem:
Pusi sæpe lacum propter, se, ac dolia curta,
Somno devincti, credunt extollere vestem,
Totius humorem saccatum ut corpori' fundant;
Quum Babylonica magnifico splendore rigantur.

Tum quibus ætatis freta primitus insinuantur,
Semen ubi ipsa dies membris matura creavit,
Convenient simulacra foris e corpore quoque,
Nuntia præclari voltus pulchrique coloris;
Qui ciet inritans loca turgida semine multo,
Ut, quasi transactis sæpe omnibu' rebu', profundant
Fluminis ingentes fluctus, vestemque cruentent.

Sollicitatur id in nobis, quod diximus ante,
Semen, adulta ætas quum primum roborat artus:
Namque alias aliud res commovet atque lacessit;
Ex homine humanum semen ciet una hominis vis:
Quod simul atque suis ejectum sedibus exit
Per membra atque artus, decedit corpore toto
In loca conveniens nervorum certa, cietque
Continuo partes genitales corporis ipsas;
Inritata tument loca semine, fitque voluntas
Ejicere id, quo se contendit dira libido;
Idque petit corpus mens, unde est saucia amore:

aveux ; d'autres se voient traîner au supplice. Ceux-ci, du haut d'un mont escarpé, se sentent précipiter dans un abîme; de tout leur poids ils tombent... ils s'éveillent à peine rendus à eux-mêmes, et dans leur cœur palpitant demeure un long effroi. Au bord d'un fleuve, ou d'une source limpide, cet homme altéré se penche; sans assouvir sa soif, il aspire à longs traits d'intarissables flots. Liés par le sommeil, ces enfans, croyant s'approcher du vase accoutumé, et soulever leurs riches vêtemens, s'abandonnent au vil besoin qui les presse, et souillent innocemment les brillans tissus que Babylone a colorés.

Mais quand les premiers feux de l'adolescence pétillent dans leurs cœurs ; quand la nature a mûri dans leurs jeunes membres le suc générateur, les simulacres émanés en foule de tous les corps brillans de fraîcheur et de beauté, les poursuivent, irritent leurs désirs; le nectar de l'amour bouillonne, franchit sa limite, et leurs vêtemens sont inondés de flots voluptueux.

Oui, ce n'est qu'au temps où l'adolescence a développé nos corps, que le fluide créateur abonde et s'épanche. Chacun de nos organes est excité par la sympathie des objets qui l'entourent : l'organe des plaisirs n'est enflammé que par les formes humaines. Dès que le nectar fécond, échappé de ses réservoirs, se répand dans les membres, se précipite vers les conduits destinés à son cours, et abreuve le siège même de la volupté: soudain les vaisseaux tendus se gonflent à la fois ; irrités, ils demandent à s'épancher. Le désir a fait son choix, et s'élance ardemment sur l'auteur de sa brûlante blessure :

Namque omnes plerumque cadunt in volnus, et illam
Emicat in partem sanguis, unde icimur ictu,
Et si cominus est, hostem ruber occupat humor.

Sic igitur, Veneris qui telis accipit ictum,
Sive puer membris muliebribus hunc jaculatur,
Seu mulier toto jactans e corpore amorem,
Unde feritur, eo tendit, gestitque coire,
Et jacere humorem in corpus de corpore ductum :
Namque voluptatem præsagit multa cupido :
Hæc Venus est nobis, hinc autem est nomen amoris :
Hinc illæ primum Veneris dulcedinis in cor
Stillavit gutta, et successit fervida cura ;
Nam si abest quod ames, præsto simulacra tamen sunt
Illius, et nomen dulce obversatur ad aures.
Sed fugitare decet simulacra, et pabula amoris
Absterrere sibi, atque alio convertere mentem,
Et jacere humorem conlectum in corpora quæque,
Nec retinere semel conversum unius amore ;
Et servare sibi curam certumque dolorem :
Ulcus enim vivescit et inveterascit alendo ;
Inque dies gliscit furor, atque ærumna gravescit ;
Si non prima novis conturbes volnera plagis,
Volgivagaque vagus Venere ante recentia cures,
Aut alio possis animi traducere motus.

Nec Veneris fructu caret is qui vitat amorem ;
Sed potius, quæ sunt sine pœna, commoda sumit ;
Nam certa et pura est sanis magis inde voluptas,
Quam miseris ; etenim potiundi tempore in ipso,

une guerre active, un combat amoureux s'allume; les coups répondent aux coups; on s'approche, on frémit, des pleurs coulent, une ennemie succombe, et le vainqueur téméraire ensanglante sa lubrique victoire.

Ainsi, lorsque Vénus nous a blessés de ses traits, soit en empruntant les charmes d'un adolescent, soit en faisant briller la volupté sur le corps ravissant d'une femme, notre cœur s'élance à son tour vers l'objet d'où le coup est parti; il veut s'unir à lui, et l'inonder de flots amoureux. Voilà Vénus! voilà l'origine de ce nom d'amour, et la source de cette suave rosée, qui filtre goutte à goutte au fond du cœur enivré de délices, et devient bientôt un océan de douleurs. Car si l'objet aimé est absent, son image assiège, captive notre âme, et son doux nom résonne sans cesse à notre oreille.

Ah! fuyons ces simulacres dangereux : écartons loin de nous les perfides alimens de l'amour, appelons d'autres idées dans notre âme. Qu'un heureux partage ne nous laisse point épancher tous les flots du plaisir sur un unique objet, et bannisse ainsi les tourmens d'une exclusive ardeur. La plaie de l'amour vit et se creuse dès qu'on la nourrit: sa fureur toujours croissante est féconde en tourmens; elle s'embrase sans cesse, si par une nouvelle blessure chaque blessure remplacée ne s'affaiblit tour-à-tour; si une tendresse volage n'efface la première trace du mal, et ne donne un nouvel aliment aux caprices du cœur.

Mais, en réprimant l'amour, se prive-t-on des doux fruits de la volupté? Ah! plutôt on recueille ses charmes en évitant ses peines : la volupté est le partage de l'esprit libre et ferme, et fuit ces forcenés dont les ardeurs flottent

Fluctuat incertis erroribus ardor amantum;
Nec constat quid primum oculis manibusque fruantur;
Quod petiere, premunt arcte, faciuntque dolorem
Corporis, et dentes illidunt saepe labellis,
Osculaque adfigunt, quia non est pura voluptas;
Et stimuli subsunt, qui instigant laedere idipsum,
Quodcunque est, rabies unde illae germina surgunt:
Sed leviter poenas frangit Venus inter amorem,
Blandaque refraenat morsus admista voluptas.

Namque in eo spes est, unde est ardoris origo,
Restingui quoque posse ab eodem corpore flammam:
Quod fieri contra coram Natura repugnat;
Unaque res haec est, quojus quam pluria habemus,
Tam magis ardescit dira cuppedine pectus:
Nam cibus atque humor membris adsumitur intus,
Quae quoniam certas possunt obsidere partes,
Hoc facile expletur laticum frugumque cupido;
Ex hominis vero facie pulchroque colore,
Nil datur in corpus praeter simulacra fruendum
Tenuia, quae vento spes raptat saepe misella.
Ut bibere in somnis sitiens quum quaerit, et humor
Non datur, ardorem in membris qui stinguere possit;
Sed laticum simulacra petit, frustraque laborat,
In medioque sitit torrenti flumine potans.
Sic in amore Venus simulacris ludit amantes;
Nec satiare queunt spectando corpora coram;
Nec manibus quidquam teneris abradere membris
Possunt, errantes incerti corpore toto.

incertaines; qui, dans l'ivresse de l'amour, ne savent quels attraits ils doivent livrer à l'avidité de leurs mains et de leurs regards; qui, dans l'étreinte de leur fureur lubrique, semblent courroucés, fatiguent l'objet de leur désir, et, d'une dent frémissante, impriment sur sa lèvre des baisers douloureux. Non, leur volupté n'est pas pure; ils sont irrités, par des aiguillons secrets, contre l'auteur de cette ardeur frénétique : mais Vénus amortit le trait dans le sanctuaire du plaisir, et répand sur la blessure le doux nectar de la volupté.

Oui, l'insatiable amant espère qu'à la source même de sa brûlante ardeur, il pourra en éteindre la flamme : mais la nature répugne à des résultats si opposés. L'amour est l'unique désir qui s'irrite par la jouissance. La faim et la soif s'apaisent aisément, parce que les breuvages et les sucs des alimens se distribuent dans nos membres et font partie d'eux-mêmes; mais un visage charmant, un teint brillant de fraîcheur n'introduisent en nous que de légers simulacres, qu'un stérile espoir soudain emporté par le vent. Tel, dans le sommeil, un homme consumé par la soif, cherche vainement l'onde qui peut éteindre l'ardeur de son sein; il tend ses lèvres avides au simulacre d'un limpide ruisseau, il s'épuise en vains efforts, et succombe, dévoré par la soif au milieu de cette onde trompeuse. Ainsi, par de fugitifs simulacres, Vénus se joue des amans : l'aspect des formes enchanteresses les embrase et ne les rassasie pas; leurs mains avides parcourent les plus secrets appas, et, sans pouvoir en détacher la moindre portion, elles errent incertaines sur un corps voluptueux.

Denique, quum membris conlatis, flore fruuntur
Ætatis, quum jam præsagit gaudia corpus,
Atque in eo est Venus, ut muliebria conserat arva;
Adfigunt avide corpus, junguntque salivas
Oris, et inspirant pressantes dentibus ora.
Nequicquam : quoniam nihil inde abradere possunt;
Nec penetrare, et abire in corpus corpore toto :
Nam facere interdum id velle, et certare videntur;
Usque adeo cupide Veneris compagibus hærent,
Membra voluptatis dum vi labefacta liquescunt.
Tandem ubi se rupit nervis conlecta cupido,
Parva fit ardoris violenti pausa parumper;
Inde redit rabies eadem, et furor ille revisit,
Quum sibi, quod cupiant ipsi, contingere quærunt;
Nec reperire malum id possunt quæ machina vincat :
Usque adeo incerti tabescunt volnere cæco.

Adde quod absumunt vires, pereuntque labore;
Adde quod alterius sub nutu degitur ætas;
Labitur interea res, et vadimonia fiunt;
Languent officia, atque ægrotat fama vacillans;
Unguenta et pulchra in pedibus Sicyonia rident :
Scilicet et grandes viridi cum luce smaragdi
Auro includuntur, teriturque thalassina vestis
Assidue, et Veneris sudorem exercita potat.
Et bene parta patrum fiunt anademata, mitræ;
Interdum in pallam, ac Melitensia Ceaque vertunt :
Eximia veste et victu convivia, ludi,
Pocula crebra, unguenta, coronæ, serta parantur :
Nequicquam, quoniam medio de fonte leporum

Et, lorsque, dans la fleur de l'âge, deux amans réunis frémissent aux brûlans accès du plaisir, lorsque Vénus descendue dans leurs corps va semer le champ de la maternité, leurs membres s'entrelacent; sur leurs lèvres humides que presse une dent amoureuse, leurs âmes se cherchent et se confondent. Mais la nature ne permet pas cette intime fusion, leurs corps, l'un dans l'autre, ne peuvent se fondre tout entiers. Car tel est le but de leurs ardens efforts; tant Vénus les enlace étroitement, tandis que leurs membres palpitans au choc brûlant du plaisir, se résolvent en sucs voluptueux; enfin, quand l'amour a rompu la barrière de ses flots jaillissans, sa violente ardeur se calme un moment, mais elle se rallume avec une fureur insatiable, toujours trompée dans son but, elle ne peut trouver aucun moyen de triompher de son mal : les amans dans leur incertitude sont consumés par une secrète blesssure.

Ajoutez à ces tourmens, la fatigue du vice; ajoutez une vie courbée sous un joug ignominieux, une fortune détruite, la dette rongeuse, les devoirs oubliés, un honneur malade et chancelant. On prodigue les parfums, on fait briller à ses pieds l'élégante chaussure de Sicyone; les émeraudes les plus grandes et du vert le plus éclatant sont enchâssées dans l'or, et les tissus les plus précieux prodigués dans les joûtes du plaisir, s'usent en étanchant la sueur amoureuse. Les voluptueux convertissent les biens de leurs ancêtres en voiles, en ornemens, en meubles somptueux; ils les transforment en parures de débauches, de festins et de jeux. Ils respirent de suaves parfums, ils se parent de guir-

Surgit amari aliquid, quod in ipsis floribus angat :
Aut quod conscius ipse animus se forte remordet,
Desidiose agere aetatem, lustrisque perire;
Aut quod in ambiguo verbum jaculata reliquit,
Quod cupido adfixum cordi vivescit, ut ignis;
Aut nimium jactare oculos, aliumve tueri
Quod putat, in voltuque videt vestigia risus.

ATQUE in amore mala haec proprio, summeque secundo
Inveniuntur; in adverso vero atque inopi sunt,
Prendere quae possis oculorum lumine aperto,
Innumerabilia; ut melius vigilare sit ante,
Qua docui ratione, cavereque ne inlaqueeris :
Nam vitare, plagas in amoris ne laciamur,
Non ita difficile est, quam captum retibus ipsis
Exire, et validos Veneris perrumpere nodos.
ET tamen implicitus quoque possis, inque peditus
Effugere infestum, nisi tute tibi obvius obstes,
Et praetermittas animi vitia omnia primum,
Tum quae corpori' sunt ejus, quam percupis, ac vis :
Nam hoc faciunt homines plerumque cupidine caeci;
Et tribuunt ea, quae non sunt his commoda vere :
Multimodis igitur pravas turpesque videmus©.
Esse in deliciis, summoque in honore vigere :
Atque alios alii inrident, Veneremque suadent
Ut placent, quoniam foedo adflictantur amore;
Nec sua respiciunt miseri mala maxima saepe.

landes et de couronnes; mais, du milieu même de la source des plaisirs surgit l'amertume, et l'épine déchirante sort du sein brillant des fleurs. Soit que le remords crie au fond du cœur, et leur reproche des jours oisifs et honteusement perdus; soit qu'un mot équivoque, échappant de la bouche d'une amante comme un trait déchirant, pénètre dans leur âme et s'y conserve pareil au feu qui s'accroît sous la cendre; soit que la défiance jalouse épie dans des regards distraits, un éclair pour un rival, ou surprenne, sur des lèvres trompeuses, un souris ironique.

Ah! si tant de peines accompagnent l'amour fortuné, les innombrables tourmens d'un amour sans succès ne frappent-ils point tous les yeux? il faut donc je le répète, veiller sur soi-même, refréner ses désirs, et se prémunir contre les pièges de l'Amour. Car il est plus aisé de les éviter, que de s'en affranchir quand ils nous ont captivé, et de rompre les chaînes dont Vénus nous accable.

Quoique enlacé dans le piège fatal, l'homme pourrait encore s'y soustraire, si lui-même n'y précipitait ses pas, s'il ne fermait les yeux sur les vices de l'âme et du corps de l'objet qui l'asservit. L'aveugle délire des amans enfante des perfections imaginaires; leur cœur séduit transforme en beautés, en vertus, les difformités et les vices. Envain ils se prodiguent une mutuelle et mordante ironie, ils se conseillent alternativement de conjurer Vénus de les affranchir de leurs nœuds avilissans, et le plus implacable censeur ne voit pas que lui-même est le plus coupable. Chacun embellit les dé-

Nigra, ΜΕΛΊΧΡΟΟΣ est : immunda et fœtida, ἌΚΟΣΜΟΣ:
Cæsia, ΠΑΛΛΆΔΙΟΝ : nervosa et lignea, ΔΟΡΚΆΣ:
Parvola, pumilio, ΧΑΡΊΤΩΝ ΊΑ, tota merum sal :
Magna atque immanis, ΚΑΤΆΠΛΗΞΙΣ, plenaque honoris :
Balba, loqui non quit, ΤΡΑΥΛΊΖΕΙ : muta, pudens est :
At flagrans, odiosa, loquacula, ΛΑΜΠΆΔΙΟΝ fit :
ἸΣΧΝΟΝ ἘΡΩΜΈΝΙΟΝ tum fit, quum vivere non quit
Præ macie : ΡΑΔΙΝΉ vero est, jam mortua tussi :
At gemina et mammosa, Ceres est ipsa ab Iaccho :
Simula, ΣΙΛΗΝΉ, ac satyra est : labiosa, ΦΊΛΗΜΑ.
Cætera de genere hoc, longum est, si dicere coner.

Sed tamen esto jam quantovis oris honore,
Quoi Veneris membris vis omnibus exoriatur :
Nempe aliæ quoque sunt; nempe hac sine viximus ante;
Nempe eadem facit, et scimus facere omnia turpi;
Et miseram tetris se suffit odoribus ipsa,
Quam famulæ longe fugitant, furtimque cachinnant.

At lacrymans exclusus amator limina sæpe
Floribus et sertis operit, postesque superbos
Unguit amaracino, et foribus miser oscula figit :
Quem si jam admissum, venientem offenderit aura
Una modo, causas abeundi quærat honestas;
Et meditata diu cadat alte sumpta querela;

fauts de son idole : la noire est une brune piquante. L'immonde négligente dédaigne la parure. La louche est l'image de Pallas. La maigre, aux nerfs saillans, une biche légère. La petite, la naine, l'une des Grâces, une beauté, une perfection sans mélange. La taille colossale, sans altération, a de la noblesse et de la dignité. Celle qui balbutie des mots inachevés, c'est la modestie qui bégaie. La muette est la pudeur même. La querelleuse, ardente et loquace, est une flamme qui pétille sans cesse. Une maigreur qui semble ne plus appartenir à la vie, offre les traces d'un brûlant amour. Celle dont la toux est mortelle devient une beauté languissante. D'énormes mamelles sont les appas de l'amante de Bacchus. Le nez court promet la volupté. La lèvre épaissie appelle le baiser. Mais où m'arrêter, si je tentais de retracer toutes les illusions de l'amour ?

Eh bien, j'y consens : ton amante mérite les éloges de ta bouche. Tout son corps voluptueux exerce la puissance des attraits de Vénus ; mais n'en est-il pas d'autres aussi parfaites, et tes jours coulaient-ils sans charmes avant de la connaître ? oublies-tu que, comme la plus difforme, elle subit les infirmités de la vie ; que, souvent, son souffle corrompu l'infecte elle-même, et que ses suivantes s'échappent pour exhaler loin d'elle leur rire satirique.

Cependant, l'amant à qui sa demeure est interdite, vient suspendre des guirlandes de fleurs sur sa porte dédaigneuse : il y brûle des parfums, et, plaintif, il imprime ses baisers sur le seuil ; mais s'il parvient à le franchir, l'illusion s'évanouit : l'air qu'il respire blesse ses sens, il médite une adroite retraite ; soudain, il ou-

Stultitiæque ibi se damnet, tribuisse quod illi
Plus videat, quam mortali concedere par est.
Nec Veneres nostras hoc fallit; quo magis ipsæ
Omnia summopere hos vitæ postscenia celant,
Quos retinere volunt, adstrictosque esse in amore;
Nequicquam; quoniam tu animo tamen omnia possis
Protrahere in lucem, atque omnes anquirere nisus :
Et si bello animo est, et non odiosa, vicissim
Prætermittet te humanis concedere rebus.

Nec mulier semper ficto suspirat amore;
Quæ complexa viri corpus cum corpore jungit,
Et tenet adsuctis humectans oscula labris :
Nam facit ex animo sæpe, et communia quærens
Gaudia, sollicitat spatium decurrere amoris :
Nec ratione alia volucres, armenta, feræque,
Et pecudes, et equæ maribus subsidere possent;
Si non, ipsa quod illorum subat, ardet abundans
Natura, et Venerem salientum læta retractat.

Nonne vides etiam, quos mutua sæpe voluptas
Vinxit, ut in vinclis communibus excrucientur?
In triviis non sæpe canes discedere aventes,
Divorsi cupide summis ex viribu' tendunt,
Quum interea validis Veneris compagibus hærent?
Quod facerent nunquam, nisi mutua gaudia nossent,
Quæ lacere in fraudem possent, vinctosque tenere :

blie ses plaintes amoureuses méditées si long-temps, il s'accuse de folie, et ne conçoit pas comment il supposait à la faiblesse humaine ces perfections que la nature ne lui départit pas. Aussi les prêtresses des amours ne s'abusent point : aux amans qu'elles veulent attirer dans leurs chaînes, elles cachent avec art les arrière-scènes de la vie; mais l'imagination porte sa clarté dans ces mystères : active, elle en pénètre les plus profonds secrets. Tandis que la femme, dont l'esprit est facile et complaisant, vous permet elle-même d'acquitter les tributs que l'humanité vous impose.

Oui, les soupirs d'une femme sont quelquefois exempts de feinte; lorsque, pressant contre son sein le sein de son amant, elle l'étreint avec ivresse; lorsque, sur la bouche qu'elle aime, ses lèvres humides s'abreuvent de volupté : son ardeur est sincère; heureuse de faire partager à son amant le plaisir qu'elle éprouve, elle l'excite à fournir la course de l'amour. C'est ainsi que la femelle des légers oiseaux, des monstres féroces, des troupeaux et du fier coursier succombe avec docilité aux ardeurs de son époux; car le bouillonnement du désir livre un sexe timide à la douce réaction des ébats amoureux.

Ne vois-tu pas les êtres unis par une mutuelle ardeur, tourmentés en secret dans leurs communs liens? vois ces chiens lascifs, au détour des chemins; par des efforts opposés, ils tentent de se désunir, mais ils resserrent encore plus les liens puissans de l'amour. En serait-il ainsi sans l'attrait impérieux d'un plaisir mutuel, qui les précipite dans le piège et les retient captifs. Il faut

Quare etiam atque etiam, ut dico, est communi' voluptas.

Et commiscendo quum semen forte virile
Fœmina commulxit subita vi, conripuitque;
Tum similes matrum materno semine fiunt,
Ut patribus patrio; sed quos utriusque figuræ
Esse vides juxtim, miscentes volta parentum,
Corpore de patrio et materno sanguine crescunt;
Semina quum Veneris stimulis excita per artus
Obvia conflixit conspirans mutuus ardor,
Et neque utrum superavit eorum, nec superatum est.
Fit quoque, ut interdum similes existere avorum
Possint, et referant proavorum sæpe figuras,
Propterea, quia multa modis primordia multis
Mista suo celant in corpore sæpe parentes,
Quæ patribus patres tradunt, a stirpe profecta;
Inde Venus varia producit sorte figuras;
Majorumque refert voltus, vocesque, comasque;
Quandoquidem nihilo minus hæc de semine certo
Fiunt, quam facies et corpora membraque nobis.
Et muliebre oritur patrio de semine sæclum;
Maternoque mares existunt corpore creti :
Semper enim partus duplici de semine constat;
Atque, utri simile est magis id, quodcunque creatur,
Ejus habet plus parte æqua; quod cernere possis,
Sive virûm soboles, sive est muliebris origo.
Nec divina satum genitalem Numina quoiquam
Absterrent, pater a natis ne dulcibus unquam
Appelletur, et ut sterili Venere exigat ævum :
Quod plerique putant, et multo sanguine mœsti

donc l'avouer, tous les sexes ont une part commune à la volupté.

Dans l'ivresse de l'amour, quand la femme pompe, en ses flancs avides, les germes producteurs, la ressemblance des enfans tiendra du père ou de la mère, selon que l'un ou l'autre aura fourni davantage au tribut voluptueux; et s'ils tiennent également de leurs auteurs, alors les sources de la vie, extraites du plus pur sang du père et de la mère, ont été excitées par une ardeur égale, et leurs flots, sagement balancés, ont également concouru à la naissance du nouvel être. Quelquefois, les enfans, images de leurs aïeux, rapportent les traits de leurs ancêtres les plus éloignés; parce que les époux renfermaient en eux quelques principes purs, qui, de race en race, se sont transmis de la tige première au sein de leurs rejetons. C'est en animant cette foule de principes que, sous des formes variées, Vénus fait revivre en nous les traits, la chevelure, la voix de nos ancêtres; parce que, semblables aux autres parties du corps, ils sont formés de germes dont le but est invariable. L'homme et la femme influent également dans la reproduction des deux sexes, car l'enfant ne naît que du mélange des flots générateurs. Seulement, sa ressemblance est plus marquée avec le père ou la mère, selon que l'un ou l'autre aura contribué plus largement au tribut amoureux.

Non, ce ne sont pas les dieux qui nous interdisent quelquefois le don de propager notre race, nous privent du doux nom de père, et nous condamnent à un hymen stérile. N'imitons point ces époux qui, dans leur cré-

Conspergunt aras, adolentque altaria donis,
Ut gravidas reddant uxores semine largo;
Nequicquam Divûm numen, sortesque fatigant :
Nam steriles nimium crasso sunt semine partim,
Aut liquido præter justum tenuique vicissim :
Tenue, locis quia non potis est adfigere adhæsum,
Liquitur extemplo, et revocatum cedit ab ortu :
Crassius hoc porro, quoniam concretius æquo
Mittitur, aut non tam prolixo provolat ictu,
Aut penetrare locos æque nequit, aut penetratum
Ægre admiscetur muliebri semine semen.
Nam multum harmoniæ Veneris differre videntur;
Atque alias alii complent magis, ex aliisque
Suscipiunt aliæ pondus magis inque gravescunt :
Et multæ steriles hymenæis ante fuerunt
Pluribus, et nactæ post sunt tamen, unde puellos
Suscipere, et partu possent ditescere dulci :
Et quibus ante domi fœcundæ sæpe nequissent
Uxores parere, inventa est illis quoque compar
Natura, ut possent natis munire senectam.
Usque adeo magni refert, ut semina possint
Seminibus commisceri generaliter apta,
Crassaque conveniant liquidis, et liquida crassis,
Quæ quoi juncta viro sit fœmina per Veneris res.
Atque adeo refert, quo victu vita colatur :
Namque aliis rebus concrescunt semina membris,
Atque aliis extenuantur tabentque vicissim.
Et quibus ipsa modis tractetur blanda voluptas,
Id quoque permagni refert : nam more ferarum,
Quadrupedumque magis ritu, plerumque putantur

dule espoir, répandent le sang des victimes, surchargent les autels de présens, demandent à la Divinité les sucs abondans qui doivent féconder leurs épouses ; mais ils fatiguent en vain les oracles et les dieux. L'épouse demeure stérile, quand la semence de la vie est trop fluide ou trop onctueuse ; car, ne pouvant se fixer dans l'enceinte qui la reçoit, elle se résout appauvrie, et retombe en rosée infertile. Trop épaissie, au contraire, elle s'embarrasse, n'atteint point le but, ou si elle pénètre dans le sanctuaire, elle ne peut se confondre aux flots amis qu'elle aurait fécondés.

L'HARMONIE est indispensable aux concerts de Vénus. Tel homme souvent est plus fécond avec la femme qui lui offre le plus de sympathie ; telle femme reçoit plus facilement le fardeau de la grossesse de l'époux qui lui convient le mieux. On a vu des femmes subir sans fruit le joug de plusieurs hyménées, et qu'un époux nouveau entoure d'une nombreuse et douce postérité. On a vu des époux, après plusieurs unions infertiles, recevoir d'une autre compagne les tendres soutiens de leur vieillesse : tant la sympathie est nécessaire dans l'intime union des époux, afin que les sucs générateurs, ni trop onctueux, ni trop appauvris, puissent, dans une douce fusion, accomplir l'œuvre de l'amour.

OBSERVONS aussi l'influence des alimens : les uns épaississent, les autres liquéfient, appauvrissent les flots générateurs. Ne négligeons pas non plus l'attitude qui convient aux doux sacrifices de la volupté. On le croit, le modèle le plus favorable nous est offert par le coursier généreux ; car la poitrine, placé à la même hauteur

Concipere uxores, quia sic loca sumere possunt,
Pectoribus positis, sublatis semina lumbis.
Nec molles opu' sunt motus uxoribus hilum :
Nam mulier prohibet se concipere, atque repugnat,
Clunibus ipsa viri Venerem si læta retractet ;
Atque exossato ciet omni pectore fluctus :
Eicit enim sulci recta regione viaque
Vomerem, atque locis avertit seminis ictum :
Idque sua causa consuerunt scorta moveri,
Ne complerentur crebro, gravidæque jacerent ;
Et simul ipsa viris Venus ut concinnior esset :
Conjugibus quod nil nostris opus esse videtur.
Nec divinitus est interdum, Venerisque sagittis,
Deteriore fit ut forma muliercula ametur :
Nam facit ipsa suis interdum fœmina factis,
Morigerisque modis, et munde corpore culto,
Ut facile insuescat secum vir degere vitam.
Quod superest, consuetudo concinnat amorem :
Nam leviter quamvis, quod crebro tunditur ictu,
Vincitur in longo spatio tamen, atque labascit :
Nonne vides etiam guttas in saxa cadentes
Humoris, longo in spatio pertundere saxa ?

que les reins, ouvre une carrière plus libre aux flots générateurs.

Que jamais l'épouse, par des ébats lascifs, n'excite l'ardeur de son époux : la secousse de ses membres voluptueux sollicite des flots trop abondans qui jaillissent de tout le corps et l'énervent; d'ailleurs, ces mouvemens immodérés s'opposent à la fécondation : le soc, détourné de son but, épanche la semence hors du sillon. Laissez aux viles courtisanes ces honteux artifices qui les affranchissent du fardeau de la maternité, et rendent leurs faveurs plus délicieuses; l'épouse entourant ses plaisirs d'un voile de pudeur, dédaigne ces lubriques transports.

Sans le secours de la Divinité, sans les flèches de Vénus, l'épouse la moins belle trouve l'art d'être aimée. Sa facile prévenance, la soigneuse propreté, ornement de son corps, son indulgente vertu accoutument son époux à couler près d'elle une douce vie : l'amour naît aisément de l'habitude. Ainsi, de faibles coups, mais sans cesse répétés, triomphent des corps les plus indestructibles; et la pluie, en tombant goutte à goutte, perce, avec le temps, le plur dur rocher.

NOTES

DU LIVRE QUATRIÈME.

---

v. 2.   Avia Pieridum peragro loca, nullius ante
Trita solo.

A l'exemple d'Homère et de presque tous les poètes de l'antiquité, Lucrèce se répète souvent. Cet admirable morceau et la comparaison qui le termine, se trouvent sans aucun changement à la fin du premier livre.

v. 46. . . . rerum *effigias* tenuesque *figuras*
....
Quæ quasi *membrana*, vel *cortex* nominitanda est.

En condamnant cette théorie des simulacres, il faut rendre justice aux moyens ingénieux avec lesquels les anciens la soutenaient; elle était généralement adoptée dans la Grèce; on appelait les émanations des corps εἴδωλα, τύπους, ὑμένας; les Latins, d'après les Grecs, les ont désignées sous les noms de *imagines*, *spectra*, *simulacra*, *figuræ*, *effigies*; Cicéron dit, en parlant de ces émanations : *quarum incursu non modo videmus, sed etiam cogitamus*. De Fin., lib. 1.

v. 57.   Et vituli quum membranas de corpore summo
Nascentes mittunt, et item quum lubrica serpens
Exuit in spinis vestem.

Lucrèce va jusqu'à comparer les simulacres à la pellicule dont le veau naît enveloppé, et à la peau dont le serpent se dépouille chaque année; parce que, d'après son système des simulacres, Épicure admettait une continuité réelle entre les particules qui se lient les unes aux autres, et forment un tissu.

Texturas rerum tenues, tenuesque figuras.

v. 69.   Parva queunt, et sunt in prima fronte locata.

D'après l'opinion des meilleurs commentateurs, j'ai adopté dans ces vers le mot *parva* au lieu du mot *pauca*, employé dans plusieurs éditions.

v. 73.   Et volgo faciunt id lutea russaque vela.

Les théâtres des Romains étaient tendus de rideaux, de tapisseries, de voiles dont les uns servaient à orner la scène, d'autres à la spécifier, d'autres à la commodité des spectateurs. Ceux qui servaient d'ornement étaient les plus riches, et ceux qui spécifiaient la scène représentaient toujours quelque chose de la pièce qu'on jouait. Les voiles tenaient lieu de couverture, et l'on s'en servait pour la seule commodité des spectateurs, afin de les garantir des ardeurs du soleil. Catulus, le premier, imagina de revêtir tout l'espace du théâtre et de l'amphithéâtre de voiles étendus sur des cordages qui étaient attachés à des mâts de navire ou à des troncs d'arbre fichés dans les murs. Ces mêmes voiles devinrent dans la suite un objet de luxe. Lentulus Spenter en fit faire de lin d'une finesse jusqu'alors inconnue. Néron non-seulement les fit teindre en pourpre, mais y ajouta des étoiles d'or, au milieu desquelles il était peint monté sur un char, le tout travaillé avec tant d'adresse et d'intelligence, qu'il paraissait comme un Phébus qui, modérant ses rayons dans un jour serein, ne laissait briller que le jour agréable d'une belle nuit.

v. 92.   At contra tenuis summi membrana coloris.

La membrane des couleurs paraîtra une expression hardie, mais elle a l'avantage de rendre avec précision l'idée de Lucrèce.

v. 122.   ...... quæcunque suo de corpore odorem.

En agitant légèrement les plantes qui exhalent une odeur piquante, on sentira qu'il en émane une grande quantité de corpuscules qui agissent sur nos organes, quoique leur action soit invisible. De cette expérience, Lucrèce se croit en droit de conclure que les autres corps envoient aussi des émanations d'une autre nature, qui, bien qu'insensibles, n'en existent pas moins. Voilà le vrai sens de ce morceau : *simulacra* ne signifie point les émanations dont il parle, comme les commentateurs paraissent l'avoir entendu : c'est une expression consacrée par Lucrèce, pour désigner les *simulacres*, les *effigies*, les membranes déliées auxquelles nous devons la vue des objets; jamais elle n'est employée pour désigner les autres espèces d'émanations.

v. 158.   Perpetuo fluere ut noscas e corpore summo.

On aurait droit de demander à Lucrèce comment des émanations abondantes et continues n'épuisent pas promptement les corps; mais Épicure répond qu'il se fait un échange continuel d'émanations réciproques, et qu'au moyen de ces compensations alternatives, l'épuisement se fait moins sentir; il y a d'ailleurs un autre exemple plus favorable à ce système; ce sont les corps odorans, auxquels les émanations des parfums pendant des siècles ne font point éprouver d'altération sensible.

v. 169.   Præterea, modo quum fuerit liquidissima cœli
Tempestas, per quam subito fit turbida fœde
Undique, uti tenebras omnes Acherunta rearis
Liquisse, et magnas cœli complesse cavernas;
Usque adeo, tetra nimborum nocte coorta,
Impendent atræ formidinis ora superne.

Voilà un des morceaux qui décèlent le grand poète. Pour la sublimité des images et la perfection du style, il peut rivaliser avec les plus beaux passages des poètes anciens et modernes; la sombre harmonie des vers, composés en grande partie de spondées, imite parfaitement la marche lente et lugubre de ces nuages ténébreux qui s'amoncèlent et préparent les orages. Après avoir dépeint les ténèbres des enfers envahissant les plaines du ciel, Lucrèce ajoute à la sublime horreur de ce grand tableau, en nous montrant l'effroi personnifié qui plane sous les voûtes célestes. Homère et Milton n'offrent rien de plus terrible et de plus majestueux. L'auteur du *Paradis perdu* a aussi personnifié l'horreur s'agitant dans les airs pendant le combat des démons.

v. 218.   . . . . quæ feriant oculos, visumque lacessant.

Il faut remarquer combien la théorie des anciens, sur la vision, était ingénieuse; Lucrèce nous la développe avec beaucoup de clarté et d'élégance. Les détails minutieux sont relevés par les charmes d'une poésie pittoresque et gracieuse; il est impossible de rassembler plus de difficultés, et de les vaincre plus heureusement.

Il est curieux de comparer le mécanisme que les anciens supposaient pour opérer l'action de la vue, au système supposé par les modernes. Les Stoïciens pensaient que de l'intérieur de l'œil s'élancent, à sa surface, des rayons visuels, qui poussent l'air, le compriment et l'appliquent contre les objets extérieurs. De sorte que, dans leur système, il se fait une espèce de cône, dont le sommet est à la surface de l'œil, et la base posée sur l'objet aperçu. Or, disent-ils, de même qu'en tenant à la main un bâton, on est instruit par l'espèce de résistance qu'on éprouve, de la nature du corps touché, s'il est dur ou mou, poli ou raboteux, si c'est de la boue ou du bois, de la pierre ou une étoffe; de même la vue, au moyen de cet air ainsi comprimé, est instruite de toutes les qualités de l'objet qui sont relatives à la vue, s'il est blanc ou noir, beau ou difforme, etc.

Selon Aristote, la chose se passait tout différemment : c'était la couleur même des objets extérieurs qui excitait, et, pour employer ses propres termes, qui réduisait à *l'acte* la faculté d'être éclairé, qui appartient à l'air, *perspicuum actu*: et à l'aide d'une propagation non interrompue dans l'air, interposé entre l'objet et l'œil, l'organe étant mis en vibration, par son moyen, le *sensorium* intérieur étant ébranlé, d'où s'ensuivait la perception des objets. Ainsi, dans les principes de ce philosophe, l'air fait la fonction du bâton, comme chez les Stoïciens; mais c'est l'objet extérieur qui est la main, et l'œil qui est le corps touché. Chaque explication est donc ici l'inverse de l'autre. Dans la première, le mécanisme de la vision commence par l'œil, et se termine aux objets extérieurs, par le véhicule de l'air; dans la seconde, il commence par les objets extérieurs, et se termine à l'œil, aussi par le véhicule de l'air.

Les Pythagoriciens réunissaient dans leur explication ces deux mécanismes si opposés. Ils croyaient que les rayons visuels, élancés de l'œil, allaient frapper les objets extérieurs, et qu'ils étaient de là, réfléchis vers l'organe. C'étaient des espèces de messagers, députés par l'œil vers les objets extérieurs, et qui, à leur retour, faisaient leur rapport à l'organe.

Dans les principes d'Épicure, tout se passait par des simulacres, des images, des effigies substantielles, qui, en venant frapper l'œil, y excitaient la vision. C'était là que se bornait tout le mécanisme. Il n'était pas nécessaire que les simulacres traversassent les différentes humeurs des yeux, qu'ils ébranlassent la rétine, qu'ils affectassent le *sensorium*, puisque l'âme, selon la doctrine d'Épicure, était dans les yeux comme dans le *sensorium*.

Dicere porro oculos nullam rem cernere posse, etc.

Les modernes expliquent ainsi le mécanisme de la vision. Ils conviennent tous qu'elle se fait par des rayons de lumière, réfléchis des différens points des objets reçus dans la prunelle, réfractés et réunis dans leur passage à travers les tuniques et les humeurs qui conduisent jusqu'à la rétine; et qu'en frappant ainsi, ou en faisant une impression sur les points de cette membrane, l'impression se propage jusqu'au cerveau, par le moyen des filets correspondans du nerf optique.

v. 256.   Quare fit ut videamus................

Cette leçon m'a semblé présenter un sens plus naturel, plus clair, et plus conforme au goût du poète, que le *Quale sit ut videamus*, qui se trouve dans plusieurs éditions. J'ai adopté l'avis de Lagrange.

v. 278.   Sic ubi se primum speculi projecit imago.

Il y a un peu d'obscurité dans ce passage.

Les miroirs, chez les Romains, n'étaient formés que de métaux polis. Aujourd'hui leur perfection tient du prodige. Delille n'a fait qu'esquisser les effets variés de nos miroirs :

Ces glaces à nos yeux ont doublé chaque objet;
Vous y reconnaissez, quelle surprise extrême!
Vos glaces, vos tapis, vos tableaux et vous-même.
Quel prestige produit ces traits inattendus?
Le mercure et l'étain l'un sur l'autre étendus,
Recueillent les rayons surpris à leur passage,
Et des traits réfléchis vous présentent l'image.

v. 406. Jamque rubrum tremulis jubar ignibus erigere alte
Quum cœptat Natura, supraque extollere montes;
Quos tibi tum supra sol montes esse videtur,
Cominus ipse suo contingens fervidus igni,
Vix absunt nobis missus bis mille sagittæ,
Vix etiam cursus quingentos sæpe veruti;
Inter eos solemque jacent immania ponti
Æquora, subtracta ætheriis ingentibus oris;
Interjectaque sunt terrarum millia multa,
Quæ variæ retinent gentes et sæcla ferarum.

Ce passage mérite de l'attention : il prouve surtout l'immense étendue que Lucrèce supposait à la terre.

v. 474. Qui capite ipse suo instituit vestigia retro.

Ce vers ne me paraît point digne de Lucrèce; il faut supposer qu'une altération dans les manuscrits en aura fait perdre une partie, et que la phrase aura été recomposée par un éditeur inhabile.

v. 569. In multas igitur voces vox una repente
Diffugit.

Lucrèce, pour faire connaître le mécanisme de la division du son, se sert de la comparaison d'une étincelle qui se divise en un grand nombre d'autres étincelles. Plutarque emploie une autre image qui donne une idée encore plus claire de la naissance et de la propagation du son : il le compare à l'eau sortie d'un arrosoir, qui, en tombant, se subdivise en un nombre de gouttes d'eau d'autant plus considérable qu'elle tombe de plus haut.

v. 597. . . . . omne
Humanum genus est avidum nimis auricularum.

Ce beau vers contient une maxime malheureusement trop applicable aux hommes de tous les temps et de tous les lieux.

L'origine des superstitions, établies par l'effet des échos, est décrite par Lucrèce, avec autant de grâces que de beautés poétiques : nul n'a mieux connu l'art de joindre par un lien imperceptible les objets moraux aux objets physiques.

v. 621. Principio, succum sentimus in ore, cibum quum.

L'explication que le poète fait ici de la sensation du goût est exactement conforme à celle qu'en donnent les physiologistes modernes; ils partent du même principe que Lucrèce; mais ils ont poussé plus loin des détails anatomiques, et les procédés chimiques sur la décomposition des corps savoureux.

v. 675.   Utraque enim sunt in mellis commista sapore.

Ce vers n'est que la répétition de ce que le poète a dit ailleurs.

v. 714.   Quin etiam gallum................

Chez les Perses, les Guèbres, et depuis chez les chrétiens, le coq a toujours joué un rôle dans les fables sacrées; de là sans doute s'est transmise l'opinion populaire que l'aspect d'un coq fait fuir les lions. Pline a dit : *Galli.... terrori sunt etiam leonibus, ferarum generosissimis.* Histoire natur., liv. x, ch. 21.

v. 726.   ..... quæ moveant animum res, accipe, et unde,
          Quæ veniunt, veniant in mentem, percipe paucis.

Le nouveau genre de simulacres adopté par Lucrèce, pour expliquer la génération des idées, ne présente rien de satisfaisant; c'est la suite du système général des émanations d'Épicure; toute cette théorie est bien faible : aussi est-ce surtout de ce côté que les détracteurs d'Épicure l'ont attaqué. Au surplus, cette matière fut toujours l'écueil de presque tous les raisonneurs; les idées innées de Descartes, l'harmonie préétablie de Leibnitz, et les idées divines de Mallebranche, ne prêtent pas moins au ridicule que les simulacres d'Épicure.

v. 780.   Quæritur imprimis quare, quod quoique libido
          Venerit......

Voici le raisonnement du poète dont la marche est un peu brusque et difficile à suivre. On lui demande comment il se peut que les simulacres destinés à la pensée viennent aussitôt que nous le voulons présenter à notre esprit les images des objets de toute espèce. Il répond qu'il y a une foule innombrable de ces simulacres; que chaque instant est divisé en un grand nombre d'autres instans insensibles auxquels correspond une infinité de simulacres de toute espèce, sans cesse attentifs à nos ordres, et que nous n'avons que la peine de les choisir. Car enfin, ajoute-t-il, il n'est pas plus nécessaire que la nature forme exprès des simulacres, quand nous voulons penser, qu'il n'est nécessaire qu'elle leur ait appris les règles de la danse, quand nous les voyons en songe déployer leurs bras, mouvoir leurs membres avec souplesse, etc. Ces deux phénomènes sont la suite du même mécanisme, et s'expliquent par la multitude étonnante des simulacres qui se succèdent en nous sans interruption. Mais, objecte-t-on encore à Épicure, s'il y a un si grand nombre de simulacres, pourquoi n'avons-nous pas au même instant une foule innombrable d'idées de tous les genres ? C'est, répond Lucrèce, que ces simulacres ne sont aperçus que quand l'âme y fait attention, *se contendit acute*, sans cela ils sont perdus pour elle. Il en est des yeux de l'âme comme de ceux du corps qui ne voient que les objets vers lesquels ils se dirigent.

v. 823. Lumina ne facias oculorum clara creata.

Les raisonnemens avec lesquels Lucrèce combat les causes finales, sont parsemés de beautés de style; il y brille comme poète; mais combien le philosophe a laissé à désirer! Ses pensées, il est vrai, comme des germes fertiles, ont été cultivées par les philosophes modernes. Buffon, Helvétius, Condillac, ont développé le système du poète.

v. 853. Quo genere inprimis sensus et membra videmus.
Quare etiam atque etiam procul est ut credere possis
Utilitatis ob officium potuisse creari.

La construction de ces vers est pénible, et le sens n'en est point très-clair.

v. 905. Nunc quibus ille modis, somnus per membra quietem.

Les anciens ont imaginé sur les causes du sommeil les systèmes les plus singuliers; obstinés à voir dans un repos vivifiant l'image de la mort, ils ont assigné à l'un et à l'autre des causes analogues. Leurs fausses idées sur la nature de l'âme les ont surtout conduits à ces ridicules théories.

v. 959. Et quoi quisque fere studio devinctus adhæret.

Lucrèce a traité les songes avec beaucoup d'art; il a trouvé dans ces images passagères des actions de la vie, un aliment à sa verve ingénieuse. Quand Lucrèce n'est que peintre, il est toujours admirable. Plusieurs écrivains antiques et modernes ont imité ce passage. Pétrone surtout en a fait une servile imitation.

v. 962. In somnis eadem plerumque videmur obire.

Les tableaux des songes, si fortement dessinés par Lucrèce, ont été quelquefois imités en partie. L'abbé Delille, dans le premier chant du poëme de l'*Imagination*, a suivi ce modèle : il faut observer que les imitateurs, libres de choisir, s'arrêtent précisément au point où les écueils commencent ; le traducteur est obligé de les franchir.

Voici les passages de Delille :

> Ainsi, dans le sommeil, l'âme préoccupée
> Obéit aux objets dont elle fut frappée ;
> Ainsi la nuit du jour retrace le tableau ;
> Ainsi de nos pensers nos rêves sont l'écho.
> Des songes, je le sais, la peinture bizarre
> Souvent brouille, déplace, ou confond ou sépare.
> ....
> .... En songe, un orateur
> En quatre points encor lasse son auditeur ;
> Bercé par le rouet d'une rauque éloquence,
> En songe, un magistrat s'endort à l'audience ;
> En songe, un homme en place arrangeant son dédain,
> Pour prendre des placets étend encor la main.
> En songe, sur la scène, un acteur se déploie ;
> L'auteur poursuit sa rime, et le chasseur sa proie ;
> Le grand voit des cordons, l'avare de l'argent,
> Et Penthièvre ouvre encor sa main à l'indigent.
> En songe, un tendre ami revoit l'ami qu'il pleure ;
> Il reconnaît les lieux ; il se rappelle l'heure
> Où, dans des pleurs muets prolongeant ses adieux,
> Immobile, long-temps il le suivit des yeux.
>
> Peindrai-je d'un amant le délire et les songes ?
> C'est pour lui que Morphée est riche en doux mensonges ;
> Il voit l'objet qu'il aime, il l'écoute, il l'entend ;
> D'espérance, d'amour, de désir palpitant,
> Il croit voir sur sa bouche, où le refus expire,
> Mollement se répandre un languissant sourire ;
> Il croit voir, l'entourant des plus aimables nœuds,
> S'étendre et s'arrondir ses bras voluptueux.

DU LIVRE IV.

Je cite la version en vers de Lucrèce, afin de mieux établir le rapprochement :

> Les objets que pour nous reproduit l'habitude,
> Les soins accoutumés, les doux fruits de l'étude,
> Sur l'aile du sommeil à nous suivre empressés,
> Dans le calme des nuits souvent nous ont bercés.
> Du temple de Thémis ouvrant le sanctuaire,
> En songe, l'orateur combat son adversaire ;
> L'ambitieux guerrier affronte le trépas :
> Le pilote s'égare aux plus lointains climats :
> Et moi-même séduit par un noble délire,
> Dans les bras du sommeil je touche encor ma lyre,
> Je sonde la nature ; elle inspire mes vers,
> Et de ses grands secrets j'étonne l'univers.
> Ainsi dans le sommeil notre âme est poursuivie
> Par les tableaux mouvans des songes de la vie.
>   DE PONGERVILLE.

v. 986.   *Et quasi de palma summas contendere vires,*
          Tunc quasi carceribus patefactis sæpe quiete.

Cette image est belle et les expressions de Lucrèce ont ici une grande énergie. Il est à remarquer que les poètes nés chez les peuples guerriers, ont peint avec autant de noblesse que de vérité les ébats des coursiers. Homère, né dans un siècle où les prodiges des vainqueurs de Troie étaient encore vivans dans la mémoire de ses contemporains ; Virgile, compatriote des vainqueurs de la terre, ont excellé dans les descriptions du coursier belliqueux. Le premier nous le peint ainsi (*Iliade*, liv. vi) :

> Pâris, loin de languir au fond de son palais,
> Éblouissant d'airain, le quitte sans délais,
> Et, cédant au transport qui noblement l'entraîne,
> Traverse la cité pour voler vers la plaine.
> Comme un ardent coursier, loin du fleuve chéri,
> Dans la paix de l'étable abondamment nourri,
> Brise ses nœuds, bondit plein de force et de grâce,
> Vers l'onde accoutumée, en dévorant l'espace,
> Accourt, le front dressé, livre au souffle des vents
> Les crins qui sur son dos roulent leurs plis mouvans,
> Et d'un agile essor, dans les vertes campagnes
> Rejoint, fier et joyeux, ses fougueuses compagnes,

> Tel, superbe et couvert d'un brillant appareil,
> Pâris, fils de Priam, beau comme le soleil,
> Des hauteurs d'Ilion descend vers les murailles,
> Et, plein d'orgueil, s'élance armé pour les batailles.
>
> A. BIGNAN.

Virgile a imité Homère dans le onzième livre de l'*Énéide* :

> Qualis, ubi abruptis fugit præsepia vinclis
> Tandem liber equus, campoque potitus aperto;
> Aut ille in pastus armentaque tendit equarum,
> Aut assuetus aquæ perfundi flumine noto
> Emicat, arrectisque fremit cervicibus alte
> Luxurians, luduntque jubæ per colla, per armos.

L'abbé Delille a cru devoir rendre ainsi ce beau passage :

> Tel un coursier captif, mais fougueux et sauvage,
> Las des molles langueurs d'un oisif esclavage,
> Tout à coup rompt sa chaîne, et loin de sa prison,
> Possesseur libre enfin de l'immense horizon,
> Tantôt, fier, l'œil en feu, les narines fumantes,
> Demande aux vents les lieux où paissent ses amantes;
> Tantôt, par la chaleur et la soif enflammé,
> Court, bondit et se plonge au fleuve accoutumé;
> Tantôt, le cou dressé, du pied frappant les ondes,
> Pour reprendre à son choix ses courses vagabondes,
> Part, et dans un vallon propice à ses ébats,
> Battant l'air de sa tête et les champs de ses pas,
> Levant les crins mouvans que le zéphir déploie,
> Vole, frémit d'amour, et d'orgueil et de joie.

Voltaire avait fait une imitation fort heureuse de ce même passage.

> Tel qu'échappé du sein d'un riant pâturage,
> Au bruit de la trompette animant son courage,
> Dans les champs de la Thrace un coursier orgueilleux,
> Indocile, inquiet, plein d'un feu belliqueux,
> Levant les crins mouvans de sa tête superbe,
> Impatient du frein vole et bondit sur l'herbe.
>
> *Henriade*, chant VIII, v. 133.

v. 1107. Membra voluptatis dum vi labefacta liquescunt.

Ce vers énergique était difficile à faire passer dans notre langue;

cependant j'ai pensé que la périphrase le rendrait inintelligible, et qu'il était essentiel de le reproduire avec une scrupuleuse fidélité, parce qu'il nous transmet l'opinion des anciens sur le tribut commun, payé par les membres divers, pour la formation d'un nouvel être; Démocrite dit, en parlant du suc générateur, ἀφ' ὅλων τῶν σωμάτων, *ex corporibus totis*.

Le poète latin partageait les opinions des anciens sur la sécrétion du fluide séminal, et pensait, ainsi qu'Épicure et Démocrite, que toutes les parties du corps payaient un tribut dans l'acte de la génération et contribuaient à la sécrétion de la liqueur fécondante. Cette opinion des anciens philosophes était également celle du vieillard de Cos, puisqu'il disait : *Genituram secerni ab universo corpore et ex solidis mollibusque partibus; et ex universo totius corporis humido, pronuntio.*

« Cette idée, dit un de nos jeunes et habiles physiologistes, le docteur Colombat de l'Isère, cette idée sur la participation de tous les organes à la sécrétion du sperme et sur l'existence de cette humeur toute formée dans le sang, est aujourd'hui abandonnée par les physiologistes modernes, quoiqu'elle semble d'abord la plus naturelle et être le résultat de l'observation des phénomènes divers qui précèdent et suivent l'acte de la reproduction. En effet, toutes les parties du corps participent à l'état convulsif et spasmodique des organes générateurs, et éprouvent, en même temps que ces derniers, des secousses plus ou moins violentes et une sorte de frémissement voluptueux qui annoncent l'instant de l'éjaculation. La nature semble concentrer alors toutes ses forces vers le même point, et avoir oublié toutes ses fonctions, pour ne s'occuper que de celles qu'elle doit remplir dans l'acte important de la fécondation.

« Après une sensation aussi vive, et cette espèce de convulsion générale, accompagnée de jouissances portées à leur comble, les forces vitales paraissent nous avoir abandonnés. Un profond accablement, un sentiment de tristesse et de lassitude physique, suivie d'une douce mélancolie qui est loin d'être sans charme, semblent nous annoncer que toutes les parties de notre être se sont épuisées dans un si grand effort, et qu'une portion de nous-même s'est échappée pour aller vivifier un autre individu.

« Cette opinion de Lucrèce et des philosophes de l'antiquité, que le fluide séminal étaient sécrété en même temps par tous les membres, ne peut plus être admise aujourd'hui qu'on a prouvé, par un grand nombre d'investigations anatomiques et d'expériences aussi concluantes que multipliées, que les humeurs sécrétées n'existaient pas toutes formées préalablement dans le sang, mais qu'elles se font dans les glandes pendant l'acte de la sécrétion.

« Descartes et la secte nombreuse des médecins mécaniciens considéraient les organes sécréteurs comme des espèces de cribles chargés de séparer du sang une humeur quelconque, qui n'était que les molécules constituantes du sang diversement séparées. Les physiologistes vitalistes, parmi lesquels ils faut ranger en première ligne Bordeu, Bichat et la plupart des modernes, ont depuis long-temps fait justice de cette théorie toute mécanique, et ont surtout prouvé, d'une manière concluante, que la liqueur spermatique n'était pas toute formée dans le sang et sécrétée par les testicules, mais bien que ces organes étaient des instrumens chargés de fabriquer le sperme et de le sécréter ensuite. S'il en était autrement, les analyses chimiques et les examens les plus scrupuleux auraient démontré l'existence dans le sang de quelques atômes du fluide prolifique, et, d'une autre part, la sécrétion devrait être continuelle, et ne pas exiger, pour avoir lieu, l'influence d'un stimulus particulier et la réunion de certaines conditions et des époques déterminées de la vie.

« C'est donc dans le parenchyme du testicule que le sperme est formé et ensuite séparé de lui. Cette action toute moléculaire ne tombe pas sous les sens, et ne peut, par conséquent, être décrite ; elle reste inconnue dans son essence aussi bien que toute autre action de la nature, et comme elle est exclusive aux êtres vivans, on doit se contenter de savoir qu'elle ne peut s'expliquer par aucune loi, mais que c'est sous l'influence d'un stimulus chimique, mécanique ou mental que les organes génitaux entrent en action, et que lorsque l'irritation est portée à un certain degré, les testicules sécrètent la liqueur qui, transmise par les canaux déférens dans les vésicules séminales, est dardée par jets plus ou moins rapides. »

v. 1120. . . . . Teriturque *thalassina* vestis.

Thalassina vient du mot grec τάλασσα, *mare*. Le poète parle d'une étoffe couleur de mer. C'est une de ces expressions qui n'ont de valeur que dans la langue où l'usage les a introduites.

v. 1126. . . . . . medio de fonte leporum
Surgit amari aliquid, quod in ipsis floribus angat.

Lucrèce oppose partout la morale la plus pure aux excès des passions; à peine a-t-il tracé l'image du plaisir qu'il nous épouvante par ses funestes effets. Racine le fils, qui était ou qui croyait devoir être l'ennemi de Lucrèce, lui reproche, à l'occasion de ces vers, de faire un aveu involontaire en faveur de la vertu; comme si la vertu, la bienfaisance et la modération n'étaient point les objets continuels des inspirations de Lucrèce. Racine le fils est du nombre des écrivains qui se crurent intéressés à trouver les philosophes de l'antiquité dénués de toute sagesse; c'est en partie à leurs déclamations qu'on doit l'étrange opinion que les Épicuriens étaient les amis du plaisir et de la débauche; le vulgaire reçoit aveuglément toutes les impressions; en sorte que le nom des hommes dont l'austère vertu faisait consister le bonheur dans les privations et la sobriété, est devenu synonyme d'intempérant et de voluptueux; le préjugé une fois établi ne se déracine guère; cette fausse opinion sur les Épicuriens est encore reçue : autant vaudrait-il entendre qualifier d'anachorètes les hommes les plus répandus dans le tourbillon de la société.

v. 1152. Nec sua respiciunt miseri mala maxima sæpe.

Molière, qui avait essayé de traduire Lucrèce, a conservé de son travail une imitation de ce passage, qu'il a placée dans sa comédie du *Misantrope* : libre dans la composition de ses tableaux, il n'a pris que les portraits analogues à son sujet; voici le fragment :

L'amour, pour l'ordinaire, est peu fait à ces lois;
Et l'on voit les amans vanter toujours leur choix.
Jamais leur passion n'y voit rien de blâmable,
Et dans l'objet aimé tout leur devient aimable;
Ils comptent les défauts pour des perfections,
Et savent y donner de favorables noms.

La pâle est aux jasmins en blancheur comparable ;
La noire à faire peur, une brune adorable ;
La maigre a de la taille et de la liberté ;
La grasse est dans son port pleine de majesté ;
La malpropre sur soi, de peu d'attraits chargée,
Est mise sous le nom de beauté négligée.
La géante paraît une déesse aux yeux ;
La naine un abrégé des merveilles des cieux ;
L'orgueilleuse a le cœur digne d'une couronne ;
La fourbe a de l'esprit, la sotte est toute bonne ;
La trop grande parleuse est d'agréable humeur,
Et la muette garde une honnête pudeur.
C'est ainsi qu'un amant dont l'ardeur est extrême,
Aime jusqu'aux défauts des personnes qu'il aime.

Horace a aussi imité ce passage de Lucrèce dans la troisième Satire, liv. 1er.

. . . . Strabonem
Appellat pætum pater, etc.

Le nain n'est que mignon, le louche aura l'œil tendre ;
L'autre boite : ce mot n'ose se faire entendre,
Mais par un tour adroit on vous dit à demi
Que sur ses pieds encore il n'est pas affermi.

Daru.

v. 1153. Nigra μελίχροος est, etc.

Les mots grecs que Lucrèce a intercalés dans ce passage, étaient en quelque sorte des expressions latinisées par l'usage chez les jeunes voluptueux ; elles avaient une valeur de convention qu'il nous est impossible d'apprécier exactement ; le traducteur, à l'exemple de Molière, doit sans doute faire ses efforts pour chercher des oppositions exactes aux défauts retracés par le poète, et ne point s'asservir à rendre des épithètes qui pour nous n'offriraient aucun sens. Ainsi, dans ces phrases, *nigra* μελίχροος *est*, mot à mot : « La noire est une couleur de miel ; » *Odiosa et loquacula* λαμπάδιον *fit*; « La bavarde est une petite lampe, etc... » il est clair que la pensée de l'auteur a besoin d'être développée dans la traduction. Au reste, les langues modernes ont, comme les langues anciennes, des expressions qui ont reçu de l'usage un sens absolument étranger à leur véritable acception.

v. 1202. Et commiscendo quum semen forte virile,
        Fœmina, etc.

Cette espèce de traité anatomique de l'amour physique acquit à Lucrèce le titre de poëte obscène. Ses détracteurs, sans doute, ne l'avaient pas compris; ou ils ignoraient que l'obscénité n'est point dans la théorie du mécanisme des organes consacrés à la génération, mais seulement dans les images séduisantes qui font chérir la volupté, et enflamment l'imagination par les prestiges qui embellissent des objets pernicieux.

v. 1234. Aut liquido præter justum tenuique vicissim,
        Tenue, locis quia non potis est adfigere adhæsum,
        Liquitur extemplo, et revocatum cedit ab ortu.

Je n'ai pas besoin de faire remarquer combien les vers de ce genre, qui sont très-nombreux dans la dernière partie du IVe livre, présentent d'entraves au traducteur; il faut avouer même que Lucrèce n'a point toujours déguisé la crudité des expressions techniques par l'éclat et la magie du style poétique. La Harpe et beaucoup d'autres écrivains avaient jugé ces passages intraduisibles, parce qu'il entrait dans l'opinion de ces écrivains que la langue française était étrangère à certains genres de styles adoptés par les anciens; d'autres ont pensé que tout ce qui avait été exprimé dans un idiôme, pouvait et devait l'être dans le nôtre. Le temps et les bons ouvrages décideront la question.

Je crois qu'il est utile d'observer ici que la tolérance des anciens pour les images obscènes provenait beaucoup plus des mœurs que du langage. On a dit, on a mille fois répété que l'idiôme latin était libre et que la langue française était chaste; que l'on pouvait tout exprimer dans l'un, et qu'il fallait de la retenue dans l'autre; je doute que ceux qui ont les premiers porté ce jugement se soient bien entendus eux-mêmes; ce ne serait pas la valeur ni le son des mots d'une langue qui pourraient cacher la nudité de l'expression; il n'y aurait que la tournure du langage qui parviendrait à ce but; alors la différence des images ne sera bien sensible qu'en vers; reste donc à juger si la poésie française a moins que la poésie latine de couleurs propres à voiler les sujets licencieux; la délicatesse même que lui ont reconnue ceux qui la critiquaient, parle assez en sa faveur. Quand Boileau a dit :

> Le latin dans les mots brave l'honnêteté,
> Mais le lecteur français veut être respecté,

il entendait parler du goût des deux peuples et non pas de leur idiôme.

La plupart des traducteurs de Juvénal ont été effrayés de rendre les peintures obscènes de ce satirique. Dussaulx fut le plus hardi et le plus heureux. Cependant, quand sa traduction parut, on dit qu'il avait affaibli et défiguré tous les traits de son auteur, surtout dans la vi[e] Satire ; ses partisans répondirent en défiant qui que ce fût de les rendre avec fidélité, et en même temps avec décence ; Thomas accepta le défi, et traduisit ainsi le passage qui offrait le plus d'entraves :

> Quand de Claude assoupi la nuit ferme les yeux,
> D'un obscur vêtement sa femme enveloppée,
> Seule, avec une esclave, et dans l'ombre échappée,
> Préfère, à ce palais tout plein de ses aïeux,
> Des plus viles Phrynés le repaire odieux.
> Pour y mieux avilir le nom qu'elle profane,
> Elle emprunte à dessein un nom de courtisane :
> Ce nom est Lycisca. Ces exécrables murs,
> La lampe suspendue à leurs dômes obscurs,
> Des plus affreux plaisirs la trace encor récente,
> Rien ne peut réprimer l'ardeur qui la tourmente.
> Un lit dur et grossier charme plus ses regards
> Que l'oreiller de pourpre où dorment les Césars.
> Tous ceux que dans cet antre appelle la nuit sombre,
> Son regard les invite et n'en craint pas le nombre ;
> Son sein nu, haletant, qu'attache un réseau d'or,
> Les défie, en triomphe, et les défie encor.
> C'est là que, dévouée à d'infâmes caresses,
> Des muletiers de Rome épuisant les tendresses,
> Noble Britannicus, sur un lit effronté,
> Elle étale à leurs yeux les flancs qui t'ont porté !
> L'aurore enfin paraît, et sa main adultère
> Des faveurs de la nuit réclame le salaire.
> Elle quitte à regret ces immondes parvis ;
> Ses sens sont fatigués, mais non pas assouvis.

Elle rentre au palais, hideuse, échevelée;
Elle rentre, et l'odeur, autour d'elle exhalée,
Va, sous le dais sacré du lit des empereurs,
Révéler de sa nuit les lubriques fureurs.

Thomas ne pouvait guère faire une réponse plus persuasive aux détracteurs de la langue française. Ces vers ont été publiés sous le nom de Thomas. Le talent seul prouve que cet académicien célèbre peut en être l'auteur. Cependant on affirme généralement qu'ils sont de M. De Fontanes; les gens de goût ont peine à le concevoir. On prétend qu'en qualité de grand-maître de l'Université sous l'empire, il n'osa point mettre son nom à des vers dont le sujet est si libre. Je ne sais quelles limites sont imposées à la muse pudique d'un grand-maître de l'Université; mais je ne comprends pas pourquoi il n'aurait pas avoué des vers qui, malgré plusieurs taches, composeraient la meilleure partie de son bagage poétique.

v. 1280. *Nonne vides etiam guttas in saxa cadentes
Humoris, longo in spatio pertundere saxa?*

Ovide a imité cette comparaison dans ses *Pontiques*, liv. IV, Élég. x, vers 5.

LIBER QUINTUS.

Quis potis est dignum pollenti pectore carmen
Condere, pro rerum majestate hisque repertis?
Quisve valet verbis tantum, qui fundere laudes
Pro meritis ejus possit, qui talia nobis
Pectore parta suo quæsitaque præmia liquit?
Nemo, ut opinor, erit mortali corpore cretus:
Nam si, ut ipsa petit majestas cognita rerum,
Dicendum est: Deus ille fuit, Deus, inclute Memmi,
Qui princeps vitæ rationem invenit eam, quæ
Nunc appellatur *Sapientia*, quique per artem
Fluctibus e tantis vitam, tantisque tenebris,
In tam tranquillo, et tam clara luce locavit.

Confer enim divina aliorum antiqua reperta!
Namque Ceres fertur fruges, Liberque liquoris
Vitigeni laticem mortalibus instituisse;
Quum tamen his posset sine rebus vita manere,
Ut fama est aliquas etiam nunc vivere gentes:
At bene non poterat sine puro pectore vivi:
Quo magis hic merito nobis Deus esse videtur,
Ex quo nunc etiam per magnas didita gentes
Dulcia permulcent animos solatia vitæ.

LIVRE CINQUIÈME.

Qui pourra faire jaillir de son sein puissant des vers dignes de la majesté du sujet que j'embrasse? quelle voix éloquente élevera ses louanges jusqu'au sage dont le génie créateur nous enrichit de ses nobles conquêtes? Personne, je le crois, revêtu d'un corps mortel; car, s'il faut en parler avec la sublimité qui réponde à ses glorieux travaux, sans doute, c'est un dieu! Oui, Memmius, c'est un dieu, celui qui, le premier, trouva ce soutien, ce guide de l'existence, que nous désignons du nom de sagesse, cet art divin qui arracha des flots orageux et des ténèbres notre vie agitée, et l'éleva dans une région calme, où l'environne une lumière éclatante.

Compare à ces bienfaits les découvertes attribuées aux autres divinités. Cérès révéla les moissons, Bacchus sa douce liqueur : présens qui ne sont point indispensables aux mortels, et que plusieurs peuples, dit-on, savent encore dédaigner. Mais on ne peut vivre heureux sans la vertu : élevons donc au rang des dieux celui dont les sages préceptes, répandus parmi les peuples de la terre, pénètrent dans les âmes et consolent la vie.

HERCULIS antistare autem si facta putabis,
Longius a vera multo ratione ferere:
Quid Nemeæus enim nobis nunc magnus hiatus
Ille leonis obesset, et horrens Arcadius sus?
Denique quid Cretæ taurus, Lernæaque pestis
Hydra venenatis posset vallata colubris?
Quidve tripectora tergemini vis Geryonai?
Et Diomedis equi spirantes naribus ignem,
Thracen, Bistoniasque plagas, atque Ismara propter,
Tantopere officerent nobis? uncisque timendæ
Unguibus Arcadiæ volucres Stymphala colentes?
Aureaque Hesperidum servans fulgentia mala
Asper, acerba tuens, immani corpore serpens,
Arboris amplexus stirpem, quid denique obesset,
Propter Atlantæum littus, pelageque severa,
Quo neque noster adit quisquam, neque Barbarus audet?
Cætera de genere hoc quæ sunt portenta perempta,
Si non victa forent, quid tandem viva nocerent?
Nil, ut opinor; ita ad satiatem terra ferarum
Nunc etiam scatit, et trepido terrore repleta est
Per nemora ac montes magnos sylvasque profundas;
Quæ loca vitandi plerumque est nostra potestas.
At nisi purgatum est pectus, quæ prœlia nobis,
Atque pericula tunc ingratis insinuandum?
Quantæ conscindunt hominem cuppedinis acres
Sollicitum curæ? quantique perinde timores?
Quidve superbia, spurcities, petulantia, quantas
Efficiunt clades? quid luxus desidiesque?
Hæc igitur qui cuncta subegerit, ex animoque
Expulerit dictis, non armis, nonne decebit

Quelle est ton erreur, si tu crois que les travaux d'Hercule l'emportent sur ces bienfaits ? Qu'avons-nous à redouter du lion de Némée à la gueule béante, et de l'horrible sanglier d'Arcadie ? Qu'importe le taureau crétois, l'hydre infecte de Lerne environnée des replis de serpens venimeux, le triple corps de l'informe Géryon, les coursiers de Diomède dont les brûlans naseaux soufflent des torrens de flamme dans la Thrace, aux rives Bistoniennes, et sur le haut Ismare ? qu'importe la griffe déchirante des sinistres oiseaux du Stymphale ? le dragon, gardien furieux des fruits brillans des Hespérides, et dont le corps immense enveloppe, de ses tortueux replis, la tige de l'arbre précieux, peut-il nous atteindre des rives de l'Atlantique, de cette mer terrible que n'ont jamais affrontée ni Romains ni Barbares ? et tant d'autres monstres semblables, quand ils n'auraient point été vaincus, vivans encore, pourraient-ils nous menacer ? non, non. La terre est aujourd'hui surchargée de monstres féroces qui remplissent d'effroi les vastes montagnes et les forêts profondes, lieux funestes d'où nous pouvons toujours détourner nos pas.

Mais si les vices infectent nos cœurs, que de combats s'y déclarent, que de vœux insensés nous entraînent vers le péril ? de quels soucis dévorans, de quelles sombres terreurs l'homme coupable devient la proie ! quels crimes ne couvent pas dans son âme le luxe oisif, l'orgueil, la colère et l'impure volupté ? Ah ! le sage qui, armé de la seule raison, terrassa de si terribles ennemis, et les chassa des cœurs, quoique mortel, n'est-

Hunc hominem numero Divûm dignarier esse?
Quum bene praesertim multa, ac divinitus ipsis
Immortalibu' de Divis dare dicta suerit,
Atque omnem rerum naturam pandere dictis.
Quojus ego ingressus vestigia, nunc rationes
Persequor, ac doceo dictis, quo quaeque creata
Foedere sint, in eo quam sit durare necessum;
Nec validas aevi valeant rescindere leges:
Quo genere imprimis animi natura reperta est,
Nativo primum consistere corpore creata;
Nec posse incolumis magnum durare per aevum;
Sed simulacra solere in somnis fallere mentem,
Cernere quum videamur eum, quem vita reliquit:
Quod superest, nunc me huc rationis detulit ordo,
Ut mihi, mortali consistere corpore mundum,
Nativumque simul, ratio reddunda sit, esse:
Et quibus ille modis congressus materiai
Fundarit terram, coelum, mare, sidera, solem,
Lunaique globum : tum quae tellure animantes
Exstiterint, et quae nullo sint tempore natae;
Quove modo genus humanum variante loquela
Coeperit inter se vesci per nomina rerum;
Et quibus ille modis Divûm metus insinuarit
Pectora, terrarum qui in orbi sancta tuetur
Fana, lacus, lucos, aras, simulacraque Divûm.

PRAETEREA, solis cursus, lunaeque meatus
Expediam, qua vi flectat Natura gubernans;
Ne forte haec inter coelum terramque reamur
Libera sponte sua cursus lustrare perennes,

il pas digne de siéger au rang des dieux? que sera-ce, lorsqu'en termes divins il parle des immortels, et déchire le voile qui nous dérobait les grands secrets de la Nature?

Et moi, c'est en suivant ses traces, que je dois te prouver encore combien il est nécessaire que les êtres subsistent pendant un temps limité, selon les lois de leur formation, et qu'ils ne franchissent jamais l'espace prescrit à leur durée. Ainsi, après avoir révélé que l'âme naît, croît avec nous et ne peut demeurer dans son intégrité pendant des temps infinis, et que ces fantômes, que le sommeil mensonger offre à notre âme ne sont que les vains simulacres des hôtes des tombeaux; maintenant, il faut le proclamer, le monde, ce grand corps, a reçu la naissance et doit périr un jour. Je dirai comment les premiers élémens, par leur réunion, ont formé la terre, le ciel, l'océan, les astres, le flambeau du jour et la lampe des nuits; quels êtres animés enfanta la terre; quels sont ceux qui n'ont dû l'existence qu'à l'erreur; comment les hommes, par des sons variés, ont pu assigner des noms à chaque objet et se transmettre leurs pensées; quelle fatalité répandit dans leur cœur cette crainte des dieux, qui, chez tous les peuples de l'univers, consacre des temples, des lacs, des bois, des autels et les innombrables images de la divinité.

Je te dirai à quelles lois la nature asservit la carrière du soleil, la course de la lune inconstante : afin que tu ne penses pas que, par leur propre volonté, ces astres officieux se balancent de toute éternité entre

Morigera ad fruges augendas atque animantes;
Neve aliqua Divûm volvi ratione putemus :
Nam, bene qui didicere Deos securum agere ævum,
Si tamen interea mirantur, qua ratione
Quæque geri possint, præsertim rebus in illis,
Quæ supera caput ætheriis cernuntur in oris;
Rursus in antiquas referuntur relligiones,
Et dominos acres adsciscunt, omnia posse
Quos miseri credunt, ignari quid queat esse,
Quid nequeat; finita potestas denique quoique
Quanam sit ratione, atque alte terminus hærens.

Quod superest, ne te in promissis plura moremur,
Principio, maria ac terras, cœlumque tuere :
Horum naturam triplicem, tria corpora, Memmi,
Tres species tam dissimiles, tria talia texta,
Una dies dabit exitio, multosque per annos
Sustentata ruet moles et machina mundi.

Nec me animi fallit, quam res nova miraque menti
Accidat, exitium cœli terræque futurum;
Et quam difficile id mihi sit pervincere dictis :
Ut fit, ubi insolitam rem adportes auribus ante,
Nec tamen hanc possis oculorum subdere visu,
Nec jacere indu manus, via qua munita fidei
Proxima fert humanum in pectus templaque mentis.
Sed tamen effabor : dictis dabit ipsa fidem res
Forsitan, et graviter terrarum motibus orbis
Omnia conquassari in parvo tempore cernes;
Quod procul a nobis flectat Fortuna gubernans;

le ciel et la terre, pour féconder ses fruits et nourrir ses hôtes, ou du moins que leurs révolutions célestes s'accomplissent par le pouvoir des dieux ; car, trop souvent, ceux mêmes qui sont persuadés de l'éternelle incurie où s'écoule la vie des immortels, dans l'extase où les jette la cause des phénomènes, et surtout des scènes qu'ils contemplent sur leur tête aux régions éthérées, retombent tout à coup sous l'antique joug religieux : ils forgent des tyrans cruels, leur attribuent une puissance infinie. Malheureux ! ils ignorent ce qui peut ou ne peut point exister, et que le pouvoir de chaque objet est restreint dans une limite invariable.

Mais, c'est trop t'arrêter par des promesses ; viens, contemple l'Océan, et le ciel et la terre ; ces corps d'une triple nature, tous trois si dissemblables, tous trois d'un tissu si solide, un seul jour les détruira ; et soutenue pendant le long cours des siècles, tout à coup s'écroulera la vaste machine du monde.

Je ne m'abuse pas, je sais combien il est nouveau et hardi d'annoncer la ruine future de la terre et des cieux, et combien je dois éprouver de difficultés pour inculquer aux hommes une vérité qui n'a point encore frappé leurs oreilles, et qui ne peut être soumise à l'examen des sens : la vue et le tact, les deux seules voies qui conduisent l'évidence jusque dans le sanctuaire de l'esprit humain. N'importe, je parlerai, et l'expérience peut-être me prêtera sa terrible éloquence : peut-être verrons-nous soudain l'orbe du monde tressaillir et s'écrouler sous son poids ! Que le destin nous épargne

Et ratio potius, quam res persuadeat ipsa,
Succidere horrisono posse omnia victa fragore.

Qua prius aggrediar quam de re fundere fata
Sanctius, et multo certa ratione magis, quam
Pythia quæ tripode e Phœbi, lauroque profatur,
Multa tibi expediam doctis solatia dictis:
Relligione refrænatus ne forte rearis
Terras et solem, cœlum, mare, sidera, lunam,
Corpore divino debere æterna manere;
Proptereaque putes ritu par esse gigantum,
Pendere eos pœnas immani pro scelere omnes,
Qui ratione sua disturbent mœnia mundi,
Præclarumque velint cœli restinguere solem,
Immortalia mortali sermone notantes.

Quæ procul usque adeo divino ab numine distant,
Inque Deûm numero sic sunt indigna videri,
Notitiam potius præbere ut posse putentur,
Quid sit vitali motu sensuque remotum:
Quippe etenim non est, cum quovis corpore ut esse
Posse animi natura putetur consiliumque:
Sicut in æthere non arbor, nec in æquore salso
Nubes esse queunt, neque pisces vivere in arvis,
Nec cruor in lignis, nec saxis succus inesse;
Certum ac dispositum est ubi quidquid crescat et insit:
Sic animi natura nequit sine corpore oriri
Sola, neque a nervis et sanguine longiter esse:
Hoc si posset enim, multo prius ipsa animi vis

cette preuve funeste, et puisse la seule raison plutôt que le désastre même nous convaincre que le monde, vaincu par le temps, doit se dissoudre avec un fracas horrible.

Mais avant de révéler ces arrêts du destin, plus sûrs et plus sacrés que les oracles lancés du trépied d'Apollon par la Pythie couronnée de lauriers, je consacre pour toi de doctes et consolans discours. Rejette l'erreur dont la religion aurait pu t'imposer le frein honteux, et ne crois pas que la terre, le soleil, les cieux, les mers, la lune, les astres soient d'une essence divine et qu'ils jouissent de l'immortalité; et que d'oser par de fiers argumens ébranler les voûtes du monde, éteindre la lumière féconde du soleil, vouer à la mortalité des objets immortels, est une impiété égale au forfait et digne du châtiment des géans dont la fureur escalada les cieux.

Mais qu'ils sont loin, ces corps, de participer à l'essence divine, qu'ils sont loin d'être dignes du rang des dieux! ah! plutôt tout en eux décèle la matière insensible et privée de la vie; car ne crois pas que tous les corps indistinctement possèdent le sentiment et l'intelligence. La nature assigne à chaque être l'asile où il doit naître et se développer : ainsi qu'on ne voit pas les arbres croître aux champs aériens, les nuages errer au fond des gouffres amers, les poissons vivre dans les plaines, le sang gonfler les veines des végétaux, ou circuler dans les pierres; ainsi l'âme ne peut naître isolée du corps, et rester privée des sens qui la récèlent; s'il se pouvait, plus aisément encore, elle se formerait à

In capite, aut humeris, aut imis calcibus esse
Posset, et innasci quavis in parte soleret;
Tandem in eodem homine, atque in eodem vase maneret.
Quod quoniam nostro quoque constat corpore certum,
Dispositumque videtur, ubi esse et crescere possit
Seorsum anima atque animus; tanto magis inficiandum,
Totum posse extra corpus, formamque animalem,
Putribus in glebis terrarum, aut solis in igni,
Aut in aqua durare, aut altis aetheris oris.
Haud igitur constant divino praedita sensu,
Quandoquidem nequeunt vitaliter esse animata.

ILLUD item non est ut possis credere, sedes
Esse Deûm sanctas in mundi partibus ullis :
Tenuis enim natura Deûm, longeque remota
Sensibus a nostris, animi vix mente videtur;
Quae quoniam manuum tactum suffugit et ictum,
Tactile nil nobis quod sit, contingere debet :
Tangere enim non quit, quod tangi non licet ipsum.
Quare etiam sedes quoque nostris sedibus esse
Dissimiles debent, tenues de corpore eorum :
Quae tibi posterius largo sermone probabo.

DICERE porro, hominum causa voluisse parare
Praeclaram mundi naturam, proptereaque
Id laudabile opus Divûm laudare decere,
Aeternumque putare atque immortale futurum;
Nec fas esse, Deûm quod sit ratione vetusta

son choix dans la tête, les épaules, l'extrémité des pieds même, ou dans les parties les plus secrètes du corps; puisque, quel que puisse être son siège, elle ne franchirait point ses limites, elle habiterait le même individu, le même vaisseau. Or, tu ne peux douter que, dans nos corps, l'âme et l'esprit possèdent un lieu déterminé pour naître et s'accroître séparément. Combien n'avons-nous pas le droit d'affirmer qu'elle ne peut, sans un corps, sans une forme animale, s'emparer de la vie, et habiter les glèbes humides de la terre, les feux du soleil, les flots de l'Océan, les plaines orageuses de l'air? Ainsi, loin d'être douées d'un sens divin, ces masses n'ont jamais reçu le plus léger sentiment de la vie.

Tu ne peux pas supposer non plus que les dieux habitent quelques régions du monde. La substance des dieux est déliée, légère, et se dérobe à nos sens. L'esprit l'effleure à peine; s'ils échappent au contact de nos sens, ils ne peuvent eux-mêmes saisir aucun des objets soumis à notre tact; car il ne peut rien toucher, celui qui, par sa nature, est impalpable. Combien donc est différent de notre monde l'asile où siègent les dieux: sans doute, ils habitent un séjour subtil comme leur corps sacré, mystère que je développerai longuement dans mes discours.

Prétendre que les dieux ont établi pour les hommes l'ordre pompeux du monde, que nous devons sans cesse célébrer et croire éternelle l'œuvre de leurs mains immortelles; et qu'on ne peut sans crime ébranler par des argumens impies, la base de l'édifice dont les dieux ont

Gentibus humanis fundatum perpetuo ævo,
Sollicitare suis ullum de sedibus unquam,
Nec verbis vexare, et ab imo evertere summam:
Cætera de genere hoc adfingere et addere, Memmi,
Desipere est; quid enim immortalibus atque beatis
Gratia nostra queat largirier emolumenti,
Ut nostra quidquam causa gerere aggrediantur?
Quidve novi potuit tanto post ante quietos
Inlicere, ut cuperent vitam mutare priorem?
Nam gaudere novis rebus debere videtur,
Cui veteres obsunt; sed cui nil accidit ægri
Tempore in anteacto, quum pulchre degeret ævum,
Quid potuit novitatis amorem accendere tali?
An, credo, in tenebris vita ac mœrore jacebat,
Donec diluxit rerum genitalis origo?
Quidve mali fuerat nobis non esse creatis?
Natus enim debet, quicunque est, velle manere
In vita, donec retinebit blanda voluptas:
Qui nunquam vero vitæ gustavit amorem,
Nec fuit in numero, quid obest non esse creatum?
Exemplum porro gignundis rebus, et ipsa
Notities hominum, Divis unde insita primum,
Quid vellent facere ut scirent, animoque viderent?
Quove modo est unquam vis cognita principiorum,
Quidnam inter sese permutato ordine possent,
Si non ipsa dedit specimen Natura creandi?
Namque ita multa, modis multis, primordia rerum,
Ex infinito jam tempore, percita plagis,
Ponderibusque suis consuerunt concita ferri,
Omnimodisque coire, atque omnia pertentare,

doté la race humaine pour l'éternité : ces absurdes fictions, ô Memmius, sont les fruits du délire. Eh! quoi, ces immortels fortunés attendaient-ils de notre reconnaissance un salaire qu'ils s'empressaient d'obtenir en nous consacrant leurs immenses travaux? Tranquilles de toute éternité, quel intérêt, quel charme nouveau, après des siècles innombrables, leur eût fait souhaiter le changement de leur première vie ? L'inconstance ne convient qu'aux infortunés; mais qui aurait apporté le désir de la nouveauté à des êtres qui, toujours affranchis de maux, coulent leurs jours sans fin dans une ineffable sérénité? Pense-t-on qu'ils devaient traîner leur vie dans les ténèbres et la tristesse, jusqu'au moment où la nature naissante ait resplendi de son premier éclat? et serait-ce un malheur pour nous d'être restés étrangers à l'existence? Sans doute, celui qui est entré dans les champs de la vie souhaite d'y prolonger son séjour, tant que l'y retient la douce volupté; mais celui qui jamais n'a goûté l'amour de la vie, que lui importe un monde qu'il ignore!

Mais quel modèle aurait inspiré aux dieux la création du monde, et même de la race humaine? car, sans ce moyen, auraient-ils pressenti la marche qu'ils voulaient suivre, auraient-ils anticipé dans leur esprit l'ordre de leur œuvre future? Qui donc leur eût révélé la puissance des élémens et les résultats de leurs combinaisons? Non, non, le spectacle seul de la nature aurait instruit les dieux. Mais, sans leur secours, depuis des siècles innombrables, les élémens féconds, mus par des chocs divers, entraînés par leur propre poids, dans leur essor rapide,

Quæcunque inter se possint congressa creare,
Ut non sit mirum, si in tales disposituras
Deciderunt quoque, et in tales venere meatus,
Qualibus hæc rerum genitur nunc summa novando.

Quod si jam rerum ignorem primordia quæ sint,
Hoc tamen ex ipsis cœli rationibus ausim
Confirmare, aliisque ex rebus reddere multis,
Nequaquam nobis divinitus esse paratam
Naturam rerum; tanta stat prædita culpa.
Principio, quantum cœli tegit impetus ingens,
Inde avidam partem montes sylvæque ferarum
Possedere, tenent rupes, vastæque paludes,
Et mare, quod late terrarum distinet oras :
Inde duas porro prope partes fervidus ardor,
Assiduusque geli casus mortalibus aufert.
Quod superest arvi, tamen id Natura sua vi
Sentibus obducat, ni vis humana resistat,
Vitai causa valido consueta bidenti
Ingemere, et terram pressis proscindere aratris.
Si non fœcundas vertentes vomere glebas,
Terraique solum subigentes cimus ad ortus,
Sponte sua nequeant liquidas existere in auras.
Et tamen interdum magno quæsita labore,
Quum jam per terras frondent, atque omnia florent;
Aut nimiis torret fervoribus ætherius sol,
Aut subiti perimunt imbres, gelidæque pruinæ,
Flabraque ventorum violento turbine vexant.
Præterea, genus horriferum Natura ferarum,
Humanæ genti infestum, terraque marique,

se sont réunis sous mille formes variées, et ont essayé toutes les combinaisons propres à faire éclore la vie. Ils ont enfin rencontré, à force de mouvemens divers, l'ordre qui enfanta le monde, et qui le renouvelle sans cesse.

Quand j'ignorerais encore la puissance des élémens créateurs, instruit par l'imperfection des cieux et de la terre, j'oserais affirmer que jamais les dieux n'ont préparé pour nous cette nature empreinte d'une faute immense.

Contemple d'abord ce globe qu'environne la voûte céleste; sa plus vaste partie est remplie par des montagnes et des forêts abandonnées aux monstres féroces, par d'arides rochers, des marais fangeux, et l'Océan, dont les vastes bras l'emprisonnent en grondant. Les deux parts de la terre nous sont interdites par des climats brûlans ou des régions éternellement glacées, et si le reste était confié aux seules forces de la nature, il se hérisserait de ronces, si l'homme, excité par un besoin industrieux, ne luttait sans cesse avec la terre, si l'amour de la vie ne nous courbait gémissans sous le poids des travaux, si le soc, en soulevant les glèbes, ne les rendait fécondes, et, domptant un sol ingrat, ne contraignait les germes prisonniers à surgir de la terre, et à s'élancer balancés dans les airs. Et cependant, lorsque tant de travaux ont couronné la terre de verdure et de fleurs, les frimats tardifs, les chaleurs dévorantes, les orages impétueux, les vents déchaînés les enlèvent à notre espérance. Que dis-je? pourquoi la nature donne-t-elle la vie et féconde-t-elle, au sein des flots, sur la

Cur alit atque auget? cur anni tempora morbos
Adportant? quare mors immatura vagatur?

Tum porro puer, ut sævis projectus ab undis
Navita, nudus humi jacet, infans, indigus omni
Vitai auxilio, quum primum in luminis oras
Nixibus ex alvo matris Natura profudit;
Vagituque locum lugubri complet, ut æquum est,
Cui tantum in vita restet transire malorum.
At variæ crescunt pecudes, armenta, feræque;
Nec crepitacula eis opus est, nec cuiquam adhibenda est
Almæ nutricis blanda atque infracta loquela;
Nec varias quærunt vestes pro tempore cœli.
Denique non armis opus est, non mœnibus altis
Queis sua tutentur, quando omnibus omnia large
Tellus ipsa parit, Naturaque dædala rerum.

Principio, quoniam terrai corpus, et humor,
Aurarumque leves animæ, calidique vapores,
E quibus hæc rerum consistere summa videtur,
Omnia nativo ac mortali corpore constant;
Debet tota eadem mundi natura putari:
Quippe etenim quorum partes et membra videmus
Corpore nativo et mortalibus esse figuris,
Hæc eadem ferme mortalia cernimus esse,

terre, d'innombrables bêtes féroces, implacables destructeurs de la race humaine? pourquoi nous transmet-elle chaque saison une foule de maux homicides? et pourquoi livre-t-elle à une mort prématurée tant d'êtres qu'elle venait à peine d'admettre à la vie?

TEL qu'un nocher, jeté par la colère des flots, l'enfant aborde la vie dénué de secours, nu, gisant sur la terre; dès que la nature, l'arrachant avec effort des flancs maternels, le livre à la lumière du jour, de ses vagissemens sinistres il remplit son premier asile. Il a raison l'infortuné à qui il reste à traverser tant de douleurs! Au contraire, les troupeaux, les bêtes féroces, naissent et croissent facilement : on ne façonne pas pour eux le bruyant hochet; une nourrice attentive, pour flatter leur oreille délicate, ne brise point, en les adoucissant, les sons du langage; ils ne s'entourent point de vêtemens variés comme les saisons; les armes sont inutiles à la défense de leurs biens; ils n'élèvent point de forteresse pour leur sûreté, ou de toit pour leur abri. La terre fournit largement à leurs besoins, et la nature les entoure de ses dons.

MAIS rentrons dans la voie que nous avions quittée. Si la terre, l'eau, le léger fluide aérien, les brûlantes vapeurs du feu, se forment, naissent et se détruisent, le monde, qui doit son existence à l'assemblage des élémens, comme eux doit naître et périr : car le tout doit partager le sort des parties qui le composent. Ainsi, lorsque j'aperçois les vastes membres du monde s'épuiser, se détruire et se renouveler alternativement, puis-je douter

Et nativa simul : quapropter maxima mundi
Quum videam membra ac partes consumpta regigni,
Scire licet, cœli quoque idem terræque fuisse
Principiale aliquod tempus, clademque futuram.
Illud in his rebus ne me arripuisse rearis,
Memmi, quod terram atque ignem mortalia sumpsi
Esse; neque humorem dubitavi aurasque perire;
Atque eadem gigni, rursusque augescere dixi.
Principio, pars terrai nonnulla perusta
Solibus assiduis, multa pulsata pedum vi,
Pulveris exhalat nebulam nubesque volantes,
Quas validi toto dispergunt aere venti :
Pars etiam glebarum ad diluviem revocatur
Imbribus, et ripas radentia flumina rodunt :
Præterea, pro parte sua quodcunque alid auget,
Roditur; et quoniam dubio procul esse videtur
Omniparens, eadem rerum commune sepulchrum;
Ergo terra tibi limatur, et aucta recrescit.
Quod superest, humore novo mare, flumina, fontes
Semper abundare, et latices manare perennes,
Nil opus est verbis; magnus decursus aquarum
Undique declarat : sed primum quidquid aquai
Tollitur, in summaque fit, ut nihil humor abundet;
Partim quod validi verrentes æquora venti
Deminuunt, radiisque retexens ætherius sol;
Partim quod subter per terras diditur omnes :
Percolatur enim virus, retroque remanat
Materies humoris, et ad caput amnibus omnis
Convenit; inde super terras fluit agmine dulci,
Qua via secta semel liquido pede detulit undas.

de l'origine du ciel et de la terre, et de leur destruction future?

O Memmius, ne m'accuse pas de me livrer à l'illusion, quand j'affirme que la terre et le feu sont périssables, et que l'air et l'eau sont destinés à se décomposer, pour se réunir et s'accroître sous des aspects nouveaux. Ne vois-tu pas que la surface de la terre, foulée aux pieds de ses hôtes et brûlée par les rayons continus d'un soleil ardent, se transforme en tourbillons poudreux, s'évapore en nuages légers, balancés par les vents. La pluie orageuse résout en onde les glèbes fangeuses qu'elle entraîne, et les fleuves rapides dévorent leurs rives en roulant. Enfin, tout corps qui, de sa propre substance, alimente, un autre corps s'apauvrit de ses dons, et puisque la terre est à la fois la mère et le tombeau des êtres, elle doit tour-à-tour s'affaiblir et ranimer sa vigueur.

Ainsi les flots des mers, les fleuves, les fontaines, sont sans cesse alimentés, et font jaillir sans cesse de nouvelles ondes. Mes paroles prouvent moins cette vérité, que cette immensité d'eau, qui se précipite incessamment dans leurs bords; mais les pertes continuelles, éprouvées par les eaux, les empêchent de surabonder. Les vents fouettent la plaine des mers, et les dissipent en vapeur aérienne; le soleil en diminue la surface, en l'aspirant par ses brûlans rayons. Cette onde se répand aussi, s'infiltre dans les concavités sinueuses des terres, se dégage de son amertume, se replie, remonte et s'amasse à la source des fleuves; adoucie dans sa course, elle

Aera nunc igitur dicam, qui corpore toto
Innumerabiliter privas mutatur in horas :
Semper enim quodcunque fluit de rebus, id omne
Aeris in magnum fertur mare, qui nisi contra
Corpora retribuat rebus, recreetque fluentes,
Omnia jam resoluta forent, et in aera versa.
Haud igitur cessat gigni de rebus, et in res
Recidere assidue, quoniam fluere omnia constat.

Largus item liquidi fons luminis, ætherius sol
Inrigat assidue cœlum candore recenti,
Suppeditatque novo confestim lumine lumen :
Nam primum quidquid fulgoris disperit eii,
Quocunque accidit : id licet hinc cognoscere possis,
Quod simul ac primum nubes succedere soli
Cœpere, et radios inter quasi rumpere lucis,
Extemplo inferior pars horum disperit omnis,
Terraque inumbratur, qua nimbi cunque feruntur;
Ut noscas splendore novo res semper egere,
Et primum jactum fulgoris quemque perire;
Nec ratione alia res posse in sole videri,
Perpetuo ni suppeditet lucis caput ipsum.

Quin etiam nocturna tibi, terrestria quæ sunt
Lumina, pendentes lychni, claræque coruscis
Fulguribus, pingues multa caligine tædæ,

reparaît à la surface du globe, coule vers la pente qui l'attire, et laisse, en circulant, la trace de ses pas liquides.

Maintenant, je révèlerai l'essence de l'air, que des changemens innombrables agitent à chaque instant. De tous les corps des émanations continues coulent à grands flots dans ce vaste et invisible océan; mais il restitue lui-même à chaque objet les pertes qu'il leur fait éprouver, et, s'il ne leur prêtait aussi une force réparatrice, tous les corps altérés se décomposeraient en flots aériens. L'air ne cesse donc point d'être assidûment nourri par les corps, et de se répandre dans leur sein, puisqu'ils font avec lui un échange continuel d'émanations.

Ainsi, cette large source de flots lumineux, le soleil, du haut des airs, inonde incessamment le ciel de sa splendeur renaissante, et, sans interruption, verse à la lumière une lumière nouvelle : car, quel que soit son éclat, le rayon qui arrive à son terme s'évanouit soudain. Tu n'en peux douter si tu observes un nuage qui s'interpose entre le soleil et la terre : il semble briser ses rayons lumineux; leur partie inférieure est perdue tout à coup, et, partout où passe le nuage, la terre se couvre d'une ombre épaisse. Tu le vois donc, les corps ont toujours besoin d'une clarté renaissante, chaque rayon périt, aussitôt qu'il est lancé vers son but, et sans l'écoulement intarissable de cette source du jour, tout resterait enseveli sous un amas d'ombre.

Et ces flambeaux nocturnes que l'art inventa, ces lampes suspendues, ces torches résineuses d'où s'échappent des tourbillons de vapeurs enflammées, comme

Consimili properant ratione, ardore ministro,
Suppeditare novum lumen; tremere ignibus instant;
Instant, nec loca lux inter quasi rupta relinquit :
Usque adeo properanter ab omnibus ignibus ejus
Exitium celeri toleratur origine flammæ :
Sic igitur solem, lunam stellasque putandum
Ex alio atque alio lucem jactare subortu,
Et primum quidquid flammai perdere semper ;
Inviolabilia hæc ne credas forte vigere.
DENIQUE non lapides quoque vinci cernis ab ævo ?
Non altas turres ruere, et putrescere saxa ?
Non delubra Deûm simulacraque fessa fatisci ?
Nec sanctum numen Fati protollere fines
Posse, neque adversus Naturæ fœdera niti ?
Denique non monumenta virûm dilapsa videmus
Cedere proporro, subitoque senescere casu ?
Non ruere avolsos silices a montibus altis,
Nec validas ævi vires perferre patique
Finiti ? neque enim caderent avolsa repente,
Ex infinito quæ tempore pertolerassent
Omnia tormenta ætatis privata fragore.

DENIQUE jam tuere hoc circum, supraque quod omnem
Continet amplexu terram, quod procreat ex se
Omnia (quod quidam memorant), recipitque perempta :
Totum nativum mortali corpore constat.
Nam quodcunque alias ex se res auget alitque,
Deminui debet, recreari quum recipit res.

l'astre du monde, expulsent incessamment leur clarté mobile et toujours renouvelée : de leurs flots successifs l'épanchement est si rapide, que le trait lumineux qui s'évapore est déjà remplacé par celui qui succède, jusqu'à ce que la flamme ait entièrement dévoré la matière qui l'alimente; ainsi le soleil, l'astre des nuits, les étoiles, altérés à chaque instant, sont loin d'être indestructibles : ils s'épuiseront par leurs tributs rapides, toujours perdus et toujours renouvelés.

D'AILLEURS, le marbre même ne peut s'opposer au triomphe du temps. Les tours altières s'écroulent, la pierre se pulvérise, les temples et les images de la divinité s'affaissent et tombent : la sainteté des dieux ne peut leur faire transgresser les limites imposées par leur destin; elle ne peut s'affranchir elle-même des lois immuables de la nature. Eh! ne voyons-nous pas les pompeux monumens, érigés par la main des hommes, minés par la destruction, et s'écrouler tout à coup, accablés par la vieillesse, et les rochers arrachés rouler de la cime des monts; ils ne peuvent résister aux violens assauts du temps qui borne leur durée. Se détacheraient-ils de leur base, s'écrouleraient-ils subitement, si les efforts impétueux des siècles infinis avaient jusqu'ici attaqué vainement leur immobilité?

ENFIN, lève les regards vers cette immense voûte qui, de tous côtés, enveloppe le monde; ce ciel qui (selon quelques sages) enfante tous les êtres, et reçoit leurs débris dans son sein, ce ciel nous atteste que ce grand corps dût naître et doit mourir, puisque nul objet ne peut en alimenter d'autres, sans s'altérer; ni les réunir en soi-même, sans réparer ses forces.

PRÆTEREA, si nulla fuit genitalis origo
Terrai et cœli, semperque æterna fuere,
Cur supera bellum thebanum et funera Trojæ,
Non alias alii quoque res cecinere poetæ?
Quo tot facta virum toties cecidere, nec usquam
Æternis famæ monumentis insita florent?
Verum, ut opinor, habet novitatem summa, recensque
Natura est mundi, neque pridem exordia cepit.
Quare etiam quædam nunc artes expoliuntur,
Nunc etiam augescunt; nunc addita navigiis sunt
Multa; modo organici melicos peperere sonores;
Denique natura hæc rerum ratioque reperta est
Nuper, et hanc primus cum primis ipse repertus
Nunc ego sum, in patrias qui possim vertere voces.

Quod si forte fuisse antehac eadem omnia credis;
Sed periisse hominum torrenti sæcla vapore,
Aut cecidisse urbes magno vexamine mundi,
Aut ex imbribus assiduis exisse rapaces
Per terras amnes, atque oppida cooperuisse;
Tanto quippe magis victus fateare necesse est,
Exitium quoque terrai cœlique futurum;
Nam quum res tantis morbis tantisque periclis
Tentarentur, ibi si tristior incubuisset
Causa, darent late cladem magnasque ruinas:
Nec ratione alia mortales esse videmur
Inter nos, nisi quod morbis ægriscimus îsdem,
Atque illi, quos a vita Natura removit.

Mais si le ciel et la terre sont exempts d'origine, s'ils ont devancé les temps, comment nul poète n'a-t-il chanté les évènemens qui ont précédé la guerre de Thèbes et la ruine d'Ilion ? pourquoi les actions importantes des hommes sont-elles ensevelies dans l'oubli ? pourquoi leurs exploits sont-ils dépouillés de l'éclat d'une éternelle renommée ? La vérité nous l'apprend ; le monde est dans sa nouveauté ; il sort des mains de la nature ; son origine n'est pas éloignée. Aujourd'hui même, plusieurs arts ne commencent qu'à se développer, et se polissent à peine ; la navigation commence à se livrer à son naissant essor ; de doux accords viennent à peine d'enfanter l'harmonie ; la philosophie que je chante, et la science qui scrute la marche de l'univers, touchent à leur enfance, et moi le premier, je révèle ces grands secrets, dans le langage de ma patrie.

Le monde, diras-tu peut-être, jouissait jadis de ces fruits de l'art et de l'intelligence, mais les races soumises aux révolutions de la terre se sont anéanties ; elles ont péri dans des feux dévorans ; des cités se sont englouties, quand le monde ébranlé ouvrit des gouffres profonds ; des torrens pluvieux, précipités du ciel, ont submergé la terre déserte. Mais ces terribles assauts t'offrent la preuve irrécusable de sa destruction future ; car, assaillis par tant de fléaux, livrés à la continuation de ces assauts dangereux, le ciel et la terre ébranlés se seraient convertis en vastes ruines. Tu n'en peux douter, car nous-mêmes nous ne préjugeons notre destruction prochaine, qu'en nous reconnaissant asservis au même sort qui, de douleurs en douleurs, exile les hommes de la vie.

Præterea, quæcunque manent æterna, necesse est,
Aut quia sunt solido cum corpore, respuere ictus,
Nec penetrare pati sibi quidquam, quod queat arctas
Dissociare intus partes; ut materiai
Corpora sunt, quorum naturam ostendimus ante;
Aut ideo durare ætatem posse per omnem,
Plagarum quia sunt expertia, sicut inane est,
Quod manet intactum, neque ab ictu fungitur hilum;
Aut etiam, quia nulla loci sit copia circum,
Quo quasi res possint discedere dissolvique,
Sicut summarum summa est æterna, neque extra
Quis locus est, quo dissiliant; neque corpora sunt, quæ
Possint incidere, et valida dissolvere plaga:
At neque, uti docui, solido cum corpore mundi
Natura est, quoniam admistum est in rebus inane;
Nec tamen est ut inane; neque autem corpora desunt,
Ex infinito quæ possint forte coorta
Proruere hanc rerum violento turbine summam,
Aut aliam quamvis cladem importare pericli;
Nec porro natura loci, spatiumque profundi
Deficit, exspergi quo possint mœnia mundi,
Aut alia quavis possint vi pulsa perire:
Haud igitur lethi præclusa est janua cœlo,
Nec soli, terræque, nec altis æquoris undis,
Sed patet immani, et vasto respectat hiatu:
Quare etiam nativa necessum est confiteare
Hæc eadem; neque enim mortali corpore quæ sunt,
Ex infinito jam tempore adhuc potuissent
Immensi validas ævi contemnere vires.
Denique tantopere inter se quum maxima mundi

Enfin, nul corps n'est affranchi de la destruction, si, par sa solidité, il ne résiste au choc, à la pénétration, aux efforts de la dissolution; tels sont les principes de la matière, dont naguère je t'ai révélé la nature. Ou, il ne peut survivre à la révolution des âges, s'il n'est tel que le vide, cet océan impalpable qui demeure inaccessible à tous les efforts agresseurs, ou enfin, s'il ne peut être environné d'un espace nécessaire à la réception de ses débris, comme le grand tout, hors duquel ne se trouve ni lieu pour ouvrir une libre carrière à la dissolution de ses parties, ni corps pour les heurter ou les diviser. Le monde n'est donc pas immortel, puisqu'il n'est ni matière ni vide absolu, et que, d'ailleurs, dans l'étendue infinie de la nature, il n'existe que trop de corps dont le choc soudain pourrait l'assaillir et l'entraîner à sa ruine. Les gouffres du vide s'ouvrent de tous côtés, pour engloutir ses membres disséminés; quelle qu'en soit la cause, enfin il s'anéantira. Ainsi, loin de se fermer pour le soleil, les cieux, la terre, l'océan, les portes de la mort s'ouvrent sans cesse larges et béantes. Tu n'en peux douter, ces corps ont commencé, ils sont donc destructibles, et n'auraient pu, depuis la source des temps, résister aux redoutables efforts d'une durée infinie.

Enfin, l'agression mutuelle des vastes membres du

Pugnent membra, pio nequaquam concita bello;
Nonne vides aliquam longi certaminis ollis
Posse dari finem? vel quum sol et vapor omnis,
Omnibus epotis humoribus, exsuperarint,
Quod facere intendunt, neque adhuc conata patrantur;
Tantum suppeditant amnes, ultroque minantur
Omnia diluviare ex alto gurgite ponti :
Nequicquam; quoniam verrentes aequora venti
Deminuunt, radiisque retexens aetherius sol;
Et siccare prius confidunt omnia posse,
Quam liquor incoepti possit contingere finem :
Tantum spirantes aequo certamine bellum
Magnis de rebus inter se cernere certant;
Quum semel in terra fuerit superantior ignis,
Et semel, ut fama est, humor regnarit in arvis;
Ignis enim superavit, et ambens multa perussit,
Avia quum Phaethonta rapax vis Solis equorum
Æthere raptavit toto, terrasque per omnes.
At Pater omnipotens, ira tum percitus acri,
Magnanimum Phaethonta, repenti fulminis ictu,
Deturbavit equis in terram; Solque cadenti
Obvius aeternam suscepit lampada mundi,
Disjectosque redegit equos junxitque trementes;
Inde, suum per iter, recreavit cuncta gubernans.
Scilicet ut veteres Graium cecinere poetae;
Quod procul a vera est animi ratione repulsum :
Ignis enim superare potest, ubi materiai
Ex infinito sunt corpora plura coorta;
Inde cadunt vires aliqua ratione revictae,
Aut pereunt res exustae torrentibus auris :

monde, la guerre intestine qui les dévore, nous avertit que cette lutte terrible peut se terminer tout à coup. Ainsi, quand le soleil et les astres se seront abreuvés des eaux du monde entier, ils pourront enfin remporter la victoire que leurs efforts ont jusqu'ici tentée vainement. Les fleuves cependant portent des flots si abondans aux vastes mers, que de leur gouffre profond elles menacent le globe d'un immense déluge; mais les vents qui fouettent la surface des ondes, et le soleil qui les pompe dans les airs, les atténuent et enchaînent leur audace infructueuse. Ainsi, ces élémens jaloux se livrent une guerre que balancent éternellement leurs forces rivales. Cependant, si nous en croyons la fable ingénieuse, une fois l'onde et le feu ont alternativement triomphé de ce globe. Le feu le dévora, lorsque, dans une route infréquentée, Phaéton fut entraîné par les coursiers du Soleil, dans toutes les régions de la terre et des cieux. Mais, rempli d'un noir courroux, le maître tout-puissant, d'un coup de foudre, renversa de son char sur le globe l'illustre téméraire. Après sa chute, le père divin de Phaéton revint, suspendit de sa main la lampe éternelle du monde, rassembla ses coursiers encore frémissans, leur rouvrit le chemin accoutumé, les guida, et répandit la joie sur l'univers. Ces fables, que l'antique Grèce a chantées, sont dédaignées par l'austère raison, mais elles peuvent offrir l'image de la vérité. En effet, le feu put être victorieux, quand, de toutes les parties de l'univers, ses semences brûlantes se sont amoncelées sur notre globe, et si aucune puissance rivale ne s'est opposée à ses efforts; la terre dut être livrée à sa rage

Humor item quondam coepit superare coortus,
Ut fama est hominum, multas quando obruit urbes;
Inde ubi vis aliqua ratione aversa recessit,
Ex infinito fuerat quaecunque coorta,
Constiterunt imbres et flumina vim minuerunt.

S<small>ED</small> quibus ille modis conjectus materiai
Fundarit coelum ac terram, pontique profunda,
Solisque et lunae cursus, ex ordine ponam:
Nam certe neque consilio primordia rerum
Ordine se quaeque atque sagaci mente locarunt;
Nec quos quaeque darent motus, pepigere profecto;
Sed quia multa, modis multis, primordia rerum
Ex infinito jam tempore percita plagis,
Ponderibusque suis consuerunt concita ferri,
Omnimodisque coire, atque omnia pertentare
Quaecunque inter se possent congressa creare;
Propterea fit, uti magnum volgata per aevum,
Omnigenos coetus et motus experiundo,
Tandem ea conveniant, quae ut convenere repente
Magnarum rerum fiant exordia saepe,
Terrai, maris et coeli, generisque animantum.

H<small>IC</small> neque tum solis rota cerni, lumine largo
Altivolans poterat, neque magni sidera mundi,
Nec mare, nec coelum, nec denique terra, neque aer,
Nec similis nostris rebus res ulla videri;
Sed nova tempestas quaedam, molesque coorta:
Diffugere inde loci partes coepere, paresque
Cum paribus jungi res, et discludere mundum,

dévorante. On dit aussi que des torrens, précipités de la plaine des airs, jadis ont englouti de nombreuses cités; mais, quand une force contraire eut dompté ces flots épanchés de toutes les régions de l'espace, les torrens pluvieux tarirent, la terre reparut, et les fleuves impétueux reçurent un frein.

Maintenant, comment les flots des élémens créateurs ont-ils fondé le ciel, la terre, creusé le profond océan, et dirigé le cours du soleil et des astres? tu vas l'apprendre, Memmius : je le répète, cet ensemble n'est point l'œuvre de leur intelligence; les élémens du monde n'ont point médité l'ordre qui les assujettit; ils n'ont point d'avance concerté l'essor et le mouvement qu'ils devaient s'attribuer mutuellement. Mais ces élémens infinis en nombre, agités dans toutes les directions, asservis depuis l'éternité à des chocs étrangers, entraînés par leur propre poids, attirés, réunis en tous sens, ont tenté toutes les combinaisons, pris, quitté, repris, pendant d'innombrables siècles, des formes variées, et, à force d'assemblages et de mouvemens, en se coordonnant, ont enfanté ces grandes masses, devenues, en quelque sorte, la primitive ébauche de la terre, des cieux, des mers et des espèces animées.

On ne voyait pas encore le char du soleil, dans sa carrière pompeuse, épancher des flots de lumière; le ciel, l'océan, la terre, les champs aériens, les célestes flambeaux, n'étaient point tels qu'ils brillent à nos regards : cette masse récente n'était qu'une vaste tempête; mais des parties diverses s'échappèrent de son sein agité, les élémens amis s'allièrent, le monde put éclore, ses vastes

Membraque dividere et magnas disponere partes
Omnigenis e principiis, discordia quorum
Intervalla, vias, connexus, pondera, plagas,
Concursus, motus turbabat, prœlia miscens,
Propter dissimiles formas variasque figuras;
Quod non omnia sic poterant conjuncta manere,
Nec motus inter sese dare convenientes:
Hoc est a terris altum secernere cœlum,
Et seorsum mare uti secreto humore pateret,
Seorsus item puri secretique ætheris ignes.
Quippe etenim primum terrai corpora quæque,
Propterea quod erant gravia et perplexa, coibant,
In medioque imas capiebant omnia sedes:
Quæ quanto magis inter se perplexa coibant,
Tam magis expressere ea quæ mare, sidera, solem,
Lunamque efficerent, et magni mœnia mundi:
Omnia enim magis hæc e lævibus atque rotundis
Seminibus, multoque minoribu' sunt elementis,
Quam tellus; ideo per rara foramina terræ
Partibus erumpens primus se sustulit æther
Signifer, et multos secum levis abstulit ignes:
Non alia longe ratione, ac sæpe videmus,
Aurea quum primum gemmantes rore per herbas
Matutina rubent radiati lumina solis,
Exhalantque lacus nebulam fluviique perennes;
Ipsa quoque interdum tellus fumare videtur:
Omnia quæ sursum quum conciliantur in alto,
Corpore concreto subtexunt nubila cœlum:
Sic igitur tum se levis ac diffusilis æther
Corpore concreto circumdatus undique sepsit,

membres se formèrent, composés de mille principes divers : leur rivalité jetait le trouble et la confusion entre les intervalles qui les séparaient : leur poids, leur direction, leur essor, leur combinaison, leur diversité, leurs formes opposées, interdisaient l'union intime et les mouvemens amis; enfin, le ciel se sépara de la terre, le sol s'éleva, la mer engloutit les eaux dans ses vastes gouffres, et les feux purs de l'éther resplendirent à la voûte azurée.

Les élémens de la terre plus pesans, plus épais, se rencontrèrent d'abord, s'unirent, s'enfoncèrent en se concentrant aux régions les plus profondes. Plus cet assemblage fut comprimé par sa pesanteur, plus il fit jaillir à grands flots les élémens propres à former les astres, les mers, le soleil, la lune et la voûte immense du monde. En effet, les élémens de ces corps sont plus lisses, arrondis, déliés et légers que ceux dont la terre est formée. L'essence éthérée se dégagea la première des pores de la terre, monta vers le ciel, et entraîna un grand nombre de feux légers. Ainsi, quand nous voyons les premiers rayons de la lumière dorée du soleil rougir sur l'herbe les perles liquides de la rosée, des nuages transparens s'exhalent du sein des lacs et des fleuves, et de la terre blanchie s'élève une fumée ondoyante. Ces émanations humides, réunies dans les airs, étendent un voile épais sous la voûte céleste. Ainsi portée au firmament, la vapeur éthérée, répandue en tous sens, forma dans son immense circuit la molle enceinte de l'univers.

Et late diffusus in omnes undique partes,
Omnia sic avido complexu cætera sepsit.
Hunc exordia sunt solis lunæque secuta;
Inter utrosque globi quorum vertuntur in auris :
Quæ neque terra sibi adscivit, neque maximus æther;
Quod nec tam fuerint gravia ut depressa sederent,
Nec levia ut possent per summas labier oras :
Et tamen inter utrosque ita sunt, ut corpora viva
Versent, et partes ut mundi totius exstent :
Quod genus in nobis quædam licet in statione
Membra manere, tamen quum sint ea quæ moveantur.

His igitur rebus retractis, terra repente,
Maxima qua nunc se ponti plaga cærula tendit,
Succidit, et salso subfodit gurgite fossas;
Inque dies quanto circum magis ætheris æstus
Et radii solis cogebant undique terram,
Verberibus crebris extrema ad limina apertam,
In medio ut propulsa suo condensa coiret;
Tam magis expressus salsus de corpore sudor
Augebat mare manando camposque natantes;
Et tanto magis illa foras elapsa volabant
Corpora multa vaporis et aeris, altaque cœli
Densebant procul a terris fulgentia templa :
Sidebant campi, crescebant montibus altis
Ascensus; neque enim poterant subsidere saxa;
Nec pariter tantundem omnes succumbere partes.
Sic igitur terræ, concreto corpore, pondus
Constitit, atque omnis mundi quasi limus in imum
Confluxit gravis et subsedit funditus, ut fæx.

Bientôt parurent le soleil et sa sœur; ces deux astres roulèrent suspendus entre le ciel et la terre. Mais ni le ciel ni la terre ne purent envahir leurs élémens, qui, trop peu pesans pour descendre dans les lieux inférieurs, et pas assez légers pour s'élancer dans les hautes régions, flottèrent dans la plaine des airs; membres les plus actifs de la nature, ils se meuvent avec l'agilité des êtres intelligens. C'est ainsi que quelques-uns de nos membres demeurent immobiles, quand d'autres s'agitent avec rapidité.

Presque aussitôt l'espace de la terre, couvert par les plaines azurées de l'océan, s'écroule et creuse les gouffres amers; plus la terre crevassée à sa surface, se pénétrant des bouillonnemens de l'éther, des rayons du soleil, livrait ainsi son centre aux chocs redoublés de l'ardeur qui la pressait en tous sens, plus la sueur amère, jaillissant de son vaste corps, accroissait de ses torrens les campagnes liquides de l'océan. Elle expulsait aussi de sa masse comprimée des semences innombrables de feu et d'air, qui s'élevaient en tourbillons rapides; ainsi loin de la terre, le temple resplendissant des cieux s'étendit et se consolida. Les champs à leur tour s'aplanirent; le sol cependant demeura inégal, les rochers résistèrent à l'affaissement, et la cime des monts se dressa.

Ainsi, le globe, en agglomérant ses parties, acquit la pesanteur et la solidité. Tout son limon fangeux (si j'ose le nommer ainsi), précipité vers le centre, s'y dé-

Inde mare, inde aer, inde æther ignifer ipse :
Corporibus liquidis sunt omnia pura relicta,
Et leviora aliis alia; et liquidissimus æther
Atque levissimus aerias super influit auras,
Nec liquidum corpus turbantibus aeris auris
Commiscet; sinit hæc violentis omnia verti
Turbinibus, sinit incertis turbare procellis;
Ipse suos ignes certo fert impete labens :
Nam modice fluere atque uno posse æthera nisu,
Significat ponti mare, certo quod fluit æstu,
Unum labendi conservans usque tenorem.

Motibus astrorum nunc quæ sit causa, canamus :
Principio, magnus cœli si vertitur orbis,
Ex utraque polum parti premere aera nobis
Dicendum est, extraque tenere et claudere utrinque :
Inde alium supera fluere, atque intendere eodem,
Quo volvenda micant æterni sidera mundi;
Ast alium subter, contra qui subvehat orbem,
Ut fluvios versare rotas atque haustra videmus.

Est etiam quoque uti possit cœlum omne manere
In statione, tamen quum lucida signa ferantur :
Sive quod inclusi rapidi sunt ætheris æstus,
Quærentesque viam circumversantur, et ignes
Passim per cœli volvunt se immania templa;
Sive aliunde fluens alicunde extrinsecus aer
Versat agens ignes; sive ipsi serpere possunt,
Quo cujusque cibus vocat atque invitat euntes,

posa comme sa lie immonde. L'eau couvrit la surface terrestre; l'air, au dessus de l'onde, balança son fluide, et les feux et le ciel l'environnèrent à une immense hauteur; car, tu le sais, les fluides, quoique formés des élémens les plus purs, diffèrent en pesanteur. Le fluide éthéré est le moins lourd et le plus diaphane; il se balance au dessus de l'air, et ne se mêle jamais à l'orageux fluide : il l'abandonne en proie à la fureur des tempêtes et à l'inconstance des vents impétueux, et, dans sa course régulière, il s'élève, il emporte les feux étincelans. Ne sois pas surpris de l'uniformité de sa carrière; car tu vois l'océan s'enfler et décroître, avec une constance inaltérable.

MAINTENANT, c'est à la cause du mouvement des astres que je consacre mes chants. Si l'immense voûte céleste roule autour de nous, les deux pôles du monde sont donc environnés et constamment pressés par deux courans d'air : l'un pousse le ciel dans la direction que parcourt le brillant cortège des astres; l'autre, placé dans une région inférieure, le ramène à son tour dans un sens contraire, comme nous voyons les fleuves imprimer aux roues une rotation opposée à leur course.

PEUT-ÊTRE le firmament est immobile, et ses astres éclatans roulent autour de la terre. Soit que, trop resserrée dans l'enceinte céleste, l'essence éthérée, cherchant une issue avec rapidité, décrive sans cesse le vaste contour du firmament, et entraîne ses flambeaux, soit qu'un fluide extérieur les contraigne à circuler, soit qu'eux-mêmes se meuvent attirés par leur propre aliment, et se repaissent ainsi dans leur route des flammes célestes

Flammea per cœlum pascentes corpora passim.
Nam quid in hoc mundo sit eorum, ponere certum
Difficile est : sed quid possit fiatque per omne,
In variis mundis varia ratione creatis,
Id doceo; pluresque sequor disponere causas
Motibus astrorum, quæ possint esse per omne:
E quibus una tamen sit et hæc quoque causa necesse est,
Quæ vegeat motum signis; sed quæ sit earum
Præcipere, haud quaquam est pedetentim progredientis.
TERRAQUE ut in media mundi regione quiescat,
Evanescere paulatim et decrescere pondus
Convenit, atque aliam naturam subter habere
Ex ineunte ævo conjunctam atque uniter aptam
Partibus aeriis mundi, quibus insita sidit;
Propterea non est oneri, neque deprimit auras:
Ut sua cuique homini nullo sunt pondere membra,
Nec caput est oneri collo, nec denique totum
Corporis in pedibus pondus sentimus inesse;
At quæcunque foris veniunt, impostaque nobis
Pondera sunt, lædunt, permulto sæpe minora:
Usque adeo magni refert, cui quæ adjaceat res:
Sic igitur tellus non est aliena repente
Adlata, atque auris aliunde objecta alienis;
Sed pariter prima concepta ab origine mundi,
Certaque pars ejus, quasi nobis membra, videtur.
PRÆTEREA grandi tonitru concussa, repente
Terra, supra se quæ sunt, concutit omnia motu;
Quod facere haud ulla posset ratione, nisi esset
Partibus aeriis mundi cœloque revincta:
Nam communibus inter se radicibus hærent,

répandues dans les plaines azurées : il est difficile de déterminer la véritable cause des mouvemens du monde. Mais, du moins, j'indique les moyens que la nature pourrait assigner aux révolutions de ces grandes masses, dans ces mondes innombrables dont elle a parsemé l'espace. J'ai révélé plusieurs lois propres aux vastes mouvemens des astres; une seule suffit à notre monde : quelle est-elle? c'est un secret qui laissera toujours indécis le docte scrutateur de la nature.

Afin que la terre repose immobile au centre du monde, il faut que sa pesanteur décroisse, se perde insensiblement; et que ses parties inférieures, par leur union intime avec l'air, se soient identifiées, dès leur naissance, avec ce léger fluide sur lequel elles pressent sans efforts, et se reposent sans l'affaisser. Ainsi nos membres ne nous pèsent pas : la tête n'est point un fardeau pour le cou, et les pieds, sans fatigue, supportent le corps entier; tandis qu'un objet étranger, plus léger que nos membres, nous accable aisément : tant il faut observer les rapports des objets unis entre eux. Ainsi donc, la terre n'est pas un corps étranger, lancé spontanément dans un fluide inconnu; mais, conçue avec les airs dès l'origine du monde, elle forme une partie inhérente à ce vaste assemblage, comme les membres sont une partie distincte du corps.

D'ailleurs, quand l'air est frappé par la secousse d'un tonnerre violent, le choc se communique à tous les objets placés à la surface de la terre. Un lien invisible unit donc la terre, la flamme éthérée et les champs aériens, car tous trois se tiennent par des racines com-

Ex ineunte ævo conjuncta, atque uniter apta.
Nonne vides etiam, quam magno pondere nobis
Sustineat corpus tenuissima vis animai,
Propterea quia tam conjuncta, atque uniter apta est?
Denique jam saltu pernici tollere corpus
Quis potis est, nisi vis animæ quæ membra gubernat?
Jamne vides quantum tenuis natura valere
Possit, ubi est conjuncta gravi cum corpore, ut aer
Conjunctus terris, et nobis est animi vis?

Nec nimio solis major rota, nec minor ardor
Esse potest, nostris quam sensibus esse videtur;
Nam quibus e spatiis cunque ignes lumina possunt
Adjicere, et calidum membris adflare vaporem,
Illa ipsa intervalla nihil de corpore libant
Flammarum, nihilo ad speciem est contractior ignis:
Proinde calor quoniam solis lumenque profusum
Perveniunt nostros ad sensus, et loca tingunt;
Forma quoque hinc solis debet filumque videri,
Nil adeo ut possis plus aut minus addere vere.
Lunaque, sive notho fertur loca lumine lustrans,
Sive suam proprio jactat de corpore lucem,
Quidquid id est, nihilo fertur majore figura,
Quam, nostris oculis quam cernimus, esse videtur;
Nam prius, omnia quæ longe remota tuemur
Aera per multum, specie confusa videntur;
Quam minimum filum: quapropter luna necesse est,
Quandoquidem claram speciem certamque figuram
Præbet, ut est oris extremis cunque notata,
Quanta hæc cunque fuat, tanta hinc videatur in alto.

munes : ils se sont assortis, liés intimement, depuis le premier instant de leur existence. Ne vois-tu pas aussi combien notre âme, substance si déliée et si fragile, soutient et dirige aisément le poids énorme du corps ? mais elle doit cette faculté au lien intime qu'elle a contracté avec lui : que dis-je ? elle le meut, le gouverne à sa volonté, lui imprime un rapide essor, le contraint à s'élancer par des bonds rapides. Tu conçois donc, malgré sa ténuité, quelle force acquiert une substance unie à des objets pesans, comme l'air joint à la terre, comme l'âme jointe au corps.

Le disque de l'astre du jour n'est guère plus grand ni moins lumineux qu'il ne le révèle à nos sens ; car tant qu'un corps enflammé peut envoyer jusqu'à nous sa lumière et sa chaleur, quelle que soit sa distance, son éloignement n'altère point à nos regards sa forme apparente, et ne dérobe rien de ses contours et de son étendue. La chaleur et l'éclat du soleil parviennent jusqu'à nous, colorent les objets qui nous environnent ; la forme, l'étendue et l'éclat du soleil sont donc tels, au haut de la voûte céleste, qu'ils apparaissent à nos regards.

Que la lune brille de son propre éclat ou d'un éclat emprunté, elle ne traverse point le ciel sous une forme plus grande que celle dont elle frappe notre vue ; car, à travers l'épaisseur de l'air, les objets, dans le lointain, n'offrent qu'un aspect vague ; ils dérobent la régularité de leurs contours ; mais l'astre des nuits, nous dévoilant, avec tant d'exactitude et de clarté, ses traits et les limites de son orbe, est sans doute dans les cieux ce qu'il nous paraît de la terre.

Postremo, quoscunque vides hinc ætheris ignes,
(Quandoquidem, quoscunque in terris cernimus ignes,
Dum tremor est clarus, dum cernitur ardor eorum,
Perparvum quiddam interdum mutare videntur,
Alterutram in partem, filum, quum longius absint),
Scire licet, perquam pauxillo posse minores
Esse, vel exigua majores parte brevique.

Illud item non est mirandum, qua ratione
Tantulus ille queat tantum sol mittere lumen,
Quod maria ac terras omnes cœlumque rigando
Compleat, et calido perfundat cuncta vapore;
Nam licet hinc mundi patefactum totius unum
Largifluum fontem scatere, atque erumpere lumen
Ex omni mundo, quo sic elementa vaporis
Undique conveniunt, et sic conjectus eorum
Confluit, ex uno capite hic ut profluat ardor:
Nonne vides etiam quam late parvus aquai
Prata riget fons interdum, campisque redundet?
Est etiam quoque uti, non magno solis ab igni,
Aera percipiat calidis fervoribus ardor,
Opportunus ita est si forte et idoneus aer,
Ut queat accendi parvis ardoribus ictus:
Quod genus interdum segetes stipulamque videmus
Accipere ex una scintilla incendia passim:
Forsitan et rosea sol alte lampade lucens
Possideat multum cæcis fervoribus ignem
Circum se, nullo qui sit fulgore notatus,
Æstiferum ut tantum radiorum exaugeat ictum.
Nec ratio solis simplex, nec certa patescit,

Enfin, il n'est pas étonnant qu'il en soit ainsi des feux éthérés, puisque tous les feux placés sur cette terre, quelle que soit leur distance, ne paraissent subir qu'une légère altération dans leur grandeur réelle, tant que leur vacillante lumière parvient jusqu'à nous. Ainsi, nous recevons la preuve que les flambeaux célestes ne sont guère ni plus grands ni plus petits qu'ils ne le révèlent à nos yeux.

Tu t'étonnes aussi que l'orbe du soleil, avec une si faible circonférence, puisse inonder la mer, la terre, de flots de lumière, et remplir l'univers de sa chaleur féconde. Mais il se peut que cette seule source soit ouverte pour épancher sur le monde les vastes torrens de la clarté, et que les élémens ignés viennent de toute part se réunir à cette issue, et de là se répandre dans l'espace. Ainsi, quelquefois un humble ruisseau, faible à sa source, après avoir arrosé la prairie, inonde les campagnes. Peut-être aussi les feux de l'astre du jour, sans être immenses, communiquent leur ardente chaleur à l'air qui les environne, si ce fluide est propre à s'enflammer au moindre choc des rayons de l'astre; ainsi, nous voyons une faible étincelle embraser le chaume aride, et envahir les moissons; peut-être enfin ce soleil, autour de son flambeau, amasse-t-il d'innombrables feux inaperçus, qui alimentent dans les cieux la force et l'éclat de ses brûlans rayons.

Mais, comment le soleil s'ouvre-t-il une route régulière

Quo pacto æstivis e partibus Ægocerotis
Brumales adeat flexus, atque inde revertens
Canceris ut vertat metas se ad solstitiales;
Lunaque mensibus id spatium videatur obire,
Annua sol in quo consumit tempora cursu:
Non, inquam, simplex his rebus reddita causa est;
Nam fieri vel cum primis id posse videtur,
Democriti quod sancta viri sententia ponit,
Quanto quæque magis sint terram sidera propter,
Tanto posse minus cum cœli turbine ferri;
Evanescere enim rapidas illius et acres
Imminui subter vires, ideoque relinqui
Paulatim solem cum posterioribu' signis,
Inferior multo quod sit, quam fervida signa,
Et magis hoc lunam; et quanto demissior ejus
Cursus abest procul a cœlo, terrisque propinquat,
Tanto posse minus cum signis tendere cursum;
Flaccidiore etiam quanto jam turbine fertur
Inferior quam sol, tanto magis omnia signa
Hanc adipiscuntur, circum præterque feruntur:
Propterea fit, ut hæc ad signum quodque reverti
Mobilius videatur, ad hanc quia signa revisunt.
Fit quoque ut e mundi transversis partibus aer
Alternis certo fluere alter tempore possit,
Qui queat æstivis solem detrudere signis
Brumales usque ad flexus gelidumque rigorem,
Et qui rejiciat gelidis a frigoris umbris
Æstiferas usque in partes et fervida signa;
Et ratione pari lunam stellasque putandum est
Quæ volvunt magnos in magnis orbibus annos,

des régions enflammées du midi au séjour des frimats, pour s'élancer de nouveau vers l'ardent Cancer, où l'astre achève et recommence son cours ? comment Phébé franchit-elle en un mois la carrière annuelle du soleil ? Ce phénomène peut être imputé à différentes causes : la véritable, sans doute, doit rester cachée. Le sage Démocrite cherche à le résoudre d'une manière digne d'attention : les astres, nous dit-il, peuvent d'autant moins subir l'entraînement du tourbillon éthéré, qu'ils sont plus voisins de la terre ; car la vitesse de la rotation du firmament s'affaiblit par degrés, vers l'extrémité inférieure du monde ; asservi à cette loi, le soleil, placé dans des régions infiniment au dessous des flambeaux ardens, est insensiblement devancé dans sa course, avec tous les corps inférieurs, et Phébé, encore plus éloignée du ciel et plus voisine de la terre, suit plus péniblement le brillant cortège des astres; ainsi plus son tourbillon l'entraîne lentement, plus les signes ardens doivent rapidement l'atteindre et la devancer; et lorsqu'elle semble parcourir avec plus de rapidité les signes célestes, ce sont eux qui, à leur tour, la pressent, la fuient et la rejoignent.

Il se peut aussi que, des deux points opposés du monde, des torrens aériens se précipitent, et transportent alternativement le soleil, des signes brûlans de l'été aux régions sombres et glacées du nord, et le repoussent des antres hyperborées jusqu'au sommet des cieux brûlans du midi. De pareils flots aériens guideraient aussi les courses alternatives de la lune et de ces légions de flambeaux, qui ne décrivent leur immense orbite

Aeribus posse alternis a partibus ire.
Nonne vides etiam diversis nubila ventis
Diversas ire in partes, inferna supernis?
Qui minus illa queant per magnos ætheris orbes,
Æstibus inter se diversis sidera ferri?

At nox obruit ingenti caligine terras;
Aut ubi de longo cursu sol extima cœli
Impulit, atque suos efflavit languidus ignes
Concussos itere, et labefactos aere multo;
Aut quia sub terras cursum convertere cogit
Vis eadem, supera terras quæ pertulit orbem.

Tempore item certo roseam Matuta per oras
Ætheris Auroram defert, et lumina pandit;
Aut quia sol idem sub terras ille revertens
Anticipat cœlum radiis, accendere tentans;
Aut quia conveniunt ignes, et semina multa
Confluere ardoris consuerunt tempore certo,
Quæ faciunt solis nova semper lumina gigni:
Quod genus Idæis fama est e montibus altis
Dispersos ignes orienti lumine cerni,
Inde coire globum quasi in unum et conficere orbem.

Nec tamen illud in his rebus mirabile debet
Esse, quod hæc ignis tam certo tempore possint
Semina confluere, et solis reparare nitorem;
Multa videmus enim, certo quæ tempore fiunt
Omnibus in rebus: florescunt tempore certo
Arbusta, et certo dimittunt tempore florem:

qu'après avoir vu s'accomplir un nombre infini d'années. Ne vois-tu pas, à des hauteurs et dans des directions différentes, les nuages, en mouvans tourbillons, parcourir la voûte des cieux? Pourquoi les astres brillans ne seraient-ils point ainsi entraînés par des courans rapides, dans les vastes plaines de l'espace sans bornes?

La nuit enveloppe la terre de ses épaisses ténèbres, soit parce que le soleil, ayant poussé sa course immense jusqu'aux limites du ciel, laisse éteindre ses feux déjà épuisés par le froissement des torrens d'air qu'ils ont bravés, soit que l'impulsion qui transporta son char sur nos têtes, l'entraîne par de là notre sphère, et le force à suivre sous nos pieds sa course circulaire.

La courrière du matin, à l'heure accoutumée, guide dans les plaines de l'air l'aurore vermeille, et rouvre les portes du jour. Soit que le même soleil, près d'achever son tour sous la terre, envahisse déjà de ses rayons le ciel qu'il s'efforce d'embraser, soit que, à des instans fixés, des semences de feu, réunissant leur ardeur éclatante, enfantent chaque jour un nouvel astre; ainsi la renommée publie chez les peuples Idéens, qu'au sommet de leurs montagnes des feux dispersés dans l'orient rassemblent leur lumière, et, transformés en globe radieux, parcourent le firmament.

D'ailleurs, ne sois pas étonné que ces élémens de feu se réunissent à des heures certaines, pour réparer la splendeur du soleil : nous voyons dans la nature de nombreux exemples de régularité. C'est à une époque constante que les arbres se parent de fleurs, que la joue de l'adolescent se couvre d'un léger duvet, et que le

Nec minus in certo dentes cadere imperat ætas
Tempore, et impubem molli pubescere veste,
Et pariter mollem malis demittere barbam:
Fulmina postremo, nix, imbres, nubila, venti,
Non nimis incertis fiunt in partibus anni;
Namque ubi sic fuerunt causarum exordia prima,
Atque uti res mundi cecidere ab origine prima,
Consequa natura est jam rerum ex ordine certo.
CRESCERE itemque dies licet et tabescere noctes,
Et minui luces, quum sumant augmina noctes;
Aut quia sol idem sub terras atque superne,
Imparibus currens anfractibus ætheris oras
Partit, et in partes non æquas dividit orbem;
Et quod ab alterutra detraxit parte, reponit
Ejus in adversa tanto plus parte relatus,
Donicum ad id signum cœli pervenit, ubi anni
Nodus nocturnas exæquat lucibus umbras:
Nam medio cursu flatus Aquilonis et Austri
Distinet æquato cœlum discrimine metas,
Propter signiferi posituram totius orbis;
Annua sol in quo contundit tempora serpens,
Obliquo terras et cœlum lumine lustrans;
Ut ratio declarat eorum, qui loca cœli
Omnia dispositis signis ornata notarunt.

AUT quia crassior est certis in partibus aer,
Sub terris ideo tremulum jubar hæsitat ignis,

vieillard se sent ravir ses dents émoussées. Enfin, la foudre, les vents, les frimats, les nuages pluvieux suivent fidèlement le cours des saisons; en effet, le monde en naissant reçut une première impulsion qui, déterminant l'énergie de chaque cause, contraignit les phénomènes à se succéder dans un ordre invariable.

Tu vois les jours et les nuits se prolonger et se restreindre tour-à-tour, et la lumière s'accroître quand l'ombre diminue. Le soleil entretient cette lutte annuelle, parce que, toujours le même, l'astre décrit, sous la terre ou sur nos têtes, des cercles obliques; il coupe l'orbe céleste en parties inégales; mais, en s'élançant de l'un à l'autre hémisphère, il compense leur perte, en leur restituant alternativement la lumière qu'il leur a dérobée, jusqu'à ce que l'astre soit parvenu dans le signe céleste, où, divisant sa course annuelle, il verse au monde, avec égalité, les ombres de la nuit et la lumière du jour; car cette partie du ciel, où il achève la moitié de son cours, se trouve à une égale distance des froids Aquilons et du brûlant Auster, à cause de l'obliquité de douze signes célestes que parcourt annuellement l'astre qui répand ses feux dans le ciel et sur la terre. C'est ainsi que la science, en nous retraçant, dans son adroite imitation, l'édifice céleste, rend ses mouvemens sensibles à notre vue, et nous permet de fouiller dans les secrets des cieux.

Il se peut encore que, trouvant des flots aériens plus épais dans certaines régions, l'astre hésite à lancer la clarté de ses feux tremblans, à travers des obstacles

Nec penetrare potest facile atque emergere ad ortus:
Propterea noctes hyberno tempore longæ
Cessant, dum veniat radiatum insigne diei:
Aut etiam, quia sic alternis partibus anni
Tardius et citius consuerunt confluere ignes
Qui faciant solem certa de surgere parte.
LUNA potest solis radiis percussa nitere,
Inque dies majus lumen convertere nobis
Ad speciem, quantum solis secedit ab orbe,
Donicum eum contra pleno bene lumine fulsit,
Atque oriens obitus ejus super edita vidit:
Inde minutatim retro quasi condere lumen
Debet item, quanto propius jam solis ad ignem
Labitur ex alia signorum parte per orbem:
Ut faciunt, lunam qui fingunt esse pilai
Consimilem, cursusque viam sub sole tenere;
Propterea fit uti videantur dicere verum.

Est etiam quoque uti proprio cum lumine possit
Volvier, et varias splendoris reddere formas;
Corpus enim licet esse aliud, quod fertur et una
Labitur, omnimodis occursans officiensque;
Nec potis est cerni, quia cassum lumine fertur.
Versarique potest, globus ut si forte pilai,
Dimidia ex parti candenti lumine tinctus,
Versandoque globum variantes edere formas;
Donicum eam partem, quæcunque est ignibus aucta,
Ad speciem vertit nobis oculosque patentes;
Inde minutatim retro contorquet, et aufert
Luciferam partem glomeraminis atque pilai:

qu'il pénètre avec peine, et retarde son lever sur la terre ; telle est la cause peut-être qui, dans les longues nuits d'hiver, nous fait attendre long-temps le tardif retour du soleil. Il se peut enfin que les feux dont la réunion ranime les astres aux limites fixées de l'horizon, soient plus actifs ou plus lents, selon l'influence des saisons.

La lune, frappée par les rayons du soleil, peut en réfléchir l'éclat, et, chaque jour, agrandissant sa lumière inconstante, revêtir une forme d'autant plus étendue, qu'elle s'éloigne de l'orbe du soleil, jusqu'au point où, se plaçant avec lui dans une parfaite opposition, elle brille d'une pleine lumière, et, des portes de l'Orient, aperçoit à son lever le soleil se dérober sous la terre. Bientôt, rejetant presque sa lumière sur ses pas, elle se rapproche du soleil, décroît par degrés, s'enfuit et visite loin de notre vue les autres régions du ciel ; on la regarde ainsi comme un orbe roulant sous la route du soleil, qui semble le chercher et le fuir : la raison applaudit à cette opinion.

On peut aussi, en lui accordant un propre éclat, concevoir sa course, et les formes diverses de son disque inconstant. Un autre astre invisible peut-être suit pas à pas sa carrière ; il essaie de voiler sa clarté, interpose son disque obscur entre nous et Phébé, qui est ainsi contrainte de se montrer sous tant d'aspects variés. Elle pourrait encore, tournant sur son axe, comme un globe en partie teint de lumière, et, dans sa révolution, déployer successivement son éclat, ses différentes formes, et montrer enfin tout entier à nos regards son hémisphère lumineux ; puis, dérobant par degrés sa lumière, la rejeter en arrière et la cacher réunie sous son disque : doctrine

Ut Babylonica Chaldæum doctrina refutans
Astrologorum artem contra convincere tendit :
Proinde quasi fieri nequeat quod pugnat uterque,
Aut minus hoc illo sit cur amplectier ausis.

Denique cur nequeat semper nova luna creari,
Ordine formarum certo certisque figuris,
Inque dies privos abolescere quæque creata,
Atque alia illius reparari in parte locoque,
Difficile est ratione docere et vincere verbis;
Ordine quum videas tam certo multa creari :
It ver, et Venus, et Veneris prænuntius ante
Pinnatus graditur Zephyrus vestigia propter;
Flora quibus mater præspergens ante viai
Cuncta coloribus egregiis et odoribus opplet.
Inde loci sequitur calor aridus, et comes una
Pulverulenta Ceres, et Etesia flabra Aquilonum :
Inde Autumnus adit; graditur simul Evius Evan;
Inde aliæ tempestates ventique sequuntur,
Altitonans Vulturnus et Auster fulmine pollens :
Tandem Bruma nives adfert, pigrumque rigorem
Reddit; Hyems sequitur, crepitans ac dentibus Algus :
Quo minus est mirum, si certo tempore luna
Gignitur, et certo deletur tempore rursus,
Quum fieri possint tam certo tempore multa.
Solis item quoque defectus, lunæque latebras,
Pluribus e causis fieri tibi posse putandum est :
Nam cur luna queat terram secludere solis
Lumine, et a terris altum caput obstruere eii,
Objiciens cæcum radiis ardentibus orbem;

qui prit naissance dans Babylone, lorsque les Chaldéens s'efforçaient de triompher de l'ingénieuse astrologie. Mais pourquoi se montrer exclusif dans des hypothèses également admissibles, quand ni les uns ni les autres ne pouvaient être certains de combattre pour la vérité ?

Enfin la nature ne peut-elle reproduire chaque jour une lune nouvelle et l'asservir à une suite constante de formes, d'aspects mobiles, et faire succéder sans cesse un astre nouveau à l'astre de la veille? Il n'est pas facile de détruire ce système par des paroles, quand la nature nous offre une infinité de reproductions périodiques. Le printemps renaît, l'amour renaît avec lui, et le Zéphyre, son doux avant-coureur, agite les ailes à ses côtés, tandis que Flore remplit de fleurs et de parfums leur route joyeuse. Bientôt leur succèdent la chaleur et l'aridité, la poudreuse Cérès, les vents étésiens à la brûlante haleine; l'Automne s'avance avec le dieu des pampres; ils font place aux souffles impétueux des tempêtes, au Vulturne grondant, à l'Auster qui couve la foudre; les frimats, les flots neigeux, la froidure enveloppent la terre paresseuse, et l'Hiver, froissant ses dents glacées, vient clore le cercle des saisons. Tant d'exemples de phénomènes réguliers te prouvent comment la lune peut être enfantée et détruite, et changer de formes en des temps réglés.

Ainsi, nous pourrions aborder de différentes manières les causes cachées de l'obscurité passagère que subissent le soleil et la lune. Phébé peut dérober à la terre les feux du jour, et voiler le front brillant du soleil, en interposant sa masse épaisse entre nous et les rayons de

Tempore eodem aliud facere id non posse putetur
Corpus, quod cassum labatur lumine semper?
Solque suos etiam dimittere languidus ignes
Tempore cur certo nequeat, recreareque lumen,
Quum loca præteriit flammis infesta per auras,
Quæ faciunt ignes interstingui atque perire?
Et cur terra queat lunam spoliare vicissim
Lumine, et oppressum solem super ipsa tenere,
Menstrua dum rigidas coni perlabitur umbras;
Tempore eodem, aliud nequeat succurrere lunæ
Corpus, vel supera solis perlabier orbem,
Quod radios interrumpat lumenque profusum?
Et tamen ipsa suo si fulgit luna nitore,
Cur nequeat certa mundi languescere parte,
Dum loca luminibus propriis inimica pererrat?
Quod superest, quoniam magni per cærula mundi
Qua fieri quidquid posset ratione, resolvi;
Solis uti varios cursus, lunæque meatus,
Noscere possemus quæ vis et causa cieret,
Quove modo soleant offecto lumine obire,
Et nec opinantes tenebris obducere terras,
Quum quasi connivent, et aperto lumine rursum
Omnia convisunt clara loca candida luce;
Nunc redeo ad mundi novitatem, et mollia terræ
Arva, novo fœtu quid primum in luminis oras
Tollere, et incertis tentarit credere ventis.

Principio, genus herbarum viridemque nitorem
Terra dedit circum colles, camposque per omnes;
Florida fulserunt viridanti prata colore;

cet astre. Un autre corps céleste, doué de mouvement et privé de clarté, peut aussi lui servir de voile. Et le soleil lui-même ne peut-il quelquefois languir fatigué, perdre son éclat, et le reprendre à la sortie de régions aériennes, qui, ennemies du flambeau des jours, s'efforcent de nous dérober sa lumière ? La terre ne peut-elle à son tour dépouiller Phébé de son doux éclat, lorsque, placée au dessus du soleil, elle absorbe ses rayons, et porte vers le ciel le cône ombreux de sa masse, où se plonge la courrière des mois ? Un corps inaperçu roule peut-être entre elle et nous, et ferme le passage à l'écoulement de sa lumière; et si la lune brille de son propre éclat, ne peut-elle, entravée dans un fluide ennemi de ses feux, laisser défaillir leur éclat ?

Memmius, je t'ai déjà révélé comment tous les vastes corps se formèrent dans l'enceinte azurée du monde : tu connais le cours ordonné des flambeaux célestes, l'énergique pouvoir qui balance les astres dans les cieux; quelle cause éclipse leur lumière, et semble quelquefois les dérober à nos regards; et comment ces yeux de la nature, en se fermant, se rouvrant tour à tour, répandent une nuit soudaine, ou versent des torrens lumineux aux peuples de la terre. Aujourd'hui, Memmius, revenons à l'enfance du monde, épions les essais de sa fécondité naissante, les premiers objets qu'elle produisit à la lumière du jour, et qu'elle livra à l'inclémence des airs capricieux.

D'abord les collines et les campagnes se revêtent d'une tendre et brillante verdure; le gazon des prairies resplendit du doux éclat des fleurs; les jeunes arbres,

Arboribusque datum est variis exinde per auras
Crescendi magnum immissis certamen habenis :
Ut pluma atque pili primum setæque creantur
Quadrupedum in membris, et corpore pennipotentum;
Sic nova tum tellus herbas virgultaque primum
Sustulit; inde loci mortalia sæcla creavit,
Multa, modis multis, varia ratione coorta :
Nam neque de cœlo cecidisse animalia possunt,
Nec terrestria de salsis exisse lacunis.
Linquitur ut merito maternum nomen adepta
Terra sit, e terra quoniam sunt cuncta creata :
Multaque nunc etiam existunt animalia terris,
Imbribus et calido solis concreta vapore :
Quo minus est mirum, si tum sunt plura coorta
Et majora, nova tellure atque æthere adulto.

PRINCIPIO, genus alituum, variæque volucres
Ova relinquebant, exclusæ tempore verno :
Folliculos ut nunc teretes æstate cicadæ
Linquunt, sponte sua victum vitamque petentes.
Tum tibi terra dedit primum mortalia sæcla :
Multus enim calor atque humor superabat in arvis.
Hinc ubi quæque loci regio opportuna dabatur,
Crescebant uteri terræ radicibus apti;
Quos ubi tempore maturo patefecerat ætas
Infantum, fugiens humorem, aurasque petissens,
Convertebat ibi Natura foramina terræ,
Et succum venis cogebat fundere apertis
Consimilem lactis; sicut nunc fœmina quæque

remplis d'une sève abondante, se développent en foule, se balancent dans les airs, et se livrent sans frein à leur croissance impétueuse. Ainsi que le jeune oiseau se revêt en naissant de plumes ou de soyeux duvet, ainsi la terre récente environna sa surface nouvelle d'herbes molles et de flexibles arbrisseaux. Bientôt elle enfanta les espèces animées, avec des combinaisons et des variétés innombrables : la terre enfanta ses habitans, car ils ne sont ni descendus des cieux, ni sortis des gouffres amers. C'est donc une juste reconnaissance qui lui décerna le surnom de mère : tout ce qui respire fut conçu dans son sein; et si nous voyons encore quelques êtres vivans naître dans son limon, lorsque, gonflé par la pluie, il fermente aux rayons du jour, est-il donc étonnant que des êtres plus robustes et plus nombreux sortissent de ses flancs, quand la terre et l'essence éthérée bouillaient encore du feu de la jeunesse?

A la chaleur du premier printemps, les volatiles de toute espèce, les oiseaux variés, libres s'élancèrent de l'œuf natal. Telle nous voyons, pendant les beaux jours d'été, la cigale s'affranchir de sa frêle enveloppe, avide de vie et d'alimens. Alors la terre enfanta la race des hommes; l'onde et le feu, que le sol recélait, fermentèrent et firent croître, dans les lieux les plus propices, des germes fécondés, dont les vivantes racines plongeaient dans la terre. Quand le temps eut amené leur maturité et déchiré l'enveloppe qui les emprisonnait, chaque embryon, lassé de l'humide sein de la terre, s'échappe et s'empare de l'air et du jour. Vers eux se dirigent les pores sinueux de la terre, et, rassemblés dans ses veines entr'ouvertes,

Quum peperit, dulci repletur lacte, quod omnis
Impetus in mammas convertitur ille alimenti.
Terra cibum pueris, vestem vapor, herba cubile
Præbebat multa et molli lanugine abundans.

At novitas mundi nec frigora dura ciebat,
Nec nimios æstus, nec magnis viribus auras:
Omnia enim pariter crescunt, et robora sumunt,
Quare etiam atque etiam maternum nomen adepta
Terra tenet merito, quoniam genus ipsa creavit
Humanum, atque animal prope certo tempore fudit
Omne, quod in magnis bacchatur montibu' passim,
Aeriasque simul volucres variantibu' formis.

Sed quia finem aliquem pariendi debet habere,
Destitit; ut mulier spatio defessa vetusto:
Mutat enim mundi naturam totius ætas,
Ex alioque alius status excipere omnia debet,
Nec manet ulla sui similis res; omnia migrant,
Omnia commutat Natura, et vertere cogit:
Namque aliud putrescit, et ævo debile languet;
Porro aliud concrescit, et e contemtibus exit.
Sic igitur mundi naturam totius ætas
Mutat, et ex alio terram status excipit alter;
Quod potuit, nequeat; possit, quod non tulit ante.
Multaque tum tellus etiam portenta creare
Conata est, mira facie membrisque coorta
(Androgynum inter utrum, nec utrumque et utrinque
    remotum),

s'écoulent des flots laiteux. Ainsi nous voyons encore, après l'enfantement, les mères se remplir d'un lait savoureux, parce que les alimens, convertis en sucs nourriciers, remplissent leurs douces mamelles. La terre nourrit donc ses premiers enfans; la chaleur fut leur vêtement, l'herbe abondante et molle fut leur berceau.

Le monde, au premier âge, ignorait le froid rigoureux, la chaleur dévorante et la fureur des tempêtes. Comme les autres productions de la nature, ces fléaux, faibles à leur naissance, s'accrurent avec l'âge. Je le répète, ami, la terre a justement mérité le nom de mère; créatrice de l'homme, elle enfanta aussi toutes les espèces vivantes, les peuplades des bois, les hôtes rapides des montagnes, et ces oiseaux légers, qui, sous mille formes variées, planent aux champs aériens.

Mais, comme une mère fatiguée par l'âge, la terre en repos mit un terme à sa fécondité. Le temps change l'aspect du monde entier; à l'ordre ancien succède un ordre nouveau : rien ne reste immobile, tout se déplace et se transforme dans la nature; elle soumet tout à la variété. Là, on voit des corps affaiblis et brisés par le temps; ici, les uns croissent et se fortifient, un objet sort du limon de la terre, un autre s'y engloutit. Ainsi l'âge donne au monde une face toujours nouvelle; il impose à la terre une éternelle inconstance; elle perd le pouvoir dont elle jouissait, et acquiert ce qui lui était interdit.

La terre cependant s'efforçait encore d'enfanter des êtres d'une forme et d'une stature imparfaite (l'Androgyne qui, monstrueux assemblage des deux sexes, diffère également de tous deux). On vit naître des corps dont les

Orba pedum partim, manuum viduata vicissim;
Multa sine ore etiam, sine voltu cæca reperta,
Vinctaque membrorum per totum corpus adhæsu,
Nec facere ut possent quidquam, nec cedere quoquam,
Nec vitare malum, nec sumere quod foret usus :
Cætera de genere hoc monstra ac portenta creabat;
Nequicquam; quoniam Natura absterruit auctum;
Nec potuere cupitum ætatis tangere florem,
Nec reperire cibum, nec jungi per Veneris res :
Multa videmus enim rebus concurrere debere,
Ut propagando possint producere sæcla;
Pabula primum ut sint, genitalia deinde per artus
Semina qua possint membris manare remissis;
Fœminaque ut maribus conjungi possit, habendum,
Mutua queis nectant inter se gaudia, utrisque.

MULTAQUE tum interiisse animantum sæcla necesse est,
Nec potuisse propagando procudere prolem :
Nam quæcunque vides vesci vitalibus auris,
Aut dolus, aut virtus, aut denique mobilitas est,
Ex ineunte ævo, genus id tutata reservans :
Multaque sunt, nobis ex utilitate sua quæ
Commendata manent tutelæ tradita nostræ.
Principio, genus acre leonum, sævaque sæcla
Tutata est virtus, vulpes dolus, et fuga cervos :
At levisomna canum, fido cum pectore, corda,
Et genus omne, quod est veterino semine partum,
Lanigeræque simul pecudes, et bucera sæcla,
Omnia sunt hominum tutelæ tradita, Memmi :
Nam cupide fugere feras, pacemque secutæ

organes étaient incomplets, privés de la lumière, ou sans pieds, sans mains, sans figure, ou doués de membres inhérens au tronc ; ainsi contraints à l'immobilité, ils ne pouvaient par aucun mouvement éviter le péril, ou trouver leur pâture. La terre se surchargea d'une foule variée de monstres ; mais la nature ne leur permit ni de croître, ni de se conserver jusqu'à la fleur de l'âge; elle les priva d'alimens, et leur interdit les liens de l'amour : car il faut, pour propager la vie, un concours nombreux de circonstances propices. L'abondante nourriture, la force, sont nécessaires, et les germes féconds répandus dans les membres doivent se réunir de toutes les parties du corps dans les canaux qui en facilitent la fluctuation ; il faut enfin qu'une parfaite harmonie entre les organes du plaisir permette aux époux de s'identifier par les nœuds d'une mutuelle volupté.

Aux premiers jours du monde, des espèces nombreuses, inhabiles à se reproduire, disparurent sans laisser de progéniture. Car tous les animaux, excepté ceux dont nous payons l'utilité par notre protection, n'obtiennent leur conservation que de l'adresse, de la force ou de la légèreté dont les doua la nature. Le terrible lion et les bêtes féroces doivent leur salut à la force, le renard à la ruse, le cerf à la vitesse. Mais ces races compagnes de nos travaux, et confiées à notre garde, le chien au sommeil vigilant, au cœur fidèle, le coursier, la douce brebis, le bœuf laborieux, ont confié leur existence à notre appui ; fuyant les animaux cruels, ils ont cherché la paix et une nourriture abondante à l'abri du danger. Tel est le salaire payé à leurs services ; mais à qui la nature

Sunt, et larga suo sine pabula parta labore;
Quæ damus utilitatis eorum præmia causa:
At, queis nil horum tribuit Natura, nec ipsa
Sponte sua possent ut vivere, nec dare nobis
Utilitatem aliquam, quare pateremur eorum
Præsidio nostro pasci genus, esseque tutum?
Scilicet hæc aliis prædæ lucroque jacebant,
Indupedita suis fatalibus omnia vinclis,
Donicum ad interitum genus id Natura redegit.
SED neque Centauri fuerunt, neque tempore in ullo
Esse queat duplici natura et corpore bino,
Ex alienigenis membris compacta potestas,
Hinc illinc par vis ut non sic esse potis sit:
Id licet hinc quamvis hebeti cognoscere corde.

PRINCIPIO, circum tribus actis impiger annis
Floret equus, puer haudquaquam; quin sæpe etiamnum
Ubera mammarum in somnis lactantia quærit:
Post ubi equûm validæ vires, ætate senecta,
Membraque deficiunt fugienti languida vita,
Tum demum pueris, ævo florente, juventas
Occipit, et molli vestit lanugine malas:
Ne forte ex homine, et veterino semine equorum,
Confieri credas Centauros posse, nec esse
Aut rapidis canibus succinctas semimarinis
Corporibus Scyllas, aut cætera de genere horum,
Inter se quorum discordia membra videmus;
Quæ neque florescunt pariter, neque robora sumunt
Corporibus, neque projiciunt ætate senecta,
Nec simili Venere ardescunt, nec moribus unis

refusa une vie indépendante, ou l'art de nous être utiles. Pourquoi l'homme aurait-il pris le soin de les défendre, de les nourrir et de les protéger? ils restèrent enchaînés dans les durs liens de leur destinée, et servirent de proie aux animaux voraces, jusqu'au jour où la nature les replongea au néant.

Mais, crois-moi, jamais on ne vit se former de monstrueux Centaures; un être participant de deux natures, assemblage de deux corps et de membres incompatibles, ne peut voir le jour. Cette réunion de forces inégales est impossible: la plus légère méditation, ami, peut t'en convaincre.

A son troisième printemps, le cheval généreux brille de sa force entière, et le faible enfant, à cet âge, cherche encore en songe le sein qui l'a nourri; et, lorsque la vieillesse affaiblit l'active vigueur du coursier, que la vie s'enfuit de ses membres languissans, l'homme échappant à l'enfance touche à la fleur de l'âge, et d'un léger duvet voit couvrir sa joue adolescente. Comment donc les germes de l'homme et du coursier auraient-ils, par leur réunion, pu former les Centaures, ainsi que les corps des Scyllas, monstres amphibies, entourés de chiens rapides, et tant d'autres réunions incohérentes de membres discordans, qui se développent, s'accroissent en des temps divers, et que la même volupté ne peut embraser à la fois, opposés enfin dans leurs penchans, leurs amours et leurs alimens? car la ciguë, qui accroît

Conveniunt, nec sunt eadem jucunda per artus :
Quippe videre licet pinguescere sæpe cicuta
Barbigeras pecudes, homini quæ est acre venenum.
FLAMMA quidem vero quum corpora fulva leonum
Tam soleat torrere atque urere, quam genus omne
Visceris, in terris quodcunque et sanguinis exstet;
Quî fieri potuit, triplici cum corpore ut, una
Prima leo, postrema draco, media ipsa chimæra
Ore foras acrem efflaret de corpore flammam?
QUARE etiam tellure nova cœloque recenti,
Talia qui fingit potuisse animalia gigni,
Nixus in hoc, uno novitatis nomine inani,
Multa licet simili ratione effutiat ore;
Aurea tum dicat per terras flumina volgo
Fluxisse, et gemmis florere arbusta suesse;
Aut hominem tanto membrorum esse impete natum,
Trans maria alta pedum nisus ut ponere posset,
Et manibus totum circum se vertere cœlum :
Nam quod multa fuere in terris semina rerum,
Tempore quo primum tellus animalia fudit;
Nil tamen est signi, mistas potuisse creari
Inter se pecudes, compactaque membra animantum :
Propterea quia quæ de terris nunc quoque abundant
Herbarum genera, ac fruges arbustaque læta,
Non tamen inter se possint complexa creari.
Res sic quæque suo ritu procedit, et omnes
Fœdere Naturæ certo discrimina servant.

l'embonpoint des jeunes chèvres, offre à l'homme un poison mortel.

Mais puisque la flamme consume le corps des lions, aussi bien qu'elle dévore les membres et le sang de tous les êtres animés, comment donc l'horrible Chimère, avec sa triple forme, à la tête de lion, au corps de chèvre, à la queue de dragon, vomit-elle du fond de sa poitrine des flammes dévorantes?

Attribuer ces monstrueuses productions à la jeunesse du ciel et de la terre, en s'autorisant du vain nom de la nouveauté, c'est ouvrir la source des absurdités révoltantes. On dira que les fleuves roulaient alors dans nos plaines des flots dorés, que les arbres se couronnaient de fleurs de diamans, que l'homme naissait avec une taille gigantesque et des forces si prodigieuses, qu'il pouvait d'un seul pas franchir le gouffre des mers, et, de sa main puissante, faire rouler autour de lui l'immense voûte des cieux. La terre, il est vrai, renfermait d'innombrables germes, au jour du premier enfantement des races vivantes; mais gardons-nous de croire qu'elle ait créé des espèces d'une nature opposée, et rassemblé dans le même être des membres si discordans. Car les herbes, les fruits, les arbres rians, dont la terre aujourd'hui se surcharge abondamment, ne peuvent se confondre au hasard et amalgamer leur essence. Toutes les productions diverses croissent dans des limites invariables et s'asservissent aux lois immuables qu'à chacune d'elles impose la nature.

Et genus humanum multo fuit illud in arvis
Durius, ut decuit, tellus quod dura creasset :
Et majoribus, et solidis magis ossibus intus
Fundatum, et validis aptum per viscera nervis;
Nec facile ex æstu, nec frigore quod caperetur,
Nec novitate cibi, nec labi corporis ulla :
Multaque per cœlum solis volventia lustra
Volgivago vitam tractabant more ferarum.
Nec robustus erat curvi moderator aratri
Quisquam, nec scibat ferro molirier arva,
Nec nova defodere in terram virgulta, nec altis
Arboribus veteres decidere falcibu' ramos :
Quod sol, atque imbres dederant, quod terra crearat
Sponte sua, satis id placabat pectora donum :
Glandiferas inter curabant corpora quercus
Plerumque; et quæ nunc hiberno tempore cernis
Arbuta Pœniceo fieri matura colore,
Plurima tum tellus etiam majora ferebat :
Multaque præterea novitas tum florida mundi
Pabula dia tulit, miseris mortalibus ampla.

At sedare sitim fluvii fontesque vocabant;
Ut nunc montibus e magnis decursus aquai
Claricitat late sitientia sæcla ferarum.
Denique noctivagi sylvestria templa tenebant
Nympharum, quibus exibant humore fluenta
Lubrica, proluvie larga lavere humida saxa,
Humida saxa super viridi stillantia musco,

Sans doute, au sortir de ses mains, les hommes étaient plus qu'aujourd'hui doués de vigueur : il en devait être ainsi; car la terre imprimait à ses enfans la force de son premier âge. Leurs os étaient plus solides et plus grands, leurs entrailles plus vastes, leurs muscles étaient plus robustes. Leurs corps infatigables ne craignaient ni la rigueur du froid, ni la brûlante chaleur, ni l'âcreté des nouveaux alimens. Ils survivaient à la révolution d'innombrables soleils; ils menaient çà et là leur vie errante, comme les animaux féroces. Leurs mains vigoureuses ne savaient encore ni courber ni diriger la charrue, amollir les glèbes sous le tranchant du fer, entr'ouvrir le sol pour y confier de jeunes arbustes, ni retrancher avec la hache les vieux et infructueux rameaux. Les fruits que la pluie et le soleil mûrissaient, ceux que la terre accordait d'elle-même suffisaient à leur faim. Au milieu des glands amoncelés sous les chênes, ils rendaient la vigueur à leurs corps, et ces fruits de l'arboisier, que l'hiver voit mûrir et se colorer de pourpre, croissaient alors plus abondans et plus volumineux. La terre, dans sa jeunesse florissante, plus féconde exposait au jour des alimens nombreux, et procurait l'abondance à ces tristes mortels.

Les fleuves, les fontaines les invitaient à se désaltérer; tels aujourd'hui les torrens précipités des monts semblent offrir leurs flots à la soif des animaux sauvages. A l'approche de la nuit, ils portaient leurs pas errans dans les bois où depuis les Nymphes eurent des temples; dans ces lieux où jaillissent des sources limpides qui, murmurant d'abord entre les cailloux humectés, retombent et

Et partim plano scatere atque erumpere campo.

Necdum res igni scibant tractare, nec uti
Pellibus, et spoliis corpus vestire ferarum :
Sed nemora atque cavos montes sylvasque colebant,
Et frutices inter condebant squalida membra,
Verbera ventorum vitare imbresque coacti.
Nec commune bonum poterant spectare, nec ullis
Moribus inter se scibant, nec legibus uti :
Quod cuique obtulerat prædæ fortuna, ferebat
Sponte sua, sibi quisque valere et vivere doctus.
Et Venus in sylvis jungebat corpora amantum;
Conciliabat enim vel mutua quamque cupido,
Vel violenta viri vis atque impensa libido,
Vel pretium glandes atque arbuta, vel pira lecta.

Et manuum mira freti virtute pedumque,
Consectabantur sylvestria sæcla ferarum
Missilibus saxis, et magno pondere clavæ,
Multaque vincebant, vitabant pauca latebris;
Setigerisque pares suibus, sylvestria membra
Nuda dabant terræ, nocturno tempore capti,
Circum se foliis ac frondibus involventes :
Nec plangore diem magno, solemque per agros
Quærebant pavidi, palantes noctis in umbris :
Sed taciti respectabant, somnoque sepulti,
Dum rosea face sol inferret lumina cœlo :
A parvis quod enim consuerant cernere semper

se glissent à replis sinueux sur la mousse verdissante des frais rochers, jaillissent dans la plaine, ou submergent les champs.

Ils ne savaient point amollir les métaux dans la forge, ni préparer des peaux, ni se revêtir de la dépouille des troupeaux sauvages: nus, ils se retiraient dans les monts caverneux, sous l'ombre des forêts; forcés de chercher un abri contre la pluie abondante et l'aiguillon des vents, ils étendaient leurs membres sous les broussailles fangeuses; incapables de concourir au bien commun, ils n'étaient asservis ni par les mœurs, ni par le frein des lois. Chacun, ne cherchant à vivre et à se conserver que pour soi-même, s'emparait de l'objet que le hasard offrait à ses désirs. C'était sous la voûte des bois que Vénus unissait les amans; la volupté était due à une ardeur mutuelle, ou arrachée par la violence farouche, ou quelques glands, des fruits, des fleurs en acquittaient le prix.

Doués de robustes mains et de pieds agiles, ils attaquaient les hôtes sauvages des forêts. Ils leur lançaient des pierres, ou les frappaient d'une pesante massue; ils triomphaient de quelques-uns, et fuyaient devant les autres jusque dans leur retraite. Surpris par l'ombre des nuits, ils étendaient leurs membres agrestes et nus sur la terre; pareils aux sangliers, ils se roulaient entourés de mousse et de feuilles séchées. Ils n'allaient point, pâles et tremblans, dans les ténèbres nocturnes, parcourir les campagnes, et redemander par leurs clameurs la lumière éclipsée; mais, silencieux, ils s'enveloppaient dans le sommeil, jusqu'à ce que le soleil eût rougi les cieux de

Alterno tenebras et lucem tempore gigni,
Non erat, ut fieri posset, mirarier unquam,
Nec diffidere, ne terras æterna teneret
Nox, in perpetuum detracto lumine solis.

Sed magis illud erat curæ, quod sæcla ferarum
Infestam miseris faciebant sæpe quietem;
Ejectique domo fugiebant saxea tecta
Setigeri suis adventu, validique leonis,
Atque intempesta cedebant nocte paventes
Hospitibus sævis instrata cubilia fronde.

Nec nimio tum plus, quam nunc, mortalia sæcla
Dulcia linquebant labentis lumina vitæ:
Unus enim tum quisque magis deprensus eorum
Pabula viva feris præbebat dentibus haustus;
Et nemora ac montes gemitu sylvasque replebat,
Viva videns vivo sepeliri viscera busto:
At quos effugium servarat, corpore adeso,
Posterius tremulas super ulcera tetra tenentes
Palmas, horriferis accibant vocibus Orcum,
Donicum eos vita privarunt vermina sæva,
Expertes opis, ignaros quid volnera vellent.
At non multa virûm sub signis millia ducta
Una dies dabat exitio, nec turbida ponti
Æquora lædebant naves ad saxa virosque.
Sed temere, incassum mare fluctibu' sæpe coortis
Sævibat, leviterque minas ponebat inanes:
Nec poterat quemquam placidi pellacia ponti
Subdola pellicere in fraudem ridentibus undis:

l'éclat de son flambeau. Ils voyaient sans crainte la lutte alternative de la nuit et du jour : dès l'enfance l'habitude leur effaçait le prodige; ils ne tremblaient pas qu'une nuit éternelle s'emparât de la terre, et ensevelît pour jamais la lumière du soleil.

Mais leurs alarmes étaient dues aux monstres féroces, dont l'approche redoutable rendait souvent leur sommeil funeste. Éveillés par un énorme sanglier ou par un lion rugissant, glacés d'effroi, ils abandonnaient à ces hôtes terribles leur asile et leur couche de feuillage; ils s'échappaient dans l'ombre, et se réfugiaient sous un toit de rochers.

Les humains cependant ne se précipitaient ni plus ni moins nombreux qu'en nos jours hors de la douce lumière de la vie. Beaucoup d'entr'eux sans doute, surpris par les monstres féroces, vivante nourriture, étaient broyés sous leurs terribles dents; ils remplissaient les bois, les monts, les cavernes de leurs gémissemens, et voyaient leurs membres vivans s'ensevelir dans une tombe vivante. Quelques-uns, sauvés par la fuite, le corps déchiré, saisissaient de leurs mains tremblantes les morsures noires et sanglantes, et par d'horribles cris ils invoquaient la mort, jusqu'à ce que des vers avides, en rongeant leur chair infecte, les délivrassent de la vie. Ils ignoraient l'art d'adoucir leurs blessures. Mais on ne voyait pas une foule d'hommes, conduits sous les drapeaux d'un maître, périr en un jour; ni des vaisseaux remplis de navigateurs se briser sur les écueils des mers courroucées. En vain l'océan soulevait ses flots turbulens ou ridait légèrement sa plaine azurée; sa surface

Improba navigii ratio tum cæca jacebat.
Tum penuria deinde cibi languentia letho
Membra dabat : contra nunc rerum copia mersat.
Illi imprudentes ipsi sibi sæpe venenum
Vergebant : nunc dant aliis solertius ipsi.

INDE casas postquam ac pelles ignemque pararunt,
Et mulier conjuncta viro concessit in unum ;
Castaque privatæ Veneris connubia læta
Cognita sunt, prolemque ex se videre creatam;
Tum genus humanum primum mollescere cœpit :
Ignis enim curavit, ut alsia corpora frigus
Non ita jam possent cœli sub tegmine ferre;
Et Venus imminuit vires, puerique parentum
Blanditiis facile ingenium fregere superbum.
Tunc et amicitiam cœperunt jungere, habentes
Finitima inter se, nec lædere, nec violare;
Et pueros commendarunt, muliebreque sæclum,
Vocibus et gestu quum balbe significarent,
Imbecillorum esse æquum misererier omnium.
Non tamen omnimodis poterat concordia gigni;
Sed bona magnaque pars servabant fœdera casti :
Aut genus humanum jam tum foret omne peremptum,
Nec potuisset adhuc perducere sæcla propago.

AT varios linguæ sonitus Natura subegit
Mittere, et utilitas expressit nomina rerum;
Non alia longe ratione, atque ipsa videtur
Protrahere ad gestum pueros infantia linguæ,

paisible et riante ne pouvait séduire les mortels : l'art fatal du nocher demeurait encore ignoré. C'était alors la privation languissante qui donnait la mort; aujourd'hui nous la craignons de l'abondance. L'imprudente ignorance offrit le poison aux premiers hommes; aujourd'hui nous le recevons des arts.

Enfin, quand l'homme sut élever des cabanes, se couvrir de la dépouille des animaux, et se servir du feu; quand l'homme uni à la femme ne formèrent plus qu'un être; quand ils goûtèrent les faveurs secrètes d'un chaste et doux hymen, et virent renaître de leur sein une race nouvelle, l'espèce humaine alors commença à s'amollir; l'usage du feu rendit le corps plus sensible au froid; on rechercha d'autres toits que la voûte céleste; Vénus énerva la vigueur, et les douces caresses des enfans fléchirent aisément la farouche rudesse des pères. Ceux dont les asiles se touchaient commencèrent à s'unir des nœuds de l'amitié; on bannit le larcin et la violence; on protégea les femmes et les enfans. Par des gestes et des sons inarticulés, on fit entendre que la justice et la pitié sont dues à la faiblesse. Cependant la concorde ne pouvait naître également pour tous; du moins la meilleure et la plus grande partie s'asservit aux lois de ce pacte : sans cet accord, les hommes se seraient dès lors anéantis, et leur race n'aurait pu se propager jusqu'à nous, à travers les siècles.

La nature obligea les hommes à former les sons variés du langage, et le besoin assigna des noms aux différens objets. C'est ainsi que les enfans, dont la langue impuissante se refuse à exprimer leur désir, désignent

Quum facit, ut digito, quae sint praesentia, monstrent:
Sentit enim vim quisque suam, quam possit abuti:
Cornua nata prius vitulo quam frontibus exstent,
Illis iratus petit, atque infensus inurget.
At catuli pantherarum, scymnique leonum
Unguibus ac pedibus jam tum, morsuque repugnant,
Vix dum quum ipsis sunt dentes unguesque creati:
Alituum porro genus alis omne videmus
Fidere, et a pennis tremulum petere auxiliatum.
PROINDE putare aliquem tum nomina distribuisse
Rebus, et inde homines didicisse vocabula prima,
Desipere est: nam cur hic posset cuncta notare
Vocibus, et varios sonitus emittere linguae,
Tempore eodem alii facere id non quisse putentur?

PRAETEREA, si non alii quoque vocibus usi
Inter se fuerant; unde insita notities est
Utilitatis, et unde data est huic prima potestas,
Quid vellet facere ut scirent animoque viderent?
Cogere item plures unus, victosque domare
Non poterat, rerum ut perdiscere nomina vellent;
Nec ratione docere ulla, suadereque surdis,
Quid facto esset opus: faciles neque enim paterentur,
Nec ratione ulla sibi ferrent amplius aures
Vocis inauditos sonitus obtundere frustra.
POSTREMO, quid in hac mirabile tantopere est re,
Si genus humanum, cui vox et lingua vigeret,
Pro vario sensu varias res voce notaret,
Quum pecudes mutae, quum denique saecla ferarum
Dissimiles soleant voces variasque ciere,

d'un doigt éloquent les objets qui les flattent; car chaque être a la conscience de ses facultés. Le jeune taureau offensé menace et frappe de ses cornes, avant qu'elles n'aient couronné son front. Les féroces nourrissons de la lionne et de la panthère veulent mordre et déchirer, avant d'être armés de dents et de griffes. Enfin, tu vois le jeune oiseau se fier à son vol incertain, et réclamer à son aile un soutien tremblant.

Ne crois pas qu'un seul homme ait à son gré imposé des noms aux objets divers, et que les autres mortels reçussent de lui les mots de son choix : rejette cette erreur; car, s'il a pu tout désigner avec sa voix, et produire les sons variés du langage, d'autres, doués des mêmes organes, ont pu simultanément atteindre le même but.

Si les autres hommes ne s'étaient pas encore servis mutuellement de paroles, si l'utilité en était ignorée, comment l'inventeur aurait-il fait entendre et propagé sa découverte? seul, pouvait-il asservir la foule à ses desseins, et la contraindre d'adopter les expressions de son caprice? comment transmettre des leçons à des hommes sourds à sa voix? Cette œuvre est impossible : ils n'auraient pas souffert qu'on fatiguât leur oreille de sons inaccoutumés, vains et inconcevables.

Est-ce donc un prodige que, doués de la voix et de l'art de la moduler, les hommes, suivant le sentiment qu'ils éprouvaient, aient adapté des mots différens aux objets divers dont ils recevaient l'impression? Mais ne voyons-nous pas chaque jour les muets troupeaux, les

Quum metus aut dolor est, et quum jam gaudia gliscunt?
Quippe etenim id licet e rebus cognoscere apertis.

INRITATA canum quum primum magna molossum
Mollia ricta fremunt, duros nudantia dentes,
Longe alio sonitu rabie distracta minantur,
Et quum jam latrant, et vocibus omnia complent:
At catulos blande quum lingua lambere tentant,
Aut ubi eos jactant pedibus, morsuque petentes,
Suspensis teneros imitantur dentibus haustus;
Longe alio pacto gannitu vocis adulant,
Et quum deserti baubantur in aedibus, aut quum
Plorantes fugiunt summisso corpore plagas.

DENIQUE non hinnitus item differre videtur,
Inter equas ubi equus florenti aetate juvencus
Pinnigeri saevit calcaribus ictus amoris,
Et fremitum patulis sub naribus edit ad arma;
Ac quum sis alias concussis artubus hinnit?

POSTREMO, genus alituum, variaeque volucres,
Accipitres, atque ossifragae, mergique marinis
Fluctibus in salsis victum vitamque petentes,
Longe alias alio jaciunt in tempore voces,
Et quum de victu certant, praedaque repugnant.
ET partim mutant cum tempestatibus una
Raucisonos cantus; cornicum ut saecla vetusta
Corvorumque greges, ubi aquam dicuntur et imbres

animaux féroces même, exprimer par des sons variés la crainte, la douleur ou la joie qui tour-à-tour les agitent? l'expérience te le prouve sans cesse.

Aussitôt que l'énorme molosse s'irrite, contracte ses lèvres mobiles, et découvre ses dévorantes dents, combien le son brusque de sa voix menaçante diffère de ce monotone aboiement, dont sa vigilance fait retentir les lieux d'alentour! et quand sa langue caressante se promène sur les membres délicats de ses petits, ou quand elle les foule mollement à ses pieds, les provoque par d'innocentes morsures, les happe et craint de les presser de sa dent inoffensive, le tendre murmure de sa voix maternelle ressemble-t-il aux hurlemens plaintifs qu'elle exhale dans nos foyers déserts, ou aux gémissemens qu'elle pousse, lorsqu'en redoutant le châtiment elle rampe soumise aux pieds de son maître irrité?

L'ardent coursier fait-il entendre le même hennissement lorsque, fleurissant de jeunesse, pressé par l'aiguillon de l'amour, il vole et bondit parmi les cavales superbes, ou lorsqu'une émotion craintive agite ses membres, ou que ses larges naseaux s'ouvrent et frémissent au bruit des armes?

Et les volatiles, ces familles ailées et nombreuses, l'épervier vorace, l'orfraie, ces oiseaux qui dans les flots amers cherchent l'aliment de leur vie, varient les inflexions de leurs cris, soit qu'ils disputent leur pâture ou s'acharnent sur leur proie.

Leurs chants rauques ou sauvages changent souvent à l'approche des tempêtes : telle est la corneille séculaire, et les nombreuses troupes de corbeaux dont l'âpre croas-

Poscere, et interdum ventos aurasque vocare :
Ergo si varii sensus animalia cogunt,
Muta tamen quum sint, varias emittere voces;
Quanto mortales magis æquum est tum potuisse
Dissimiles alia atque alia res voce notare?

ILLUD in his rebus tacitus ne forte requiras,
Fulmen detulit in terras mortalibus ignem
Primitus; inde omnis flammarum diditur ardor;
Multa videmus enim cœlestibus incita flammis
Fulgere, quum cœli donavit plaga vapores;
Et ramosa tamen quum ventis pulsa vacillans
Æstuat in ramos incumbens arboris arbor,
Exprimitur validis extritus viribus ignis,
Et micat interdum flammai fervidus ardor,
Mutua dum inter se rami stirpesque teruntur :
Quorum utrumque dedisse potest mortalibus ignem.

INDE cibum coquere ac flammæ mollire vapore
Sol docuit, quoniam mitescere multa videbant
Verberibus radiorum atque æstu victa per agros;
Inque dies magis hi victum vitamque priorem
Commutare novis monstrabant rebus et igni,
Ingenio qui præstabant et corde vigebant.

CONDERE cœperunt urbes arcemque locare
Præsidium reges ipsi sibi perfugiumque;
Et pecudes et agros divisere, atque dedere
Pro facie cujusque et viribus ingenioque;

sement, dit-on, fait pressentir les vents et les tempêtes. Si les brutes ainsi ont trouvé, dans leur muette éloquence, des cris variés pour interpréter leurs sentimens divers, combien plus aisément l'homme dut-il retracer, par des sons flexibles, les différens objets et les sensations dont il était affecté !

Pour éclaircir, ô Memmius, un doute qui peut-être s'élève en secret dans ta pensée, apprends que la foudre la première transmit le feu sur la terre. C'est là que s'allumèrent les flammes, dont les mortels entretiennent l'utile et dangereux usage. Ne vois-tu pas encore l'air, noirci par les vapeurs orageuses, vomir de ses flancs ténébreux des feux rapides et dévorans? Quelquefois aussi les rameaux touffus, agités par les vents, s'échauffent en heurtant les rameaux de l'arbre voisin : le froissement, plus rapide de secousse en secousse, fait jaillir des étincelles, et, du milieu du feuillage desséché, éclatent et brillent des feux ardens. L'un et l'autre phénomène ont dû révéler le feu aux mortels.

Bientôt l'homme, s'apercevant que la flamme et la chaleur du soleil mûrissaient et donnaient la saveur à toutes les productions de la terre, essayèrent d'imiter avec le feu la puissance de ses rayons. L'esprit attentif et le génie pénétrant introduisaient par le feu d'ingénieux changemens, et chaque jour de nouvelles découvertes éloignaient l'homme de la vie primitive.

Alors les rois commencèrent à élever des tours et des cités, pour établir l'asile et la sureté de leur pouvoir. Ils partagèrent la terre et les troupeaux, et les dispensèrent selon le degré de la force, de l'intelligence et de

Nam facies multum valuit, viresque vigebant :
Posterius res inventa est, aurumque repertum,
Quod facile et validis et pulchris dempsit honorem :
Divitioris enim sectam plerumque sequuntur,
Quamlibet et fortes et pulchro corpore creti.
Quod si quis vera vitam ratione gubernet,
Divitiæ grandes homini sunt, vivere parce
Æquo animo : neque enim est unquam penuria parvi :
At claros se homines voluere esse atque potentes,
Ut fundamento stabili fortuna maneret,
Et placidam possent opulenti degere vitam :
Nequicquam, quoniam ad summum succedere honorem
Certantes, iter infestum fecere viai ;
Et tamen e summo quasi fulmen dejicit ictos
Invidia interdum contemptim in Tartara tetra ;
Ut satius multo jam sit parere quietum,
Quam regere imperio res velle, et regna tenere :
Proinde sine incassum defessi sanguine sudent,
Angustum per iter luctantes ambitionis ;
Invidia quoniam, ceu fulmine, summa vaporant
Plerumque, et quæ sunt aliis magis edita cunque :
Quandoquidem sapiunt alieno ex ore, petuntque
Res ex auditis potius, quam sensibus ipsis :
Nec magis id nunc est, nec erit mox, quam fuit ante.

Ergo, regibus occisis, subversa jacebat
Pristina majestas soliorum et sceptra superba ;
Et capitis summi præclarum insigne, cruentum,
Sub pedibus volgi, magnum lugebat honorem :

la beauté. Telles étaient les premières distinctions approuvées par la nature; bientôt on en créa de nouvelles. On connut l'or; ce métal sans peine dépouilla de leurs honneurs la force et la beauté, qui d'elles-mêmes s'empressèrent de suivre et de grossir la cour de l'opulence.

Ah! si la raison était le seul guide de l'homme, pour lui la suprême richesse serait la modération et le calme de l'âme; car il n'est point d'indigence pour celui qui désire peu. Mais les hommes ont aspiré à l'illustration et à la puissance, afin de fonder leur fortune sur des bases inébranlables, et couler leur vie dans une oisive et douce opulence; vains efforts! en se précipitant à flots pressés vers les grandeurs, ils en rendent le chemin périlleux. S'élancent-ils jusqu'au faîte, pareille à la foudre, l'envie inexorable les précipite dans les angoisses d'une mort flétrissante. Ah! plutôt se préparer un doux repos, que de convoiter l'empire, et de s'emparer du trône. Laissons ces malheureux, fatigués de sueur et souillés de sang, s'entre-déchirer dans l'étroit et dangereux sentier où déborde leur turbulente ambition; ils ne voient pas que les foudres de l'envie lancent tous leurs traits sur les lieux les plus élevés. Jouets infortunés, ils ne jugent que par autrui; ils ne pensent ni ne sentent pas eux-mêmes; leurs désirs sont ceux qu'on leur impose : tels sont aujourd'hui les hommes, tels ils seront encore, tels ils ont toujours été.

Las de l'obéissance, quand le peuple eut massacré les rois, les sceptres superbes et les majestueux débris des trônes gisaient dans la poussière. Les brillans bandeaux de la tête des princes, ensanglantés et foulés aux pieds

Nam cupide conculcatur nimis ante metutum.
Res itaque ad summam fæcem turbasque redibat,
Imperium sibi quum ac summatum quisque petebat :
Inde magistratum partim docuere creare,
Juraque constituere, ut vellent legibus uti;
Nam genus humanum defessum vi colere ævum,
Ex inimicitiis languebat; quo magis ipsum
Sponte sua cecidit sub leges arctaque jura;
Acrius ex ira quod enim se quisque parabat
Ulcisci, quam nunc concessum est legibus æquis,
Hanc ob rem est homines pertæsum vi colere ævum :
Unde metus maculat pœnarum præmia vitæ;
Circumretit enim vis atque injuria quemque,
Atque, unde exorta est, ad eum plerumque revertit;
Nec facile est placidam ac pacatam degere vitam,
Qui violat factis communia fœdera pacis;
Etsi fallit enim Divum genus humanumque,
Perpetuo tamen id fore clam diffidere debet;
Quippe ubi se multi per somnia sæpe loquentes,
Aut morbo delirantes procraxe ferantur,
Et celata diu in medium peccata dedisse.
Nunc quæ causa Deum per magnas numina gentes
Pervolgarit, et ararum compleverit urbes,
Suscipiendaque curarit solemnia sacra,
Quæ nunc in magnis florent sacra rebu' locisque;
Unde etiam nunc est mortalibus insitus horror,
Qui delubra Deum nova toto suscitat orbi
Terrarum, et festis cogit celebrare diebus,
Non ita difficile est rationem reddere verbis.

du vulgaire, gémissaient sur leurs honneurs détruits ; car il est doux d'écraser ce qu'on a le plus redouté. La foule populaire ressaisit son autorité ; mais chacun voulait pour soi la toute-puissance. Bientôt on créa des magistrats, on régla les droits, on se soumit à des lois utiles ; les hommes fatigués d'une longue crise, épuisés par la violence des luttes intestines, se soumirent plus facilement au frein de la justice ; et comme leur ressentiment exerçait une vengeance bien plus rigoureuse que celle des lois, ils se dégoûtèrent de ces tempêtes anarchiques. Ainsi naquit la crainte des châtimens qui empoisonne les plaisirs illicites. L'homme inique et violent tombe dans le piège que lui-même a dressé : le mal revient toujours à sa source, et punit son auteur. Le coupable, qui ose violer le pacte de la paix commune, coule une vie privée de repos et de charmes, et, dût-il dérober sa faute aux regards des hommes et des dieux, le fardeau d'un crime prêt à se révéler l'accable incessamment. En songe, ou dans le délire de la souffrance, sa voix accusatrice peut le trahir, et le secret d'un forfait gardé long-temps peut tout à coup s'échapper.

MAINTENANT, quelle cause imposa à tous les peuples de la terre la croyance des dieux, remplit les cités d'autels, et consacra les pompes augurales, ces concours religieux, précurseurs des grandes entreprises ? quelle est l'origine du sombre effroi qui glace le cœur de l'homme, le contraint de célébrer des fêtes consacrées à l'objet de sa terreur, et chaque jour lui fait surcharger la terre de temples nouveaux ? Aisément je peux dérouler à tes regards les fastes superstitieux.

Quippe etenim jam tum Divum mortalia saecla
Egregias animo facies vigilante videbant,
Et magis in somnis mirando corporis auctu:
His igitur sensum tribuebant, propterea quod
Membra movere videbantur, vocesque superbas
Mittere, pro facie praeclara et viribus amplis.
Æternamque dabant vitam, quia semper eorum
Suppeditabatur facies, et forma manebat
(Et manet omnino), et quod tantis viribus auctos
Non temere ulla vi convinci posse putabant.
Fortunisque ideo longe praestare putabant,
Quod mortis timor haud quemquam vexaret eorum,
Et simul in somnis quia multa et mira videbant
Efficere, et nullum capere ipsos inde laborem.
Praeterea, coeli rationes, ordine certo,
Et varia annorum cernebant tempora verti;
Nec poterant, quibus id fieret, cognoscere causis:
Ergo perfugium sibi habebant omnia Divis
Tradere, et illorum nutu facere omnia flecti.
In coeloque Deum sedes et templa locarunt,
Per coelum volvi quia sol et luna videntur,
Luna, dies, et nox, et noctis signa severa,
Noctivagaeque faces coeli, flammaeque volantes,
Nubila, ros, imbres, nix, venti, fulmina, grando,
Et rapidi fremitus, et murmura magna minarum.

O genus infelix humanum, talia Divis
Quum tribuit facta, atque iras adjunxit acerbas!
Quantos tum gemitus ipsi sibi, quantaque nobis

Dans ces premiers temps, l'esprit humain voyait dans le sommeil des fantômes doués de force et de beauté; l'illusion des songes ajoutait encore à l'admiration que ces prestiges inspiraient. Il les douait de sentimens, il voyait leurs vastes membres, il entendait tonner leur voix terrible et proportionnée à ces colosses majestueux.

L'homme les supposait immortels, les revoyant toujours ornés des mêmes traits et de formes inaltérables, et il pensait qu'aucun effort destructeur ne pourrait triompher des forces immenses de ces hôtes des cieux; il les douait d'un bonheur imperturbable, parce qu'ils étaient affranchis de la crainte de la mort, et qu'il les voyait enfanter sans efforts d'innombrables prodiges.

D'ailleurs l'homme, témoin de la marche uniforme des cieux et du retour constant des saisons, dont il ne pouvait pénétrer les causes, attribua ces grands phénomènes à des êtres divins qui, d'un coup d'œil, faisaient fléchir la nature entière.

Le siège et le palais des dieux furent érigés dans le ciel, car c'est là que le soleil et la lune poursuivent leur carrière ordonnée; c'est là que paraissent le jour et la nuit, et les astres errans dans les ténèbres nocturnes, et les météores enflammés; là se suspendent les nuages, les flocons neigeux, et la grêle; là les vents impétueux, le fracas rapide du tonnerre, de leur éclat terrible menacent l'univers.

Hommes infortunés! dont l'ignorance attribue la marche de la nature à des dieux qu'ils ont armés d'un courroux inflexible! ô que de gémissemens ils se sont dès

Volnera, quas lacrymas peperere minoribu' nostris!

Nec pietas ulla est velatum saepe videri
Vertier ad lapidem, atque omnes accedere ad aras,
Nec procumbere humi prostratum, et pandere palmas
Ante Deum delubra, nec aras sanguine multo
Spargere quadrupedum, nec votis nectere vota;
Sed mage pacata posse omnia mente tueri:
Nam quum suspicimus magni coelestia mundi
Templa super, stellisque micantibus aethera fixum,
Et venit in mentem solis lunaeque viarum;
Tunc aliis oppressa malis in pectore cura
Illa quoque expergefactum caput erigere infit
Ecquae forte Deum nobis immensa potestas
Sit, vario motu quae candida sidera verset.
Tentat enim dubiam mentem rationis egestas,
Ecquaenam fuerit mundi genitalis origo,
Et simul ecquae sit finis, quoad moenia mundi
Hunc tanti motus possint perferre laborem;
An divinitus aeterna donata salute,
Perpetuo possint aevi labentia tractu,
Immensi validas aevi contemnere vires.
Praeterea, cui non animus formidine Divum
Contrahitur? cui non conrepunt membra pavore,
Fulminis horribili quum plaga torrida tellus
Contremit, et magnum percurrunt murmura coelum?
Non populi gentesque tremunt? regesque superbi
Conripiunt Divum perculsi membra timore,
Ne quod ob admissum foede, dictumve superbe,

lors imposés! que de blessures ils ont ouvertes! et de quelle source de larmes ils ont pour jamais abreuvé leurs enfans!

Non, la piété ne va point, le front voilé, s'incliner sans cesse devant le marbre muet, ni, assidue aux pieds des autels, elle ne se prosterne point dans la poussière, n'inonde point les temples du sang des victimes, n'ajoute point à ses vœux des vœux insatiables; mais, toujours calme, elle oppose une âme libre aux chocs des évènemens. Car trop souvent, à l'aspect de la voûte céleste qui environne le monde, des astres resplendissans dans les plaines éthérées, en contemplant la course ordonnée du soleil et du flambeau des nuits, une vague inquiétude, que les autres maux de la vie semblaient avoir étouffée, tout à coup se réveille au fond du cœur. On se demande si l'immense pouvoir de quelque dieu fait mouvoir à son gré les orbes célestes. L'ignorance des causes laisse flotter l'esprit dans le doute; on cherche si le monde eut une origine, s'il doit finir, ou s'il doit résister long-temps aux fatigues de ses constans travaux, ou si, doué par les dieux d'un sort éternel, il opposera au torrent des siècles infinis une force indestructible.

Mais, après tout, quel est l'homme dont le cœur n'est point ébranlé par la crainte divine, et dont les membres ne chancèlent glacés d'effroi, lorsque l'horrible fracas du tonnerre ébranle le monde embrasé, et propage sous la voûte céleste son épouvantable murmure? Le peuple se prosterne; les rois, frappés de crainte, courbent leurs fronts superbes; ils pressent de leurs bras tremblans

Pœnarum grave sit solvendi tempus adactum?
Summa etiam quum vis violenti per mare venti
Induperatorem classis super æquora verrit,
Cum validis pariter legionibus atque elephantis,
Non Divum pacem votis adit, ac prece quæsit
Ventorum pavidus paces animasque secundas?
Nequicquam, quoniam violento turbine sæpe
Conreptus nihilo fertur minus ad vada lethi.
Usque adeo res humanas vis abdita quædam
Obterit, et pulchros fasces sævasque secures
Proculcare, ac ludibrio sibi habere videtur.
Denique sub pedibus tellus quum tota vacillat,
Concussæque cadunt urbes, dubiæque minantur,
Quid mirum si se temnunt mortalia sæcla,
Atque potestates magnas, mirasque relinquunt
In rebus vires Divum, quæ cuncta gubernent?
QUOD superest, æs atque aurum ferrumque repertum est,
Et simul argenti pondus, plumbique potestas,
Ignis ubi ingentes sylvas ardore cremarat,
Montibus in magnis, seu cœli fulmine misso;
Sive quod inter se bellum sylvestre gerentes,
Hostibus intulerant ignem, formidinis ergo;
Sive quod inducti terræ bonitate, volebant
Pandere agros pingues, et pascua reddere rura;
Sive feras interficere, et ditescere præda :
Nam fovea atque igni prius est venarier ortum,
Quam sepire plagis saltum, canibusque ciere :
Quidquid id est, quacunque e causa flammeus ardor
Horribili sonitu sylvas exederat altis
Ab radicibus, et terram percoxerat igni;

la statue des dieux; ils craignent de toucher à l'instant terrible qui doit acquitter les forfaits du trône. Et lorsque les vents irrités se déchaînent sur les flots, et balaient, sur la plaine écumante, la flotte, ses légions, et ses éléphans, le chef s'efforce d'apaiser la divinité par ses vœux; craintif, il supplie les vents de calmer leur colère. Soins superflus! le tourbillon redouble, au milieu des écueils la mer s'ouvre et l'engloutit dans la nuit éternelle. Tant une certaine puissance cachée se plaît à renverser les projets des humains, et surtout à briser les sceptres et les faisceaux! Enfin, quand la terre tremblante vacille sous nos pas, quand nos cités s'écroulent et s'ensevelissent dans ses flancs entr'ouverts, l'espèce humaine, honteuse de sa propre faiblesse, admire en frémissant l'immense pouvoir qui gouverne la nature, et reconnaît une force divine.

APPRENDS, Memmius, que l'airain, l'or, le fer, le plomb, l'argent, ne se sont révélés à notre usage que quand le feu eut dévoré les vastes forêts à la cime des montagnes : soit que la chute de la foudre les eût embrasées; soit que les hommes, en livrant leurs combats sous les bois, voulussent par les flammes épouvanter leurs ennemis; soit que la fécondité du sol les ait invités à transformer les forêts en champs cultivés ou en gras pâturages; soit enfin qu'ils voulussent porter la guerre aux animaux féroces, et s'enrichir de leurs dépouilles. Car l'art du chasseur se bornait alors à environner sa proie de tranchées et de feux; il n'entourait pas les bois de filets insidieux, et des chiens rapides n'allaient point interroger les vents. Qu'importe enfin la cause de l'in-

Manabat venis ferventibus, in loca terrae
Concava conveniens, argenti rivus et auri,
Æris item et plumbi; quae quum concreta videbant
Posterius claro in terris splendere colore,
Tollebant nitido capti laevique lepore;
Et simili formata videbant esse figura,
Atque lacunarum fuerant vestigia cuique;
Tum penetrabat eos posse haec liquefacta calore,
Quamlibet in formam et faciem decurrere rerum,
Et prorsum quamvis in acuta ac tenuia posse
Mucronum duci fastigia procudendo;
Ut sibi tela parent, sylvasque excidere possint,
Materiem laevare, dolare, ac radere tigna,
Et terebrare etiam, ac pertundere perque forare:
Nec minus argento facere haec auroque parabant,
Quam validi primum violentis viribus aeris;
Nequicquam, quoniam cedebat victa potestas,
Nec poterat pariter durum sufferre laborem;
Nam fuit in pretio magis aes, aurumque jacebat
Propter inutilitatem hebeti mucrone retusum;
Nunc jacet aes, aurum in summum successit honorem:
Sic volvenda aetas commutat tempora rerum;
Quod fuit in pretio, fit nullo denique honore;
Porro aliud succedit et e contemptibus exit,
Inque dies magis appetitur, floretque repertum
Laudibus, et miro est mortales inter honore.
Nunc tibi quo pacto ferri natura reperta
Sit, facile est ipsum per te cognoscere, Memmi:
Arma antiqua manus, ungues, dentesque fuerunt,
Et lapides et item sylvarum fragmina rami,

cendie? mais, lorsque la flamme dévorante eut descendu en pétillant jusqu'à la racine des forêts, et embrasé le sol; dans les veines ardentes de la terre, entraînés par leur pente, coulèrent des ruisseaux d'or, d'airain, d'argent et de plomb. Durcis par le froid, ils brillèrent dans leurs replis caverneux. L'homme, surpris de leur éclat, s'empressa de les recueillir. L'empreinte fidèle des cavités qui les reçurent attesta que le feu pouvait les liquéfier, et les asservir ainsi à toutes les formes; on pensa que le marteau pouvait les assouplir, les étendre, les amincir et les acérer; qu'on pouvait ainsi les convertir en armes belliqueuses, et qu'ils aideraient l'industrie à couper les forêts, à fendre les rochers, à creuser la terre, à façonner le bois, à percer, à polir les objets les plus durs. D'abord on se trompa dans leur destination; l'or et l'argent furent employés sans succès aux mêmes usages que l'airain : leur molle consistance ne résista point aux travaux; aussi, l'utile airain devint-il plus précieux, et l'or, trop aisément émoussé, gisait inutile. Aujourd'hui l'airain est dédaigné, et l'or envahit les honneurs : ainsi le cours des siècles change le destin des êtres. Ce qui fut précieux languit méprisé; l'objet de notre dédain le devient de nos désirs; chaque jour il est plus admiré; il épuise nos éloges, et parmi les mortels il obtient le rang suprême.

Tu peux maintenant deviner, ô Memmius, comment l'usage du fer s'est révélé aux humains. Les premières armes furent la main, les ongles déchirans, les dents, les pierres rapides et les rameaux arrachés aux forêts;

Et flammæ atque ignes, postquam sunt cognita primum :
Posterius ferri vis est ærisque reperta,
Et prior æris erat quam ferri cognitus usus;
Quo facilis magis est natura, et copia major :
Ære solum terræ tractabant, æreque belli
Miscebant fluctus, et volnera vasta serebant,
Et pecus atque agros adimebant; nam facile ollis
Omnia cedebant armatis nuda et inerma :
Inde minutatim processit ferreus ensis,
Versaque in opprobrium species est falcis ahenæ;
Et ferro cœpere solum proscindere terræ,
Exæquataque sunt creperi certamina belli.
Et prius est armatum in equi conscendere costas,
Et moderarier hunc frænis, dextraque vigere,
Quam bijugo curru belli tentare pericla;
Et bijugo prius est, quam bis conjungere binos,
Et quam falciferos inventum ascendere currus :
Inde boves lucas turrito corpore tetros
Anguimanos belli docuerunt volnera Pœni
Sufferre, et magnas Martis turbare catervas :
Sic alid ex alio peperit discordia tristis,
Horribile humanis quod gentibus esset in armis;
Inque dies belli terroribus addidit augmen.
Tentarunt etiam tauros in mœnere belli,
Expertique sues sævos sunt mittere in hostes;
Et validos Parthi præ se misere leones,
Cum ductoribus armatis sævisque magistris,
Qui moderarier hos possent vinclisque tenere :
Nequicquam, quoniam permista cæde calentes
Turbabant sævi nullo discrimine turmas,

on y ajouta bientôt la flamme et le feu; mais des jours nombreux s'écoulèrent avant la découverte homicide de l'airain et du fer. L'airain toutefois fut le précurseur du fer; plus abondant, il se prêtait aussi plus facilement à l'industrie. L'airain sillonnait la terre, l'airain brillait parmi les flots des combattans, et semait de vastes funérailles; l'airain secondait les ravisseurs des troupeaux et des moissons. L'homme, nu et sans défense, cédait à cette arme. Insensiblement le fer se transforma en glaive; la faux d'airain fut rejetée avec ignominie; le fer ouvrit les glèbes de la terre; le fer fixa les chances incertaines des combats.

Le guerrier tenta de presser les flancs du coursier, et d'asservir au frein son rapide emportement, avant de se livrer au milieu des périls de la guerre, sur un char traîné par deux coursiers. On doubla bientôt ce nombre, et quatre chevaux rapides s'attelèrent à des chars armés de faux. Enfin, le Carthaginois soumit l'éléphant, surchargea d'une tour son corps immense, lui enseigna à combattre avec sa trompe flexible comme le serpent, et à répandre le trouble et l'effroi dans les rangs belliqueux. Ainsi la discorde cruelle perfectionna par degrés l'art de détruire les humains, et augmenta l'horreur et l'épouvante des combats. On tenta même de conduire des taureaux furieux dans la mêlée, et de lancer de féroces sangliers sur l'ennemi. Le Parthe se fit précéder d'une horrible escorte de lions, guidés par des maîtres terribles qui, les captivant dans leurs chaînes, modéraient ou enflammaient leur courroux; mais trop souvent ces redoutables auxiliaires, affamés de carnage et de sang,

Terrificas capitum quatientes undique cristas;
Nec poterant equites fremitu perterrita equorum
Pectora mulcere, et fraenis convertere in hostes:
Inritata leae jaciebant corpora saltu
Undique, et advorsum venientibus ora petebant;
Et necopinantes a tergo diripiebant,
Deplexaeque dabant in terram volnere vinctos,
Morsibus adfixae validis atque unguibus uncis;
Jactabantque sues tauri, pedibusque terebant,
Et latera ac ventres hauribant subter equorum
Cornibus, ad terramque minanti mente ruebant.
At validis socios caedebant dentibus apri,
Tela infracta suo tinguentes sanguine saevi,
Permistasque dabant equitum peditumque ruinas.
Nam transversa feros exibant dentis adactus
Jumenta, aut pedibus ventos erecta petebant;
Nequicquam, quoniam a nervis succisa videres
Concidere, atque gravi terram consternere casu.
Sic quos ante domi domitos satis esse putabant,
Efferviscere cernebant in rebus agundis,
Volneribus, clamore, fuga, terrore, tumultu,
Nec poterant ullam partem reducere eorum:
Diffugiebat enim varium genus omne ferarum:
Ut nunc saepe boves lucae, ferro male mactae,
Diffugiunt, fera facta suis quum multa dedere.
Sic fuit, ut facerent: sed vix adducor, ut ante
Non quierint animo praesentire atque videre,
Quam commune malum fuerat foedumque futurum:
Et magis id possis factum contendere in omni,
In variis mundis varia ratione creatis,

s'abandonnaient indistinctement à leur rage, et, secouant leur monstrueuse et mouvante crinière, ils portaient dans l'un et l'autre parti leur indomptable fureur. Aucun effort du frein ne ramenait vers l'ennemi le coursier frémissant; rien ne calmait son effroi : les lionnes furieuses bondissaient de rang en rang, présentaient partout leur gueule sanglante, se retournaient tout à coup, indistinctement saisissaient leur proie, la renversaient, la déchiraient de leurs griffes tranchantes, et de leurs féroces dents. Les taureaux soulevaient et foulaient à leurs pieds les sangliers rugissans, plongeaient leurs cornes dans les flancs des coursiers, et les foulaient sous leurs pieds poudreux. Les sangliers courroucés faisaient éprouver la force de leurs défenses terribles aux maîtres qui les avaient domptés; ils rougissaient de leur sang les traits brisés dans leurs blessures; plus irrités encore, ils s'élançaient par bonds, renversaient confondus le guerrier qui combat à pied et le cavalier rapide. Les chevaux vainement se détournaient, évitaient l'atteinte de leur terrible dent, et se dressaient : leurs jarrets, rapidement tranchés, abandonnaient leur vaste corps à une chute lourde et retentissante. Ainsi ces monstres furieux que l'homme avait cru soumettre par des soins domestiques, au milieu des combats, parmi les cris, le carnage, le tumulte, le désordre et l'effroi, reprenaient leur férocité, et trompaient un maître barbare. Nul pouvoir ne les ramenait; ils erraient dispersés. C'est ainsi qu'aujourd'hui même nous voyons dans nos combats des éléphans, irrités de leurs blessures, fuir après avoir accru le carnage du parti qu'ils étaient destinés à défendre.

Quam certo atque uno terrarum quolibet orbi.
Sed facere id non tam vincendi spe voluerunt,
Quam dare quod gemerent hostes, ipsique perire,
Qui numero diffidebant, armisque vacabant.

Nexilis ante fuit vestis, quam textile tegmen :
Textile post ferrum est; quia ferro tela parantur :
Nec ratione alia possunt tam laevia gigni
Insilia, ac fusi, et radii, scapique sonantes.

Et facere ante viros lanam Natura coegit,
Quam muliebre genus; nam longe praestat in arte,
Et solertius est multo genus omne virile :
Agricolae donec vitio vertere severi,
Ut muliebribus id manibus concedere vellent,
Atque ipsi potius durum sufferre laborem;
Atque opere in duro durarent membra manusque.

At specimen sationis, et insitionis origo
Ipsa fuit rerum primum Natura creatrix :
Arboribus quoniam baccae, glandesque caducae
Tempestiva dabant pullorum examina subter.
Unde etiam libitum est stirpes committere ramis,
Et nova defodere in terram virgulta per agros :
Inde aliam atque aliam culturam dulcis agelli
Tentabant, fructusque feros mansuescere terra

Certes, je ne croirai pas que les hommes n'aient pas prévu, avant d'en être les victimes, les malheurs qu'ils se préparaient mutuellement par cet horrible usage, qui ne fut pas même inventé par l'espoir de vaincre, mais par ceux qui, se défiant de leur faible nombre, voulurent au moins en succombant rendre leur perte funeste au vainqueur. J'aime mieux penser enfin que la nature fit de cette erreur une loi commune à tous les mondes, que de l'attribuer à notre coupable univers.

Les vêtemens étaient formés de nœuds, avant de s'étendre en tissus. L'art de tisser fut précédé par la découverte du fer; le fer seul pouvait se prêter à la délicatesse de la lame, de la navette mobile, du fuseau léger, de la verge retentissante.

La nature d'abord contraignit l'homme à préparer la laine avant de confier ce soin à la femme; car l'esprit de l'homme plus inventif se livre plus facilement à la découverte des arts. Mais l'agreste laboureur, honteux de la mollesse, endurcit par de pénibles travaux ses membres vigoureux, s'imposa la tâche la plus rude, et relégua les exercices frivoles aux faibles mains des femmes.

L'art de la greffe et du plant fut aussi révélé à l'homme par la nature, qui environnait les arbres de glands et de graines, changés au retour de la saison nouvelle en une foule d'arbrisseaux. Guidé par cet exemple, dans la fente d'un jeune arbre on inséra une branche étrangère qui se nourrit sur le tronc adoptif; on transplanta dans un champ les arbustes d'une terre voisine. Ainsi chaque jour l'homme tenta de soumettre

Cernebant indulgendo, blandeque colendo:
Inque dies magis in montem succedere sylvas
Cogebant, infraque locum concedere cultis:
Prata, lacus, rivos, segetes, vinetaque læta
Collibus et campis ut haberent, atque olearum
Cœrula distinguens inter plaga currere posset
Per tumulos, et convalles, camposque profusa:
Ut nunc esse vides vario distincta lepore
Omnia, quæ pomis intersita dulcibus ornant,
Arbustisque tenent felicibus obsita circum.

At liquidas avium voces imitarier ore
Ante fuit multo, quam lævia carmina cantu
Concelebrare homines possent, auresque juvare;
Et Zephyri cava per calamorum sibila primum
Agrestes docuere cavas inflare cicutas.
Inde minutatim dulces didicere querelas,
Tibia quas fundit digitis pulsata canentum,
Avia per nemora, ac sylvas saltusque reperta,
Per loca pastorum deserta, atque otia dia.
Sic unum quidquid paulatim protrahit ætas
In medium, ratioque in luminis eruit oras.
Hæc animos ollis mulcebant atque juvabant
Cum satiate cibi: nam tum sunt omnia cordi.
Sæpe itaque inter se prostrati in gramine molli
Propter aquæ rivum, sub ramis arboris altæ,
Non magnis opibus jucunde corpora habebant;
Præsertim quum tempestas ridebat, et anni
Tempora pingebant viridantes floribus herbas:

le sol à de fertiles et douces conquêtes. Les soins industrieux d'une prévoyante culture corrigeaient l'âpreté des fruits sauvages; de jour en jour on contraignit les forêts à se reléguer sur la cime des montagnes, et à céder la terre qu'elles envahissaient au soc agriculteur. Les plaines, les collines, les vallons n'offrirent plus que des prairies, des ruisseaux, des lacs, de riches moissons et de rians vignobles, partagés par de longs rangs d'oliviers qui serpentaient sur les collines montueuses ou dans les plaines: telle nous voyons encore cette agréable variété, lorsque les arbres féconds ornent les champs qu'ils divisent, et les environnent de leurs doux fruits.

On imita avec la voix le chant flexible des oiseaux, long-temps avant qu'une suave mélodie s'unît aux charmes des vers, pour enchanter l'oreille des humains. L'haleine des zéphyrs, résonnant dans le creux des roseaux, apprit à enfler d'agrestes pipeaux; de progrès en progrès, la flûte, pressée entre des doigts agiles, mêla ses douces plaintes aux chants harmonieux. Son docte usage naquit du loisir des bergers, au milieu des solitudes et des sombres forêts. Le temps enfante en secret les différens arts, et le génie les fait briller à la clarté du jour : ainsi les bergers adoucissaient leurs peines, lorsqu'un repas savoureux avait fait passer la joie dans leur cœur. Souvent, étendus en cercle sur la molle épaisseur des gazons, au bord d'un frais ruisseau, ou sous les rameaux d'un arbre antique, sans richesse, ils obtenaient un plaisir simple et pur, surtout quand le temps leur souriait, et dans cette saison qui étale sur l'herbe naissante le doux éclat des fleurs. Alors, au mi-

Tum joca, tum sermo, tum dulces esse cachinni
Consuerant, agrestis enim tum musa vigebat;
Tum caput atque humeros plexis redimire coronis,
Floribus et foliis lascivia læta monebat;
Atque extra numerum procedere membra moventes
Duriter, et duro terram pede pellere matrem :
Unde oriebantur risus, dulcesque cachinni,
Omnia quod nova tum magis hæc, et mira vigebant.
Et vigilantibus hinc aderant solatia somni,
Ducere multimodis voces, et flectere cantus,
Et supera calamos unco percurrere labro.
Unde etiam vigiles nunc hæc accepta tuentur,
Et numerum servare genus didicere; neque hilo
Majorem interea capiunt dulcedini' fructum,
Quam sylvestre genus capiebat terrigenarum.
Nam quod adest præsto, nisi quid cognovimus ante,
Suavius, in primis placet, et pollere videtur;
Posteriorque fere melior res illa reperta
Perdit, et immutat sensus ad pristina quæque.
Sic odium cœpit glandis ; sic illa relicta
Strata cubilia sunt herbis, et frondibus aucta.
Pellis item cecidit; vestis contempta ferina est :
Quam reor invidia tali tunc esse repertam,
Ut lethum insidiis, qui gessit primus, obiret;
Et tandem inter eos distractum, sanguine multo
Dispersisse, neque in fructum convertere quisse.
Tunc igitur pelles, nunc aurum, et purpura curis
Exercent hominum vitam, belloque fatigant.
Quo magis in nobis, ut opinor, culpa residit :
Frigus enim nudos sine pellibus excruciabat

lieu des ris, des jeux, des propos joyeux, leur muse agreste s'animait; la gaîté folâtre les invitait à ceindre leur front et leurs robustes épaules de couronnes de feuillages et de guirlandes fleuries. Leurs pas rustiques et lourds frappaient durement et sans mesure la terre maternelle; ils se livraient à des ris intarissables et à de douces agaceries; la nouveauté pour eux rendait ces plaisirs piquans ; ils charmaient l'insomnie, en asservissant leur voix à des tons variés, ou en promenant leurs lèvres mobiles sur des chalumeaux. Tels nous cherchons encore le plaisir dans nos brillantes veillées : nous savourons une plus suave harmonie; l'art ennoblit le plaisir, et ne nous rend pas plus heureux que ces agrestes habitans des bois, ces premiers enfans de la terre.

Le bien présent sans doute est préféré, si des sensations plus douces nous sont inconnues; mais une découverte nouvelle désenchante la première, elle change nos goûts émoussés. Ainsi le gland fut dédaigné, ainsi on abandonna les tapis de mousse et les lits de feuillage. La dépouille des bêtes féroces éprouva bientôt le même dédain. Cependant, je ne doute pas que l'inventeur de ces grossiers vêtemens, accablé par la haine et l'envie, n'ait trouvé la mort dans un piège cruel, et que les ravisseurs de sa dépouille sanglante ne se la partageassent avidement, sans en jouir eux-mêmes.

C'étaient alors de simples peaux, c'est aujourd'hui la pourpre et l'or qui consument la vie de l'homme dans de cruels combats. Nous sommes les plus criminels; ces enfans de la terre, nus encore, opposaient les toisons à

Terrigenas; at nos nil lædit veste carere
Purpurea, atque auro signisque ingentibus apta;
Dum plebeia tamen sit, quæ defendere possit.
Ergo hominum genus incassum frustraque laborat,
Semper et in curis consumit inanibus ævum.
Nimirum quia non cognovit quæ sit habendi
Finis, et omnino quoad crescat vera voluptas;
Idque minutatim vitam provexit in altum,
Et belli magnos commovit funditus æstus.

AT vigiles mundi magnum et versatile templum
Sol et luna suo lustrantes lumine circum,
Perdocuere homines annorum tempora verti,
Et certa ratione geri rem atque ordine certo.

JAM validis septi degebant turribus ævum,
Et divisa colebatur discretaque tellus:
Tum mare velivolum florebat navibu' pandis;
Auxilia et socios jam pacto fœdere habebant,
Carminibus quum res gestas cœpere poetæ
Tradere; nec multo priu' sunt elementa reperta.
Propterea, quid sit prius actum, respicere ætas
Nostra nequit, nisi qua ratio vestigia monstrat.

NAVIGIA atque agri culturas, mœnia, leges,
Arma, vias, vestes, et cætera de genere horum,
Præmia, delicias quoque vitæ funditus omnes,
Carmina, picturas, et dædala signa polire,
Usus, et impigræ simul experientia mentis
Paulatim docuit pedetentim progredientes.

la rigueur des frimats; mais, pour nous, qu'importent la pourpre dorée et les pompeux ornemens qui la surchargent, quand nous trouvons la santé sous un humble tissu? Ainsi, l'homme se tourmente sans cesse, sans jouir du fruit de ses travaux; il consume sa vie en de vains et pénibles soins. Sans mesure dans son avidité, il ignore la limite où ne croît plus le bonheur. C'est ainsi que la vie est précipitée d'orage en orage, jusque dans ce gouffre où elle flotte assaillie par d'interminables combats.

Les changemens ordonnés dans le grand édifice du monde, le cours brillant et régulier des flambeaux du jour et de la nuit, ont révélé aux hommes le changement annuel des saisons, et comment l'univers subit l'ordre invariable de la nature.

Déjà les hommes réunis vivaient protégés par des tours et des remparts; ils se partageaient et cultivaient la terre; des voiles innombrables couvraient les mers ouvertes à leurs vaisseaux; un pacte tutélaire unissait les nations. Lorsque les vers du poète commencèrent à transmettre les évènemens à la postérité, l'art de donner un corps à la pensée venait à peine de naître; aussi, ne nous reste-t-il de cet âge antique que des vestiges, entrevus par la raison à travers les ombres du temps.

L'art de dompter les mers, de rendre le sol fertile, d'élever de pompeux monumens, de combiner les lois, de forger les armes, de s'ouvrir des chemins, de préparer les tissus; toutes les découvertes utiles, celles même destinées seulement à nous charmer, la poésie, le secret d'animer le marbre et la toile, sont nés avec lenteur du

Sic unum quidquid paulatim protrahit ætas
In medium, ratioque in luminis eruit oras.
Namque alid ex alio clarescere corde videmus
Artibus, ad summum donec venere cacumen.

besoin et de l'expérience : le temps les révèle peu à peu ; l'industrie les fait briller à la lumière du jour ; le génie les perfectionne, les élève sans cesse, et les empreint d'un éclat immortel.

NOTES

DU LIVRE CINQUIÈME.

v. 8.   . . . .Deus ille fuit, Deus, inclyte Memmi,
Qui princeps vitæ rationem, etc.

Les détracteurs de Lucrèce ont profité de cette expression de l'enthousiasme poétique, pour lui reprocher d'avoir érigé Épicure en dieu. Cette accusation vaine n'est pas digne d'être réfutée sérieusement.

v. 105.   . . . . .Dictis dabit ipsa fidem res
Forsitan, et graviter terrarum motibus orbis
Omnia conquassari in parvo tempore cernes.

Cette brusque apostrophe termine la péroraison de la manière la plus éloquente; elle a servi de modèle aux plus grands écrivains. Lucrèce entraîne, parce qu'il parle avec l'accent de la persuasion. Non-seulement les philosophes de la secte d'Épicure croyaient à cette dissolution du globe, mais toute l'antiquité en fut persuadée; selon les systèmes les plus répandus, cette catastrophe devait avoir lieu lorsque toutes les planètes se trouveraient en conjonction dans un des signes du zodiaque. On prétend qu'Homère a voulu peindre cette grande scène dans cette allégorie du xxe liv. de l'*Iliade*, en faisant combattre ensemble les dieux principaux, tandis que Jupiter, leur roi, demeure spectateur tranquille. Saturne n'entre point en lice non plus, parce qu'il n'est autre que le temps (χρόνος), et que le temps doit finir lorsque cet évènement arrivera.

Voici le passage d'Homère (*Iliade*, liv. xx, vers 47):

Αὐτὰρ ἐπεὶ μεθ' ὅμιλον Ὀλύμπιοι ἤλυθον ἀνδρῶν,
. . . .

Mais quand, pour assister au combat menaçant,
Dans la plaine à la fois l'Olympe entier descend,
Tout à coup, de vengeance et de meurtres avide,
La Discorde se lève, et dans son vol rapide,
Sur les bords du fossé, sur la rive des mers,
Pallas de ses clameurs épouvante les airs.
Tel qu'un sombre ouragan, des hauteurs de Pergame,
Mars pousse les Troyens que son exemple enflamme,
Ou, terrible, parcourt, auprès du Simoïs,
Le mont Callicolone ébranlé par ses cris.

Ainsi les Immortels guident les deux armées
D'une aveugle fureur, à leur voix, animées,
Lorsque le roi puissant des hommes et des dieux
Tonne, sa foudre en main, sur le faîte des cieux.
Neptune agite alors l'immensité du monde;
Les monts tremblent; la flotte a tressailli sur l'onde;
Des remparts d'Ilion le faîte a chancelé,
Et dans ses fondemens l'Ida s'est ébranlé.
Monarque des enfers où ce fracas résonne,
Pluton épouvanté s'élance de son trône;
Il crie, et, parcourant son palais souterrain,
Tremble que d'un seul coup du trident souverain
Neptune, ouvrant la terre et ses cavernes sombres,
Ne dévoile aux vivans cet empire des ombres,
Empire désolé, redoutable, odieux,
Maudit par les mortels, en horreur même aux dieux;
Et la céleste armée, en sa fureur guerrière,
Remplit d'un bruit lointain la plaine tout entière!
Ses flèches à la main, Apollon irrité
Fond sur le roi Neptune avec célérité;
Pallas aux yeux d'azur contre Mars se déchaîne,
Et vers elle Junon voit marcher dans l'arène
Cette sœur de Phœbus, Diane, dont les traits,
Par son arc d'or lancés, volent dans les forêts.
Mercure, dieu sauveur que la force environne,
D'un pas précipité s'avance sur Latone;
Enfin Vulcain combat ce fleuve audacieux,
Scamandre sur la terre et Xanthe dans les cieux.

Traduction de BIGNAN.

v. 116. . . . . . . Solem, cœlum, mare, sidera, lunam,
Corpore divino debere æterna manere.

Lucrèce combat ici une opinion généralement reçue chez les anciens, que les astres étaient des dieux; l'on croit que le mot θεός, *deus,* vient du verbe θεῖν, *currere,* à cause du mouvement rapide et continuel des astres.

v. 129. Sicut in æthere non arbor, nec in æquore salso
Nubes esse queunt. . . . .

Ces idées sont reproduites sous d'autres expressions dans le premier chant. Tout ce passage est un peu long, et la digression sur l'âme y mêle quelque obscurité. Cependant le raisonnement de Lucrèce est juste : les astres ni la terre n'ont point d'âme, parce que l'âme n'existe que dans des corps analogues à ceux en qui nous reconnaissons la vie; et, puisque cette âme a besoin même d'un asile préparé pour elle, n'est-on pas en droit d'affirmer qu'elle n'est pas renfermée dans des masses telles que le soleil, la lune, la terre, les étoiles, les mers, etc.?

v. 156. Quæ tibi posterius largo sermone probabo,

dit Lucrèce en parlant de la nature des dieux; on ne voit pas que dans le reste du poëme il ait absolument rempli sa promesse; il parle en effet des dieux, de leurs attributs, de leur puissance, mais il ne donne pas sur ce noble sujet une dissertation complète. Ce passage a fait penser à plusieurs commentateurs que son ouvrage était resté incomplet. Mais je pense qu'il faut s'en rapporter à l'opinion de Gassendi : l'ensemble du poëme de Lucrèce est complet, les détails seuls ont dû à sa mort prématurée les répétitions et les négligences qui en altèrent les beautés.

v. 182. Exemplum porro gignundis rebus : et ipsa
Notities hominum, Divis unde insita primum?

C'était pour combattre cette objection d'Épicure, que Platon avait imaginé ces idées éternelles, ces archétypes incréés, enfin ce monde insensible qui avait servi de modèle à la divinité pour la formation d'un monde sensible.

v. 196. Quod si jam rerum ignorem primordia quæ sint,
Hoc tamen ex ipsis cœli rationibus ausim
Confirmare. . . . . .

Lucrèce exprime ici cette pensée pour la seconde fois ; elle appartient à Épicure, qui craignait d'offenser la divinité en lui attribuant les maux dont l'univers est le théâtre.

v. 223.   Tum porro puer, ut sævis projectus ab undis
          Navita, nudus humi jacet, infans, indigus omni.

>Tel qu'un nocher jeté sur la rive ennemie,
>L'enfant à qui le sort vient d'infliger la vie,
>Nu, faible, sans secours et presque inanimé,
>S'arrache en palpitant du sein qui l'a formé;
>Au premier sentiment de sa vague existence,
>Il pousse avec effort le cri de la souffrance.
>Eh! quoi? l'infortuné pressent-il ses malheurs,
>Et ce qu'il doit encor traverser de douleurs ?
>
>De Pongerville.

Ce morceau, plein de force et de vérité, est un des tableaux où la philosophie et la poésie ont ensemble prodigué les plus sublimes couleurs. On admire de telles beautés, mais on ne les commente pas. Je remarquerai seulement que l'existence a presque toujours été regardée chez les anciens comme un fardeau pénible imposé par la nature ; beaucoup de peuples anciens et modernes ont déploré comme une calamité le présent de la vie, et ont regardé la mort comme un asile désirable.

v. 236.   Principio, quoniam terrai corpus, et humor.

Il existe ici une de ces brusques transitions que les anciens se permettaient si facilement ; il faut que le traducteur tente tous les moyens pour établir des rapprochemens entre les idées les plus disparates.

v. 299.   Suppeditare novum lumen, tremere ignibus instant.

Lucrèce donne ici une image de l'émission de la lumière, telle que les modernes l'ont conçue ; si elle n'est pas entièrement vraie, elle est du moins très-ingénieuse, puisque l'expérience des siècles et le pouvoir de la science n'ont rien appris de plus sur cette opération de la nature.

v. 325.   Præterea, si nulla fuit genitalis origo
          Terrai et cœli, etc.

Ocellus Lucanus répond à cette objection de Lucrèce, que si

l'histoire grecque ne commence qu'à Inachus, cette époque doit être moins regardée comme un commencement, que comme la suite d'un changement arrivé dans ce pays, qui a souvent été barbare, et le sera souvent encore. Ces révolutions étaient occasionées non-seulement par des incursions de barbares, mais par la nature elle-même, qui n'est jamais, à la vérité, ni plus forte ni plus faible, mais qui, se renouvelant tous les jours, semble prendre un commencement par rapport à nous.

Horace répond à la même difficulté par cette belle strophe :

> Vixere fortes ante Agamemnona
> Multi, sed omnes illacrymabiles
> Urgentur ignotique longa
> Nocte, carent quia vate sacro.

Mais combien les Grecs et les Romains étaient loin de soupçonner que sur ce même globe, dont ils se croyaient les maîtres, existaient des peuples qui, en partie ignorés les uns des autres, comptaient depuis leur civilisation une série d'évènemens qui remplissaient plusieurs milliers de siècles! Les Indiens, du temps de Lucrèce, faisaient remonter leur antiquité historique à 3,982,880 années ; les Japonais portaient la leur à 2,362,594 ; la chronologie chinoise s'étendait à 2,276,479 ans, et celle des Chaldéens en comptait 720,000. Voilà le relevé des fastes des nations orientales; leurs erreurs peuvent être grandes ; les observations des hommes se ressentent de la fragilité de leur organisation; mais le livre de la nature, ouvert pour l'observateur éclairé, lui découvre des vérités irrécusables.

v. 334. . . . . Nunc addita navigiis sunt
Multa. . . . .

A l'époque où Lucrèce écrivait, les anciens n'avaient que très-rarement étendu leur navigation au delà du grand lac que nous nommons la Méditerranée. Ils ne parlaient de l'Océan Atlantique que comme d'une mer inconnue, dont presque aucun navigateur n'avait osé dompter les flots, au delà desquels on ne supposait aucune région habitable. Cependant, quelques années plus tard, Sénèque prédit les progrès de la navigation ; il va même jusqu'à prophétiser la découverte d'un nouveau monde : « Un temps viendra, dit-il, où les obstacles qui ferment l'Océan s'aplaniront; la route d'un vaste continent doit s'ouvrir à l'audace du navigateur; Thétys lui découvrira de nouveaux mondes, et Thulé ne formera plus les bornes de la terre. »

> Venient annis sæcula seris,
> Quibus Oceanus vincula rerum
> Laxet, et ingens pateat tellus,
> Thetysque novos detegat orbes,
> Nec sit terris ultima Thule.
> SEN., *in Medea*, act. II, Chor.

v. 406. Scilicet ut veteres Graium cecinere poetæ;
Quod procul a vera est animi ratione repulsum.

Lucrèce fait entrevoir avec raison la source des fables mythologiques; dans les traditions populaires, souvent les fictions les plus ridicules ont dû leur naissance à des vérités; elles en sont comme les images altérées par le caprice de l'imagination.

v. 417. Sed quibus ille modis conjectus materiai
Fundarit cœlum ac terram, pontique profunda.

Les hommes ont toujours tenté avidement de connaître l'origine du globe qu'ils habitent; chez les anciens, ceux qui ont vu dans son ensemble un ouvrage combiné, lui ont cherché un ouvrier intelligent, et ont cru ainsi aplanir toutes les difficultés; d'autres ont cherché une cause naturelle au mouvement et à la forme de cette faible partie de l'univers; ils ont pensé que, soumise aux lois de la nature, elle avait été produite par elle : chaque créateur de système présuma alors sa formation d'après son génie et ses principes. Parmi les nombreuses cosmogonies, celle des Égyptiens est surtout remarquable.

Leurs premiers philosophes n'admettaient d'autre dieu que l'univers, d'autres principes des êtres que la matière et le mouvement. Au commencement, tout était confondu; le ciel et la terre n'étaient qu'un; mais, dans le temps, les élémens se séparèrent, l'air s'agita; sa partie ignée, portée au centre, forma les astres et alluma le soleil; son sédiment grossier ne resta pas sans mouvement; il se roula sur lui-même, et la terre parut; le soleil échauffa cette matière inerte; les germes qu'elle contenait fermentèrent, et la vie se manifesta sous une infinité de formes diverses; chaque être vivant s'élança dans l'élément qui lui convenait. Le monde eut ses révolutions périodiques, à chacune desquelles il est consumé par le feu; il renaît de sa cendre pour subir le même sort à la fin d'une autre révolution; ces révolutions n'ont point eu de commencement et n'auront point de fin. La terre est un corps sphérique; les astres sont des amas de feu; l'influence de tous les corps célestes conspire à la production et à la diversité des corps terrestres; dans les éclipses de lune, ce corps est plongé dans l'ombre de la terre; la lune est une espèce de terre planétaire.

v. 470. Et late diffusus in omnes undique partes,
Omnia sic avido complexu cætera sepsit.

Cette supposition est extrêmement ingénieuse; elle se rapproche beaucoup des systèmes modernes : ces fluides de différentes pesanteurs, que Lucrèce regarde comme l'enveloppe du monde, et qu'il nous peint avec tant d'exactitude et de charmes, lui furent révélés par ces inspirations, qui ont toujours initié les grands hommes aux secrets de la nature.

Cette enveloppe du globe rappelle l'expression de Fontenelle, qui nommait l'atmosphère le duvet de notre *coque*.

On voit combien Lucrèce a profité des idées transmises par les philosophes qui l'ont précédé. Ovide (*Métam.*, liv 1) à son tour a pris Lucrèce pour modèle; je citerai une partie de ma traduction :

> Avant les cieux, la terre et la plaine des mers,
> Sous un unique aspect languissait l'univers.
> Le chaos fut son nom : masse informe, engourdie,
> Pesante, mais sans force, immense, mais sans vie.
> Mélange d'élémens confus et ténébreux,
> Inhabiles rivaux qui s'enchaînaient entr'eux.
> L'astre pompeux du jour, la diligente aurore,
> La timide Phébé ne brillaient pas encore,
> Et le globe éloigné des cieux encor déserts
> N'était point par son poids balancé dans les airs.
> Sans rives, l'Océan laissait errer son onde,
> Ses flots n'embrassaient pas les vastes flancs du monde.
> Tout nageait confondu : l'air était sans clarté,
> La terre sans appui, l'eau sans fluidité.

Ensemble combattaient et le sec et l'humide,
La chaleur et le froid, la matière et le vide :
Les corps les plus pesans, les corps les plus légers,
Désunis, rapprochés, et toujours étrangers,
Sans cesse tourmentés d'une fureur nouvelle,
Livraient à la nature une guerre éternelle.
Mais un dieu, la nature enchaîna ces rivaux,
Sépara de la terre et les cieux et les flots ;
De l'air le plus grossier, l'air subtil se dégage,
Le chaos dégagé d'un informe assemblage.
Pour maintenir la paix, sagement combiné,
Chaque élément se range à son poste ordonné.
Jusqu'au sommet des cieux vole le feu rapide,
L'air attiré sous lui balance son fluide :
Avec les corps pesans, qu'elle entraîne à la fois,
La terre aux lieux profonds se fixe par son poids ;
De sa surface l'onde échappe, fuit, bouillonne,
Et de mouvans replis mollement l'environne.

De Pongerville.

Diodore de Sicile, liv. 1er, donne une cosmogonie presque semblable.

v. 510. *Motibus astrorum nunc quæ sit causa, canamus.*

Les anciens ont inventé un nombre infini d'hypothèses pour expliquer le mouvement apparent des astres ; dépourvus de la base qui pouvait seule leur faire connaître ce phénomène, ils ont dû nécessairement accumuler une foule de systèmes erronés, mais qui nous paraîtront ingénieux, en nous reportant au point d'où ils partaient. Le poète ne fait que décrire les différens systèmes reçus de son temps ; il n'en adopte et n'en rejette aucun ; ainsi il ne peut être regardé comme le partisan de la ridicule physique qui leur a servi de base. Lucrèce n'est ici qu'un peintre retraçant les différens modèles qui lui sont présentés ; s'ils renferment des absurdités, elles lui ont au moins fourni les moyens de produire des tableaux charmans.

v. 535. *Terraque, ut in media mundi regione, etc.*

Voici à peu près tout ce que les anciens ont rêvé sur la forme de la terre et sur la manière dont elle se soutient dans l'espace. Diodore de Sicile dit que les Chaldéens prétendaient qu'elle est concave et semblable à un vaisseau flottant. Anaximandre la regardait comme un globe parfait, se soutenant sans appui dans le centre de l'univers, à cause de la distance égale où toutes ses parties se trouvent de son centre, et de la distance égale aussi où elle est elle-même de toutes les parties de l'univers : ainsi elle n'a pas plus de tendance vers un côté que vers l'autre. Plutarque (*de Plac. Phil.*, lib. III, cap. 10), faisant honneur de cette idée à Thalès, et Eusèbe (*de Præp. Ev.*, lib. I, cap. 8) en attribuent une plus bizarre à Anaximandre. Ils assurent que ce philosophe se figurait la terre comme une colonne, une espèce de cylindre aplani par les deux bouts et restant suspendu à sa place, à cause de l'éloignement égal de tout ce qui l'environne en tous sens. Anaxagore la représentait comme une surface plane, une table sans pieds, se soutenant en partie par sa masse, en partie sur l'air, et lui donnait une forme allongée. Archelaüs la voyait sous celle d'un œuf, et appuyait son opinion sur ce que les peuples qui l'habitent ne voient pas tous en même temps le lever et le coucher du soleil. Quelques philosophes, ne lui trouvant pas de base, la faisaient descendre sans cesse dans un espace infini, non résistant, sans que ses habitans pussent s'en apercevoir, disaient-ils, ayant un mouvement commun avec elle. Xénophon, au contraire, lui donnait une épaisseur prolongée à l'infini sous nos pieds.

C'est au mouvement très-rapide du ciel qu'elle doit sa stabilité sur elle-même au milieu des airs, s'il faut en croire Empédocle. Le fond de l'espace étant en même temps le centre du monde, selon Aristote, elle doit s'y reposer, n'ayant point d'espace au dessous d'elle où elle puisse descendre. On voit ici qu'Épicure la croyait soutenue par l'air, comme étant née avec lui et participant à sa nature.

Pour résoudre ce problème, le génie de Newton a trouvé la gravitation, que quelques anciens avaient soupçonnée. La science, qui n'est jamais stationnaire, soumet aujourd'hui à des investigations nouvelles le grand problème de Newton.

v. 565.   Nec nimio solis major rota, nec minor ardor.

Il faut remarquer que cette étrange supposition n'appartient pas à Lucrèce ; le reproche qu'on lui en a fait est la suite d'une des nombreuses erreurs qui ont égaré ses détracteurs ; Épicure, qui n'affirmait non plus aucune hypothèse, avait dit que le soleil était fort grand en soi-même, καθ' αὐτόν, et fort petit à notre égard, à cause de son éloignement, κατὰ τὸ πρὸς ἡμᾶς. Anaximandre faisait le soleil vingt-huit fois plus grand que la terre; d'autres disent, que la lune. Anaxagore le regardait comme le plus grand des astres. Héraclite ne le croyait pas plus grand qu'il paraît, et l'on voit ici qu'Épicure avait adopté cette idée. Il se le figurait comme un bateau enflammé qui nous présente son côté concave, et s'éteint et se rallume chaque jour. Il ne le plaçait qu'à une moyenne distance de nos yeux. Anaximène attribuait sa disparition, non à sa course prolongée vers nos antipodes, mais aux hauteurs de la terre qui nous le cachent, et à l'éloignement immense où il est de nous. Anaxagore ne voyait en lui qu'un rocher embrasé; d'autres ont dit une masse de fer ardent, d'autres un globe de feu plus gros que le Péloponnèse. Xénocrate le composait, ainsi que les étoiles, de feu et d'une partie terrestre très-raréfiée. Les Stoïciens en faisaient un dieu dont le corps, infiniment plus gros que la terre, puisqu'il l'éclaire tout entière, est tout de feu. Philolaüs, disciple de Pythagore, se l'était peint comme un vaste miroir qui nous envoie par réflexion l'éclat des feux répandus dans l'atmosphère; Xénophane comme une collection d'étincelles rassemblées par l'humidité, un nuage de feu renaissant tous les matins sous chaque climat, un simple météore; Démocrite comme un résultat d'atômes très-polis, mus en tourbillon; Épicure enfin comme une espèce de pierre ponce, une éponge traversée par une infinité de pores, d'où s'échappe à grands flots le feu qu'il renferme.

v. 643.   Quæ volvunt magnos in magnis orbibus annos.

Par l'expression *magnos annos*, Lucrèce entend la grande révolution des astres, pour l'achèvement de laquelle plusieurs astronomes modernes ont pensé qu'il fallait au moins 27,000 ans.

v. 683. . . . . . Et in partes non æquas dividit orbem.

Orbem ne signifie pas ici le monde, mais l'orbe du ciel; pris dans le premier sens, il rendrait le texte obscur et inexact; c'est une remarque nécessaire à faire. Lucrèce n'emploie jamais ce mot que dans ce sens.

v. 750.   Solis item quoque defectus, lunæque tenebras.

Nos astronomes ne nous donnent pas une idée plus exacte de la cause des éclipses.

v. 778.   Nunc redeo ad mundi novitatem et mollia terræ.

Cette peinture de la naissance du monde, de l'établissement de son ordre, de la progression des différens règnes de la nature, suffirait pour placer Lucrèce au rang des plus profonds génies et des plus grands poètes. Il n'existe peut-être aucune conception plus ingénieuse et plus vraisemblable. Ce n'est, dira-t-on, qu'une hypothèse gratuite, mais c'est l'hypothèse du génie guidé par tout ce que la raison a de plus solide, et l'imagination de plus gracieux; Lucrèce semble avoir été le témoin des phénomènes qu'il retrace si énergiquement; on ne sait lequel on doit le plus admirer du philosophe ou du poète. Au premier coup d'œil, le tableau de la formation des premiers hommes paraît bizarre : ces germes, ces espèces de matrices, nées de la terre à laquelle elles tiennent par des racines qui leur communiquent les sucs nourriciers, étonneront peut-être la pensée plus qu'elles n'y porteront la conviction; cependant Lucrèce soutient, par des moyens dignes de remarque, que la chaleur et l'humidité doivent développer les facultés inhérentes à la nature; cette cause génératrice a donné l'essor aux développemens de tous les germes; voilà du moins un principe qui n'a rien d'absurde; il fut généralement adopté par toute l'antiquité; la philosophie moderne, loin de le réprouver, en fait encore l'application aux phénomènes de la nature. Ici Lucrèce a revêtu les idées les plus profondes et les raisonnemens les plus abstraits des plus riches couleurs de la poésie latine; il a su être harmonieux en se servant de termes techniques ou peu usités, et répandre des ornemens sur le sujet qui paraît le moins susceptible d'en recevoir. Qu'il me soit permis de le dire : il n'existe dans la poésie ancienne aucun sujet qui présente un aussi grand nombre de difficultés et de locutions plus étrangères à notre langue.

Il faut remarquer que, parmi les physiciens et les historiens les plus fameux chez les anciens, il y a deux opinions sur l'origine des hommes. Les uns, croyant le monde éternel et incorruptible, prétendent que le genre humain a toujours été, et qu'il est impossible de remonter aux premiers hommes. Les autres, donnant un commencement et une fin à toutes choses, soumettent les individus à la même loi; ils expliquent ainsi la formation de notre espèce : « Il se forma, dans les endroits les plus humides de la terre, des excroissances couvertes d'une membrane déliée, ainsi qu'on le voit encore arriver dans les lieux marécageux desséchés par un soleil ardent; ces premiers germes reçurent leur nourriture des vapeurs exhalées de la terre pendant la nuit, et se fortifièrent par la chaleur du jour; étant enfin arrivés à leur maturité, ils se dégagèrent des membranes qui les enveloppaient. Peu de temps après, la terre, s'étant entièrement desséchée, devint incapable de produire d'autres animaux parfaits, et nos espèces, étant déjà produites, ne s'entretinrent plus que par voie de génération. »

Buffon s'est emparé des idées de Lucrèce sur la formation du monde et des êtres, dans sa *Septième Époque de la Nature*. Le physicien et le poète sont dignes d'être comparés. L'un et l'autre remontent au delà de toutes les traditions, et, malgré ces fables universelles dont l'obscurité cache le berceau du monde, ils cherchent l'origine de nos lois, de nos arts, et des religions; ils écrivent l'histoire du genre humain, avant que le mémoire en ait conservé des monumens; des analogies, des vraisemblances les guident dans ces ténèbres; mais on s'instruit plus en conjecturant avec eux, qu'en parcourant les annales des nations. Le temps, dans ses vicissitudes connues, ne montre point de plus magnifique spectacle que ce temps inconnu, dont leur seule imagination a créé tous les évènemens.

v. 784.   Arboribusque datum est variis exinde per auras
            Crescendi magnum immissis certamen habenis.

La hardiesse de ces expressions, *magnum certamen*, *immissis habenis*, est remarquable; mais il faut reconnaître combien le fréquent usage des figures en diminue la hardiesse : chez les Romains cette métaphore était souvent employée; elle étonnait donc moins leur imagination préparée par l'habitude : Cicéron a dit : *habenas amicitiæ remittere;* et Virgile :

>..........Irarum omnes effundit habenas.
>........Immissis furit Vulcanus habenis.

v. 799. Principio genus alituum, variæque volucres
Ova relinquebant, exclusæ tempore verno.

L'ingénieuse antiquité se plut à croire que le monde naquit au printemps, dans cette saison de fraicheur et d'amour où la nature enfante. C'est pour cela sans doute que cette saison fut consacrée à Vénus. Virgile partage cette opinion en disant :

> Non alios prima crescentis origine mundi.

> Sans doute le printemps vit naître l'univers;
> Il vit le jeune oiseau s'essayer dans les airs;
> Il ouvrit au soleil sa brillante carrière,
> Et pour l'homme naissant épura la lumière.
> Les aquilons glacés et l'œil ardent du jour
> Respectaient la beauté de son nouveau séjour.
> Le seul printemps sourit au monde en son aurore,
> Le printemps tous les ans le rajeunit encore,
> Et, des brûlans étés séparant les hivers,
> Laisse du moins entre eux respirer l'univers.
>
> *Géorgiques*, liv. II.

v. 801. Folliculos ut nunc teretes æstate cicadæ
Linquunt...........

Cette comparaison a été justement censurée par tous les commentateurs.

v. 803. Tum tibi terra dedit primum mortalia siecla.

L'origine de l'homme et des animaux a fort occupé les anciens. Plutarque rapporte que quelques philosophes enseignaient qu'ils étaient nés d'abord dans le sein de la terre humide, dont la surface, desséchée par la chaleur de l'atmosphère, avait formé une croûte, laquelle, s'étant enfin crevassée, leur avait ouvert les passages libres. Selon Diodore de Sicile et Cœlius Rhodiginus, c'était l'opinion des Égyptiens. Cette orgueilleuse nation prétendait être la première du monde, et croyait le prouver par ces rats et ces grenouilles qu'on voit, dit-on, sortir de la terre dans la Thébaïde, lorsque le Nil s'est retiré [1], et qui ne paraissent d'abord qu'à demi organisés. C'est ainsi, disait-elle, que les premiers hommes sont sortis du même terrain. L'opinion renouvelée de nos jours, que le genre humain vient des poissons, est une des plus anciennes hypothèses. Plutarque et Eusèbe nous ont transmis à ce sujet l'opinion d'Anaximandre.

v. 837.   Androgynum inter utrum, nec utrumque et utrinque remotum.

Lambin croit que ce vers singulier a été inséré dans le texte par quelque mauvais plaisant; en effet, ce jeu de mots n'est point digne de Lucrèce.

v. 853.   Multaque tum interiisse animantum sæcla necesse est.

Cette supposition de l'anéantissement de plusieurs espèces d'êtres, privées de moyens conservateurs, est d'une profonde philosophie, et fait autant d'honneur au penseur, que le charme du style de ce morceau en fait au poète. Lucrèce avait pressenti les vérités dont la science nous a donné la preuve irrécusable. On sait que, sous le sol même que nous habitons, le savant Cuvier a retrouvé les restes de plusieurs espèces animales disparues de la surface de la terre. L'art et le génie ont, pour ainsi dire, reformé différens animaux, au point de leur assigner des noms, et de les classer dans le degré de l'échelle des êtres; quelques-uns ont été nommés *palæotherium*, et d'autres *anoplotherium*.

---

[1] Ovide décrit ainsi ce phénomène :

> Sic ubi deseruit madidos septemfluus agros
> Nilus. . . . .

« Ainsi, lorsque le Nil aux sept bouches a quitté les champs qu'il fertilise en les inondant, et resserré ses flots dans ses anciens rivages, le limon, qu'il a déposé, desséché par les feux de l'astre du jour, produit de nombreux animaux que le laboureur trouve dans ses sillons : ce sont des êtres imparfaits qui commencent d'éclore, dont la plupart sont privés de plusieurs organes de la vie, et souvent dans le même corps une partie est animée et l'autre est encore une terre grossière. »   *Traduction de* VILLENAVE.

Si j'avais souvent occasion de parler d'Ovide, je citerais souvent la version en prose de M. Villenave de préférence aux versions en vers. Son travail est un modèle de traduction en prose. Aucun traducteur des poëtes latins n'a donné une plus fidèle image des beautés, de la grâce, des mouvemens poétiques, que cet habile interprète d'Ovide.

v. 923. Et genus humanum multo fuit illud in arvis.

C'est dans cette description des premiers hôtes de la terre que Lucrèce a déployé toute l'étendue de sa vaste pensée et tout le charme du talent ; nul poète ne l'avait devancé dans cette carrière : son génie, fécond comme la nature, s'associe pour ainsi dire à ses premiers travaux ; il assiste à la formation des espèces, il les suit dans leurs progrès, et le genre humain semble, à sa voix, marcher vers la perfection sociale. La justesse des moyens employés par le poète, la force du raisonnement, donnent à ses tableaux la couleur de la vérité : ce n'est plus une fiction poétique ; le livre de la nature est ouvert à nos yeux, et nous parcourons les annales du monde naissant. La peinture de la formation des espèces, telle que nous la représente l'ingénieuse mythologie, n'a ni le même degré d'intérêt, ni le même pouvoir sur l'imagination ; ses tableaux, il est vrai, sont revêtus d'une couleur plus riante ; mais on s'étonne d'y voir la nature agreste, parée des ornemens de la civilisation, parvenir tout à coup au dernier degré de perfection sociale ; enfin le merveilleux est trop aperçu, on y sent trop ou le pouvoir de l'art ou celui de la divinité ; mais, de tous les prodiges, les plus intéressans sont ceux de la nature.

v. 989. Pabula viva feris præbebat dentibus haustus.
. . . .
Viva videns vivo sepeliri viscera busto.

Ces vers ont une grande énergie ; leur hardiesse est difficile à faire passer dans notre langue, mais un traducteur doit tenter de semblables importations.

v. 1009. Inde casas postquam ac pelles ignemque pararunt.

La nature seule a offert à Lucrèce le modèle de ce tableau délicieux qu'aucun poète n'imita jamais ; l'originalité de l'expression, le charme des détails, la force du coloris, tout commande l'admiration pour le chantre de la nature.

        Castaque privatæ Veneris connubia læta
        Cognita sunt, prolemque ex se videre creatam ;
        Tum genus humanum primum mollescere cœpit.
. . . .

Et Venus imminuit vires, puerique parentum
Blanditiis facile ingenium fregere superbum.

Ce sont de pareils vers, si nombreux chez Lucrèce, qui ont sans doute enflammé le génie de Virgile : c'est dans ces couleurs pures et brillantes que le peintre de Didon, d'Euryale et de Nisus, a trempé ses pinceaux flexibles et gracieux. Feu M. de Fontanes, qui s'est exercé à traduire librement quelques passages de Lucrèce, a publié dans un recueil périodique la version suivante :

Mais Vénus, mais l'Amour rend les esprits plus doux ;
A sa compagne enfin s'unit un seul époux,
Et, sous les voiles saints du modeste hyménée,
Ils dérobent tous deux leur couche fortunée.
Des fils, nouveaux liens qui les joignent encor,
Formés à leur image, et leur commun trésor,
Rendront à leurs vieux ans les devoirs qu'ils remplissent ;
La famille est formée, et les mœurs s'établissent.
Les mœurs ont devancé tous les ordres de lois.
Dès-lors, se rassemblant sous de rustiques toits,
Les humains réunis, forts de leur alliance,
Des femmes, des enfans assurent la défense :
Car un instinct sacré leur apprit sans effort
Que le faible est remis à la garde du fort.

v. 1023. *Non tamen omnimodis poterat concordia gigni.*

Le poëte, après avoir parlé du pacte établi par les sociétés naissantes, observe, avec raison, que tout le monde ne s'y conforma point. Quelle devait être la rudesse de ces premiers enfans de la terre ! Ne se communiquant que par des gestes, entraînés par leurs désirs avec le grossier instinct de la nature, ils étaient sans doute plus barbares que les sauvages du Nouveau-Monde ; tous les germes des vices attachés à l'espèce humaine existaient pour eux ; ils devaient s'y abandonner sans retenue. Toutes les histoires représentent l'espèce humaine dans un état qui inspire l'horreur et la pitié. Diodore de Sicile (liv. 1) nous montre les premiers Égyptiens comme des hommes féroces et sauvages, se mangeant les uns les autres, vivant à l'aventure, ignorant même l'usage du feu et des métaux. Les Scythes, selon Hérodote, étaient dans l'usage d'arracher la chevelure de leurs ennemis vaincus, de s'abreuver de leur sang, de boire dans leur crâne. Le tableau des premiers habitans de la Grèce n'est guère plus heureux.

Sans doute l'âge d'or n'exista que dans la riante imagination des poètes; les plaisirs de l'homme ont dû se multiplier avec lenteur, et suivre les progrès de la perfection sociale.

v. 1027. At varios linguæ sonitus Natura subegit
Mittere. . . . . .

Lucrèce, dans son hypothèse sur l'origine des langues, réunit à la force de la raison les charmes d'une imagination brillante :

> Le besoin révéla les secrets du langage :
> Notre voix des objets bientôt transmit l'image ;
> Tel, ne pouvant saisir l'objet qui l'a charmé,
> Par un geste éloquent l'enfant s'est exprimé.
> Chaque être avec la vie obtient l'intelligence,
> Et de ses facultés reçoit la conscience :
> De sa corne un taureau veut venger son affront
> Avant que la nature en ait armé son front ;
> Les nourissons de l'ours et du tigre vorace
> Tentent de déchirer l'objet qui les menace
> De leurs féroces dents qui ne sont pas encor.
> A peine éclos, l'oiseau cherche à prendre l'essor,
> Et, couvert à demi d'une plume naissante,
> S'échappe et se confie à son aile impuissante.
>   DE PONGERVILLE.

v. 1139. Nam cupide conculcatur nimis ante metutum.

Il est doux d'écraser ce qu'on a redouté.

Ce vers, si énergique et si vrai, prouve combien Lucrèce avait une profonde connaissance du cœur humain.

v. 1160. Nunc quæ causa deum per magnas numina gentes....

L'énumération des objets qui ont apporté l'idée de la divinité dans le cœur des hommes, est pleine d'images sublimes peintes avec la chaleur de la persuasion.

v. 1232. Usque adeo res humanas vis abdita quædam
Obterit, et pulchros fasces sævasque secures
Proculcare, ac ludibrio sibi habere videtur.

Ceux qui n'ont connu Lucrèce que superficiellement, et le nombre en est grand, ont cru voir dans ces beaux vers une espèce d'aveu arraché par la vérité, ou une contradiction dans le système de Lucrèce; mais, aux yeux de celui qui aura une connaissance profonde de l'ensemble et du but de ce poëme philosophique, cette maxime ne paraîtra que ce qu'elle est en effet, le sentiment intime d'un moraliste sévère qui voudrait soumettre toutes les actions humaines à l'examen d'un juge suprême et rigoureux, mais aussi juste que puissant.

v. 1252. Horribili sonitu sylvas exederat altis
Ab radicibus, et terram percoxerat igni.

Lucrèce attribue la fusion des métaux dans le sein de la terre à l'incendie des forêts. On doit convenir de la singularité de cette opinion : on s'étonne que le poète, ayant une parfaite connaissance des feux volcaniques, ne lui ait pas assigné cette cause : aurait-il pensé que la description de l'autre moyen de fusion prêtait plus à l'essor de la poésie ? au surplus il n'affirme rien.

v. 1274. Nunc jacet æs, aurum in summum successit honorem.

On ne peut reprocher au poète un peu de longueur dans les combats sur la préférence à accorder aux métaux; ils donnent lieu surtout à des redites minutieuses, qui sont de nouvelles entraves pour le traducteur; mais avec quel art Lucrèce relève la sècheresse de fragmens didactiques, par des similitudes ingénieuses prises dans les objets moraux !

v. 1307. Tentarunt etiam tauros in mœnere belli,
Expertique sues sævos sunt mittere in hostes.

Le poète a tiré un grand avantage de la peinture terrible du mélange de la fureur des hommes et de la férocité des monstres sauvages, au milieu des combats ; ce tableau si varié, riche de couleur, sublime de composition, est effrayant de vérité. L'harmonie imitative des vers ajoute à l'effet de ces scènes de destruction; pour en faire sentir toutes les beautés, il faudrait analyser chaque vers. On ne peut s'empêcher d'admirer la magie du poète qui, pour consoler la pensée affligée de tant de scènes de carnage, termine par une réflexion qui excuse la cruauté des hommes et en rejette l'horreur sur des motifs indépendans de leurs penchans naturels. Les tableaux délicieux, qui suivent immédiatement, forment le contraste le plus heureux, et prouvent dans Lucrèce la plus ingénieuse combinaison des effets propres à remuer le cœur humain.

> Sans doute, des oiseaux on imita les chants,
> Avant que le doux luth, de ses accords touchans,
> Mêlant aux vers pompeux la suave harmonie,
> Accoutumât l'oreille aux accens du génie.
> Le zéphyr, introduit dans le sein des roseaux,
> Apprit à moduler le son des chalumeaux;
> Sous de flexibles doigts agilement pressée,
> La flûte soupira sa plainte cadencée;
> A la voix de l'amour elle unit ses concerts.
> Et son tendre murmure anima les déserts.
> Oui, cet art, embelli par nos doctes études,
> Naquit chez les bergers, au sein des solitudes.
> Par nos premiers besoins tous les arts sont produits;
> Le génie et le goût ont cultivé leurs fruits.
> Au sortir des banquets près d'une eau fugitive,
> En cercle les bergers étendus sur la rive,
> A l'ombre des rameaux, sous leur fraîche épaisseur,
> D'un plaisir vif et pur savouraient la douceur;
> Surtout, quand le printemps rendait à la nature
> Les suaves parfums et la tendre verdure,
> Excités par les ris, les jeux, les gais propos,
> Ils faisaient résonner de rustiques pipeaux;
> La joie intarissable, au milieu des bocages,
> Les couronnait de fleurs, les couvrait de feuillages;
> En ordre ils bondissaient aux accords des chansons,
> Et, de leurs pas pesans, pressaient les verts gazons:
> Sur son sein maternel portant leur foule immense,
> La terre a tressailli de leur vive cadence;
> Le naïf abandon, la folle hilarité,
> Leur donnent des plaisirs doux par la nouveauté;
> Avides de jouir, ils charment l'insomnie
> Par les bruyans refrains d'une agreste harmonie;
> Ils mêlent à ces sons quelques rustiques mots,
> Et leur lèvre mobile enfle les chalumeaux.
> Tels, nous cherchons la joie en nos brillantes veilles:
> L'art y développa ses pompeuses merveilles,

Et, prodigue pour nous d'un charme suborneur,
Ennoblit le plaisir et bannit le bonheur;
En vain de nos besoins le monde est tributaire,
Nous envions le sort de ces fils de la terre.
       De Pongerville.

v. 1337. Ut nunc sæpe boves lucæ ferro male mactæ.

Cette comparaison de l'éléphant blessé jette de la confusion dans le tableau sans y ajouter d'ornemens.

v. 1392. Non magnis opibus jucunde corpora habebant.

Dans ces descriptions intéressantes des plaisirs du genre humain naissant, l'art de l'écrivain contraint le lecteur à se livrer à l'illusion poétique qui en a inspiré les beautés : le moindre retour, l'examen de la vraisemblance, en découvrent l'ingénieuse absurdité. Le commencement des sociétés devait être l'instant de la plus affreuse sauvagerie; l'espèce humaine est comme un fruit qui a besoin de culture, et il faut des milliers d'années pour l'améliorer.

v. 1424. Quo magis in nobis, ut opinor, culpa residit;
    Frigus enim nudos sine pellibus excruciabat
    Terrigenas : at nos nil lædit veste carere
    Purpurea, atque auro signisque ingentibus apta;
    Dum plebeia tamen sit, quæ defendere possit.
    Ergo hominum genus incassum frustraque laborat,
    Semper et in curis consumit inanibus ævum.

Ce passage est admirable par sa morale; Lucrèce, à qui on a tant reproché d'avoir flatté les passions des Romains, emploie ici un rapprochement bien ingénieux pour donner des leçons sévères à ses ambitieux compatriotes; le contraste des forfaits de son siècle, avec la simplicité heureuse que Lucrèce accorde aux premiers hommes, devait servir de reproche aux partisans et aux criminels émules des Sylla, des Marius. C'est peut-être ici qu'il convient de remarquer, pour la justification des philosophes ennemis du paganisme, que ce culte ne fut jamais un frein capable d'arrêter l'essor du crime. L'histoire romaine nous en offre surtout la preuve; les temps où la superstition domina sont les plus fertiles en excès de tout genre; après le siècle de Lucrèce et de Cicéron, le fanatisme reprit son empire, et la corruption fut plus étendue que jamais. Les premiers empereurs, qui parvinrent à un degré de dépravation et de cruauté inconnues avant eux, soutinrent, de tout leur pouvoir, le culte de leurs ancêtres. Octave, le plus fourbe des tyrans, croyait fermement à l'existence de ses idoles; Tibère les invoquait au milieu de ses folies sanguinaires; Caligula prétendait avoir un commerce intime avec les habitans de l'Olympe; il punissait de mort le moindre signe d'incrédulité. Il dit un jour au sénateur Vitellius, père de l'empereur de ce nom : Je me suis entièrement divinisé cette nuit, j'ai obtenu les faveurs de la lune; que dites-vous de cela ? Le sénateur hésite : qu'en dites-vous, répète sévèrement Caligula ? Je pense, lui répond Vitellius, qu'il n'appartient pas à un simple mortel de pénétrer les mystères des dieux. Cette réponse adroite lui sauva la vie.

En général, les pratiques superstitieuses n'avaient d'autre effet que de flatter les passions, et de prêter un voile sacré aux plus grands excès; rendre les hommes meilleurs par un ascendant moral n'appartient guère qu'à la philosophie.

v. 1442. Carminibus quum res gestas cœpere poetæ
Tradere, nec multo priu' sunt elementa reperta.

Lucrèce fait entendre que l'art de l'écriture précéda la poésie : cette idée, souvent combattue, serait incontestable si l'on ne prétendait parler que de la poésie dans le degré de perfection où l'ont portée Homère et Hésiode. Cet art fut justement l'objet de l'admiration des anciens; la nouveauté même en augmentait le charme; Lucain en attribue l'invention aux Phéniciens.

Phœnices primi, famæ si creditur, ausi
Mansuram rudibus vocem signare figuris.

La reconnaissance a dû exciter les poètes à célébrer une découverte si utile à la science et aux arts; l'imprimerie en a augmenté le merveilleux : aussi possédons-nous plusieurs morceaux remarquables sur ce sujet fécond.

L'abbé Delille parle ainsi de la typographie :

Des vils débris du lin que le temps a détruit,
Empâtés avec art, et foulés à grand bruit,
Vont sortir ces feuillets où le métal imprime
Ce que l'esprit humain conçut de plus sublime;

Un amas de lambeaux et de sales chiffons
Éternise l'esprit des Plines, des Buffons ;
Par eux le goût circule, et, plus prompte qu'Éole,
L'instruction voyage et le sentiment vole.

Voltaire a dit dans sa *Guerre de Genève* :

Tout ce fatras fut de chanvre en son temps,
Linge il devint par l'art des tisserands,
Puis en lambeaux des pilons le pressèrent ;
Il fut papier : vingt têtes à l'envers
De visions à l'envi le chargèrent.
Puis on le brûle ; il vole dans les airs,
Il est fumée aussi bien que la gloire.
De nos travaux voilà quelle est l'histoire ;
Tout est fumée, et tout nous fait sentir
Ce grand néant qui doit nous engloutir.

LIBER SEXTUS.

Primæ frugiferos fœtus mortalibus ægris
Dididerunt quondam præclaro nomine Athenæ,
Et recreaverunt vitam, legesque rogarunt;
Et primæ dederunt solatia dulcia vitæ,
Quum genuere virum tali cum corde repertum,
Omnia veridico qui quondam ex ore profudit,
Cujus et exstincti, propter divina reperta,
Divolgata vetus jam ad cœlum gloria fertur.

Nam quum vidit hic, ad victum quæ flagitat usus,
Et per quæ possent vitam consistere tutam,
Omnia jam ferme mortalibus esse parata,
Divitiis homines et honore et laude potentes
Affluere, atque bona natorum excellere fama,
Nec minus esse domi cuiquam tamen anxia corda,
Atque animum infestis cogi servire querelis;
Intellexit ibi vitium vas efficere ipsum,
Omniaque illius vitio corrumpier intus,
Quæ conlata foris et commoda cunque venirent;
Partim quod fluxum pertusumque esse videbat,
Et nulla posset ratione explerier unquam;
Partim quod tetro quasi conspurcare sapore
Omnia cernebat, quæcunque receperat intus.

LIVRE SIXIÈME.

Athènes, cette illustre cité, la première révéla aux agrestes mortels les fruits et les moissons ; elle protégea leur existence sous l'abri des lois ; la première elle répandit sur eux les douces consolations de la vie, en donnant le jour à ce sage qui, dans son cœur, enfanta les nobles vérités, et les fit jaillir à grands flots de sa bouche éloquente. Il éclaira le monde ; ses écrits divins, triomphans de la mort et du temps, élevèrent sa gloire jusqu'au plus haut des cieux.

Ce sage, abaissant ses regards sur les hommes, vit que, doués de toutes les ressources qu'exige la vie, comblés de biens et d'honneurs, riches d'enfans dans lesquels revivrait leur gloire, ces mortels n'en restaient pas moins la proie de chagrins secrets ; quoiqu'environnés de plaisirs, ils gémissaient comme des esclaves accablés de chaînes. Il découvrit que la source du mal était dans le cœur même, qui, vicié, corrompait les flots précieux dont on l'abreuvait ; soit que, vase sans fond, il reçût ces intarissables flots sans se remplir jamais, soit que, intérieurement souillé, il infectât la pure liqueur qu'il recélait.

Veridicis igitur purgavit pectora dictis,
Et finem statuit cuppedinis atque timoris,
Exposuitque bonum summum, quo tendimus omnes,
Quid foret, atque viam monstravit tramite prono
Qua possemus ad id recto contendere cursu,
Quidve mali foret in rebus mortalibu' passim,
Quod flueret Naturæ vi, varieque volaret,
Seu casu, seu vi, quod sic Natura parasset;
Et quibus e portis occurri cuique deceret;
Et genus humanum frustra plerumque probavit
Volvere curarum tristes in pectore fluctus.
Nam veluti pueri trepidant, atque omnia cæcis
In tenebris metuunt; sic nos in luce timemus.
Interdum, nihilo quæ sunt metuenda magis, quam
Quæ pueri in tenebris pavitant, finguntque futura :
Hunc igitur terrorem animi, tenebrasque necesse est
Non radii solis, nec lucida tela diei
Discutiant, sed Naturæ species, ratioque;
Quo magis inceptum pergam pertexere dictis.
Et quoniam docui mundi mortalia templa
Esse, et nativo consistere corpore cœlum,
Et quæcunque in eo fiunt fientque, necesse
Esse ea dissolvi; quæ restant percipe porro;
Quandoquidem semel insignem conscendere currum
Vincendi spes hortata est, atque obvia cursu
Quæ fuerant, sunt placato conversa furore.

Cætera, quæ fieri in terris cœloque tuentur
Mortales, pavidis quum pendent mentibu' sæpe,
Efficiunt animos humiles formidine divûm,

Le sage commença donc par purifier le cœur humain, en y versant la vérité; il imposa des limites aux désirs de l'homme, l'affranchit de ses terreurs, lui révéla la nature de ce bien suprême, objet de nos constans désirs, et comment il peut l'atteindre, en se dirigeant dans un sentier droit et rapide; il signala les maux que nous impose l'irrésistible pouvoir de la nature, ces maux qui nous assiègent, soit par une irruption soudaine, soit par le cours nécessaire de la nature. Il apprit comment on peut fortifier l'âme contre ces nombreux assauts, et combien sont vaines ces terreurs, qui font bouillonner dans le cœur les flots des noirs soucis. Car, si les enfans frémissent et s'alarment dans les ténèbres nocturnes, l'homme, à la clarté du jour, s'épouvante de vains fantômes. Comment l'arracher à ces ténèbres, et dissiper ses alarmes? faut-il l'éclat de la lumière et les rayons du soleil? non, c'est à la nature de désiller ses yeux. O Memmius, continuons donc de prêter à sa voix une oreille attentive.

Je te l'ai enseigné, l'édifice du monde doit s'écrouler un jour; le ciel a reçu la naissance; tous les corps qui resplendissent ou qui resplendiront dans sa vaste enceinte, doivent subir la destruction. Sois attentif; il me reste des vérités à te dévoiler. Porté par l'espérance sur le char de la gloire, je me plais à contempler les obstacles que j'ai franchis : ils sont devenus les aiguillons de ma poétique ardeur.

Le spectacle du monde et des cieux, en frappant les regards de l'homme accable son esprit épouvanté; avili sous le joug terrible des dieux, il se courbe vers la

Depressosque premunt ad terram, propterea quod
Ignorantia causarum conferre deorum
Cogit ad imperium res, et concedere regnum; et
Quorum operum causas nulla ratione videre
Possunt, hæc fieri divino numine rentur :
Nam bene qui didicere deos securum agere ævum,
Si tamen interea mirantur qua ratione
Quæque geri possint, præsertim rebus in illis
Quæ supera caput ætheriis cernuntur in oris,
Rursus in antiquas referuntur relligiones,
Et dominos acres adsciscunt, omnia posse
Quos miseri credunt, ignari quid queat esse,
Quid nequeat; finita potestas denique cuique
Quanam sit ratione, atque alte terminus hærens;
Quo magis errantes tota regione feruntur.
Quæ nisi respuis ex animo longeque remittis,
Dis indigna putando alienaque pacis eorum,
Delibrata deûm per te tibi numina sancta
Sæpe aderunt; non quod violari summa deûm vis
Possit, ut ex ira pœnas petere imbibat acres;
Sed quia tute tibi placida cum pace quietos
Constitues magnos irarum volvere fluctus;
Nec delubra deûm placido cum pectore adibis;
Nec de corpore quæ sancto simulacra feruntur
In mentes hominum, divinæ nuntia formæ,
Suscipere hæc animi tranquilla pace valebis :
Inde videre licet, qualis jam vita sequatur.

Quam quidem ut a nobis ratio verissima longe
Rejiciat, quanquam sunt a me multa profata,

terre; ignorant les causes de la nature, il la livre à l'empire des dieux; il les arme du sceptre de l'univers, et les phénomènes qu'il ne peut concevoir, il en attribue la cause à la divinité. Celui même qui semble persuadé que les dieux coulent leur vie dans une douce et profonde incurie, s'il porte ses regards émerveillés vers les scènes imposantes de la voûte éthérée, il retombe épouvanté sous le joug des antiques superstitions; il érige les dieux en tyrans inflexibles, et leur attribue la puissance universelle : malheureux, il ignore ce qui peut ou ne peut point exister, et quelles limites invariables la nature assigne à ses œuvres diverses. Cette première cause l'entraîne dans les régions de l'erreur, et l'égare chaque jour davantage.

Ah! si vous ne bannissez point de votre esprit ce honteux préjugé, si vous dégradez les dieux, en leur attribuant des soins indignes de leur repos céleste, ces divinités saintes, que vous aurez arrachées à l'éternel équilibre de leur bonheur, vous apparaîtront sans cesse : non que ces êtres augustes daignent signaler sur vous leur courroux, par un châtiment terrible; mais, tandis que ces dieux se plongent dans un calme inaltérable, vous croirez que dans leur âme bouillonnent les vastes flots de la colère. Vous n'entrerez plus avec un front serein dans leurs temples; les images de leurs corps sacrés ne pénétreront plus dans votre âme sans en bannir la paix; de quelle source de tourmens votre vie sera abreuvée!

Déjà, pour écarter tant de maux, la raison répandit par ma bouche ses précieux trésors, mais il me reste en-

Multa tamen restant, et sunt ornanda politis
Versibus, et ratio cœli speciesque tenenda;
Sunt tempestates et fulmina clara canenda,
Quid faciant, et qua de causa quæque ferantur,
Ne trepides cœli divisis partibus amens,
Unde volans ignis pervenerit, aut in utram se
Verterit hinc partem; quo pacto per loca septa
Insinuarit, et hinc dominatus ut extulerit se;
Quorum operum causas nulla ratione videre
Possunt, ac fieri divino numine rentur:
Tu mihi supremæ præscripta ad candida calcis
Currenti, spatium præmonstra, callida Musa,
Calliope, requies hominum divûmque voluptas,
Te duce ut insignem capiam cum laude coronam.

PRINCIPIO, tonitru quatiuntur cærula cœli,
Propterea quia concurrunt sublime volantes
Ætheriæ nubes contra pugnantibu' ventis;
Nec fit enim sonitus cœli de parte serena;
Verum ubicunque magis denso sunt agmine nubes,
Tam magis hinc magno fremitus fit murmure sæpe.

PRÆTEREA neque tam condenso corpore nubes,
Esse queunt, quam sunt lapides ac tigna; neque autem
Tam tenues, quam sunt nebulæ fumique volantes;
Nam aut cadere abrupto deberent pondere pressæ,
Ut lapides, aut, ut fumus, constare nequirent,
Nec cohibere nives gelidas et grandinis imbres.

DANT etiam sonitum patuli super æquora mundi,
Carbasus ut quondam magnis intenta theatris

core à parer des charmes de la poésie de nombreuses vérités : je vais dévoiler le spectacle des cieux, explorer les causes et le fracas de la foudre et de la tempête, de peur qu'en un délire superstitieux, divisant les régions célestes, tu n'interroges d'un regard épouvanté le point d'où la flamme est partie, la direction de son vol, sa trace dans l'enceinte des murs qu'elle pénètre, et l'issue qu'elle ouvre en s'échappant victorieuse. Nécessaire effet de la nature, que l'aveugle ignorance attribue à la divinité. Brillante Muse, ô toi qui entr'ouvris la carrière à mon premier essor, ingénieuse Calliope, suave volupté des hommes et des dieux, soutiens mes pas jusqu'au terme de ma carrière, viens, ô mon guide, et ceins mon front glorieux d'une couronne immortelle.

Le tonnerre ébranle les voûtes azurées du ciel, lorsque les nuages impétueux, poussés par des vents rivaux, s'entrechoquent dans les régions éthérées. Où le ciel est serein le bruit ne se fait point entendre; mais dans l'espace aérien, où d'épais nuages s'amassent, se condensent, un bruit terrible éclate, là roule un long murmure.

Les nuages n'ont ni la densité du bois et des rochers, ni la mobile fluidité de la fumée ondoyante, car ils tomberaient comme les pierres attirées par leur propre pesanteur; ou, s'ils n'avaient que la consistance vaporeuse de la fumée, pourraient-ils captiver dans leurs flancs les frimats, la neige et la grêle impétueuse?

Les nuages quelquefois font retentir les champs de l'air d'un bruit semblable au froissement de ces voiles

Dat crepitum malos inter jactata trabesque;
Interdum perscissa furit petulantibus Euris,
Et fragiles sonitus chartarum commeditatur;
Id quoque enim genus in tonitru cognoscere possis,
Aut ubi suspensam vestem chartasve volantes
Verberibus venti versant planguntque per auras.

Fit quoque enim interdum, ut non tam concurrere nubes
Frontibus adversis possint, quam de latere ire
Diverso motu radentes corpori' tractum;
Aridus unde aures terget sonus ille, diuque
Ducitur, exierit donec regionibus arctis.
Hoc etiam pacto tonitru concussa videntur
Omnia saepe gravi tremere, et divolsa repente
Maxima dissiluisse capacis moenia mundi,
Quum subito validi venti conlecta procella
Nubibus intorsit sese, conclusaque ibidem
Turbine versanti magis ac magis undique nubem
Cogit, uti fiat spisso cava corpore circum.
Post ubi commovit vis ejus et impetus acer,
Tum perterricrepo sonitu dat missa fragorem;
Nec mirum, quum plena animae vesicula parva
Saepe ita dat pariter sonitum displosa repente.
Est etiam ratio, quum venti nubila perflant,
Cur sonitus faciant; etenim ramosa videmus
Nubila saepe modis multis atque aspera ferri;
Scilicet ut crebram silvam quum flamina Cauri
Perflant, dant sonitum frondes, ramique fragorem.

immenses qui flottent, jetés sur les combles et les poutres de nos théâtres. Quelquefois brisés par le choc des vents, ils imitent (tu peux le remarquer quand le tonnerre éclate) l'aigre cri du papier qui se déchire, les ondulations des replis d'une robe flottante, ou le froissement des feuilles détachées, que le fouet des vents, par des coups répétés, soulève en l'air, et roule en tourbillons.

Quelquefois les nuages, sans se heurter de front, se pressent en glissant dans un cours opposé, et leurs flancs s'effleurent dans toute leur étendue; il en sort un bruit sec qui froisse l'oreille, se propage jusqu'à l'instant où ils se sont dégagés de cet étroit passage.

La foudre quelquefois fait tressaillir le globe par un choc si violent, que les immenses voûtes du monde semblent se dissoudre et s'écrouler en éclats. Alors un orage furieux, irrité par la violence des vents, en roulant sur lui-même, s'engouffre dans les nuages; emprisonné, il rassemble ses forces, les accroît sans cesse, et creuse les vastes flancs du nuage qu'il épaissit. Son courroux impétueux brise enfin sa prison, il éclate et s'élance avec un horrible fracas. N'en sois pas surpris, car une simple vessie remplie d'air, en se brisant par un choc soudain, fait retentir un semblable bruit.

On peut assigner une autre cause au souffle des vents, qui gronde dans les nues. Ne vois-tu pas les nuages inégaux en surface, s'étendre et se diriger en rameaux; le son doit donc ressembler au bruyant murmure des feuillages quand l'Aquilon impétueux agite et brise la cime des forêts.

Fit quoque, ut interdum validi vis incita venti
Perscindat nubem perfringens impete recto;
Nam quid possit ibi flatus manifesta docet res;
Hic, ubi lenior est, in terra quum tamen alta
Arbusta evolvens radicibus haurit ab imis.

Sunt etiam fluctus per nubila, qui quasi murmur
Dant infringendo graviter; quod item fit in altis
Fluminibus, magnoque mari, quum frangitur æstu.

Fit quoque, ubi e nube in nubem vis incidit ardens
Fulminis, hæc multo si forte humore recepit
Ignem, continuo ut magno clamore trucidet;
Ut calidis candens ferrum e fornacibus olim
Stridit, ubi in gelidum propere demersimus imbrem.
Aridior porro si nubes accipit ignem,
Uritur ingenti sonitu succensa repente;
Lauricomos ut si per montes flamma vagetur,
Turbine ventorum comburens impete magno;
Nec res ulla magis, quam Phœbi Delphica laurus,
Terribili sonitu flamma crepitante crematur.

Denique sæpe geli multus fragor, atque ruina
Grandinis, in magnis sonitum dat nubibus alte;
Ventus enim quum confercit, franguntur in arctum
Concreti montes nimborum, et grandine misti.

Fulgit item, nubes ignis quum semina multa
Excussere suo concursu, ceu lapidem si

Peut-être aussi le choc des vents fougueux crève le nuage en le frappant directement; tout nous atteste leur force irrésistible dans les hautes régions des cieux, puisque, à la surface de la terre, où leur fureur s'adoucit, ils arrachent dans leurs profondes racines et renversent les arbres qui dominaient les airs.

Les nuages aussi renferment des flots qui luttent avec effort ; leur choc, en se rompant, gronde comme un fleuve impétueux, ou comme l'Océan qui bouillonne et se brise.

Il se peut que la foudre ardente, précipitée de nuage en nuage, s'engloutisse dans une humide vapeur, et s'éteigne tout à coup, avec un bruit horrible : semblable au fer rougi dans la brûlante fournaise, et qui, plongé rapidement dans l'onde, rend un long sifflement. Au contraire, si la foudre pénètre dans un nuage aride, son ardeur s'accroît, elle s'embrase, éclate et gronde : ainsi, lorsque le vent impétueux rassemble dans ses tourbillons le feu errant sur la cime d'un mont à la chevelure de lauriers, soudain il les embrase, car rien n'attire plus promptement la voracité de la flamme bruyante, que l'arbre consacré au dieu de Délos.

Enfin, la grêle et les glaçons, en se brisant dans les flancs des nuages, les font retentir avec fracas; condensés par le souffle des vents, ces nuages comme des montagnes entassées, se rompent, et leurs débris se précipitent vers la terre, mêlés au torrent de grêle qu'ils renfermaient.

L'éclair brille dès que le choc des nuages exprime les semences ignées renfermées dans leur sein. Tel en

Percutiat lapis aut ferrum; nam tum quoque lumen
Exsilit, et claras scintillas dissupat ignis.
Sed tonitrum fit uti post auribus accipiamus,
Fulgere quam cernant oculi, quia semper ad aures
Tardius adveniunt, quam visum quæ moveant res;
Id licet hinc etiam cognoscere, cædere si quem
Ancipiti videas ferro procul arboris auctum,
Ante fit ut cernas ictum, quam plaga per aures
Det sonitum: sic fulgorem quoque cernimus ante
Quam tonitrum accipimus, pariter qui mittitur igni,
E simili causa et concursu natus eodem.
Hoc etiam pacto volucri loca lumine tingunt
Nubes, et tremulo tempestas impete fulgit;
Ventus ubi invasit nubem, et versatus ibidem
Fecit, ut ante, cavam, docui, spissescere nubem,
Mobilitate sua ferviscit; ut omnia motu
Percalefacta vides ardescere; plumbea vero
Glans etiam longo cursu volvenda liquescit.
Ergo fervidus hic nubem quum perscidit atram,
Dissupat ardoris quasi per vim expressa repente
Semina, quæ faciunt nictantia fulgura flammæ;
Inde sonus sequitur, qui tardius adlicit aures,
Quam quæ perveniunt oculos ad lumina nostros:
Scilicet hoc densis fit nubibus, et simul alte
Exstructis aliis alias super impete miro.

Nec tibi sit fraudi, quod nos inferne videmus
Quam sint lata magis, quam sursum exstructa quid exstent;

frappant la pierre avec la pierre ou le fer, la lumière jaillit, se dissipe en étincelles pétillantes. Notre oreille ne reçoit le bruit du tonnerre que quand nos yeux ont vu briller sa flamme; car la course des images vers nos yeux est rapide, et le son arrive à l'ouie avec lenteur. J'en atteste l'expérience : vois de loin le fer de l'émondeur retrancher à cet arbre des rameaux superflus. Le coup part, tu l'aperçois, cependant le bruit tardif n'a point encore atteint ton oreille. Quoique formés au même instant et par le même choc, la flamme du tonnerre nous parvient plus tôt que son fracas.

Par un autre moyen, la lueur rapide des nuages peut colorer l'espace, et faire jaillir impétueusement de l'ombre des tempêtes les feux scintillans. Dès que le vent envahit un nuage, et que, par ses chocs répétés, il en creuse le centre, il en épaissit les flancs; (je le répète) lui-même il s'embrase par son rapide essor, car tous les corps, par la vélocité de leur mouvement, s'échauffent et s'enflamment. Vois une balle de plomb rouler dans un long espace; elle devient ardente et se liquéfie: quand le tourbillon brûlant a crevé le sombre nuage, il disperse les semences de feux contenues dans ses cavités, et l'éclat de la foudre fait cligner notre vue. Le bruit suit le choc, mais il vole moins rapidement à notre ouie que la lumière à nos yeux. Ces grands résultats attestent l'énorme opacité des nuages, qui se pressent entassés, et roulent avec une incroyable impétuosité dans les célestes plaines.

N'en croyons pas le rapport infidèle de nos yeux : de ces lieux inférieurs, ils ne nous découvrent que la sur-

Contemplator enim, quum moutibus adsimilata
Nubila portabunt venti transversa per auras,
Aut ubi per magnos montes cumulata videbis
Insuper esse aliis alia, atque urgere superna
In statione locata, sepultis undique ventis;
Tum poteris magnas moles cognoscere eorum,
Speluncasque velut saxis pendentibu' structas
Cernere, quas venti quum, tempestate coorta,
Complerunt, magno indignantur murmure clausi
Nubibus, in caveisque ferarum more minantur;
Nunc hinc, nunc illinc fremitus per nubila mittunt,
Quærentesque viam circumversantur, et ignis
Semina convolvunt e nubibus, atque ita cogunt
Multa, rotantque cavis flammam fornacibus intus,
Donec divolsa fulserunt nube corusci.

Hac etiam fit uti de causa mobilis ille
Devolet in terram liquidi color aureus ignis,
Semina quod nubes ipsas permulta necesse est
Ignis habere; etenim quum sunt humore sine ullo,
Flammeus est plerumque colos et splendidus ollis;
Quippe etenim solis de lumine multa necesse est
Concipere, ut merito rubeant ignesque profundant;
Hasce igitur quum ventus agent contrusit in unum,
Compressitque locum cogens, expressa profundunt
Semina, quæ faciunt flammæ fulgere colores.

face apparente des nuages, et non leur vaste amas et leur profondeur. Pour te désabuser, contemple ces sombres nuages, semblables à des montagnes flottantes que les vents, dans des routes opposées, roulent aux champs aériens ; ou, quand les vents sommeillent, contemple au sommet des plus hautes cimes les nuages s'amonceler sur des nuages, s'accumuler, s'étendre, se dresser vers les cieux. Alors tu connaîtras l'étendue de leurs masses immenses, à l'aspect de ces vastes cavernes, creusées dans des rochers suspendus ; quand les vents impétueux s'engouffrent dans ces profondes cavités et les remplissent, la tempête éclate ; prisonniers indignés dans les nues, ils les font retentir d'un horrible murmure, ils grondent dans leurs cachots, comme des monstres rugissans dans leurs chaînes : de tous côtés leurs longs mugissemens retentissent ; ils s'agitent en tous sens, et cherchent une issue ; ils arrachent du nuage des semences de feu, les amassent, les roulent dans de profondes et brûlantes fournaises ; la nue enfin se rompt, les vents libres s'échappent, se précipitent au milieu d'un torrent de flammes.

Enfin, ces éclairs rapides qui jaillissent sur la terre, ces reflets dorés d'un feu liquide, sont enfantés dans les flancs mêmes du nuage où couvent des semences ignées. Tu le vois, quand ces nuages sont dégagés de leurs vapeurs les plus humides, ils brillent de l'éclatante couleur des flammes ; et les rayons du soleil, en les pénétrant, les inondent et les rougissent de leurs feux ; et, sitôt que le vent rassemble ces feux et les frappe, il en fait jaillir ces ardentes semences, étincelantes de l'éclat des flammes.

Fulgit item, quum rarescunt quoque nubila cœli;
Nam quum ventus eas leviter diducit euntes
Dissolvitque, cadant ingratis illa necesse est
Semina quæ faciunt fulgorem; tum sine tetro
Terrore et sonitu fulgit, nulloque tumultu.

Quod superest, quasi natura prædita constent
Fulmina, declarant ictus, et inusta vapore
Signa, notæque graves halantes sulfuris auras;
Ignis enim sunt hæc, non venti signa neque imbris.
Præterea, per se accendunt quoque tecta domorum,
Et celeri flamma dominantur in ædibus ipsis.
Hunc tibi subtilem cum primis ignibus ignem
Constituit Natura minutis mobilibusque
Corporibus, cui nil omnino obsistere possit:
Transit enim valide fulmen per septa domorum,
Clamor uti ac voces; transit per saxa, per æra;
Et liquidum puncto facit æs in tempore et aurum;
Curat item ut, vasis integris, vina repente
Diffugiant; quia nimirum facile omnia circum
Conlaxat, rareque facit lateramina vasis,
Adveniens calor ejus ut insinuatur in ipsum, et
Mobiliter solvens differt primordia vini:
Quod solis vapor ætatem non posse videtur
Efficere; usque adeo pollens fervore corusco,
Tanto mobilior vis et dominantior hæc est.

Nunc ea quo pacto gignantur, et impete tanto
Fiant, ut possint ictu discludere turres,
Disturbare domos, avellere tigna trabesque,

Souvent aussi le nuage, en se raréfiant, exhale des éclairs. Lorsque de légers flots aériens agitent mollement le nuage, ils le divisent en courant; les semences des feux qu'il recélait s'échappent d'elles-mêmes, et d'innocens éclairs s'évanouissent en silence, et ne causent ni trouble ni terreur.

Après tant d'exemples, la nature de la foudre nous est assez révélée par ses terribles coups. Ses sillons, empreints sur les corps qu'elle a frappés, les flots sulfureux, répandus dans les airs qu'elle parcourt, attestent que la foudre est formée par le feu et non par le souffle des vents, ni par des vapeurs nuageuses. D'ailleurs, les toits qu'elle a frappés se consument, et sa flamme ardente s'élève au faîte du palais qu'elle embrase. La nature se plut à composer ce feu terrible, de ses feux les plus rapides et les plus dévorans, afin que nul obstacle ne lui résistât. Avec plus de vélocité que le son ou la voix, la foudre s'ouvre un rapide passage au fond de nos demeures; elle traverse les rochers et l'airain; l'or et le bronze qu'elle a frappés coulent en ruisseaux bouillonnans. En épargnant l'amphore, elle en dissipe la liqueur. Sa chaleur, insinuée dans les pores du vase, amollit, raréfie son tissu, et chasse en vapeur les élémens du vin qu'elle soulève. Non, les rayons du soleil, dardés pendant un siècle, ne pourraient égaler sa dévorante ardeur, tant la foudre surpasse en force, en impétuosité, les traits du dieu de la lumière.

Mais, comment se forme la foudre? comment s'arme-t-elle de ce puissant courroux qui, d'un seul choc, renverse les murailles, arrache, brise les poutres et les

Et monumenta virûm demoliri atque ciere,
Exanimare homines, pecudes prosternere passim,
Cætera de genere hoc qua vi facere omnia possint,
Expediam, neque te in promissis plura morabor.
FULMINA gignier e crassis alteque putandum est
Nubibus exstructis; nam cœlo nulla sereno,
Nec leviter densis mittuntur nubibus unquam :
Nam dubio procul hoc fieri manifesta docet res,
Quod tunc per totum concrescunt aera nubes
Undique, uti tenebras omnes Acherunta reamur
Liquisse, et magnas cœli complesse cavernas :
Usque adeo, tetra nimborum nocte coorta,
Impendent atræ formidinis ora superne,
Quum commoliri tempestas fulmina cœptat.
PRÆTEREA, persæpe niger quoque per mare nimbus,
Ut picis e cœlo demissum flumen, in undas
Sic cadit, et fertur tenebris procul, et trahit atram
Fulminibus gravidam tempestatem atque procellis,
Ignibus ac ventis cumprimis ipse repletus;
In terra quoque ut horrescant, ac tecta requirant :
Sic igitur supera nostrum caput esse putandum est
Tempestatem altam; neque enim caligine tanta
Obruerent terras, nisi inædificata superne
Multa forent multis exempto nubila sole;
Nec tanto possent hæc terras opprimere imbri,
Flumina abundare ut facerent, camposque natare,
Si non exstructis foret alte nubibus æther.

solives de nos demeures? ébranle, renverse les monumens des arts, écrase les hommes, les troupeaux, étend ses ravages sur toute la nature? Poursuis, ô Memmius, je vais t'en dévoiler les causes.

La foudre ne prend naissance que dans l'amas énorme des nuages, l'un sur l'autre entassés à une hauteur immense. Ne crains point ses coups sous un ciel serein ou voilé de légères vapeurs; rejette le doute, et crois-en l'expérience : au moment où l'orage couve dans leurs flancs, les nuages s'amassent épaissis, et remplissent les vastes plaines de l'air; il semble que toutes les ténèbres de l'Achéron coulent à grands flots pour envahir les cavités des cieux : une nuit funèbre nous enveloppe de ses voiles, et la terreur hideuse plane sur nos têtes.

Quelquefois un nuage noir, semblable à un fleuve de poix roulant du haut des cieux, tombe, mêle son onde aux ondes des mers, et verse au loin les ténèbres; au milieu des feux dévorans et des vents impétueux, il traîne dans les airs l'ouragan, les foudres, la tempête, qui jusque sur la surface de la terre menacent les hommes, et les forcent de chercher en tremblant un asile sous leurs toits. Quel espace profond envahit donc ces nuages orageux qui volent sur nos têtes? La terre ne serait point ensevelie sous de semblables ténèbres, si des nuages épais n'opposaient un rempart impénétrable aux rayons du soleil; si les régions éthérées ne les accumulaient point à une prodigieuse hauteur, ces nuages pourraient-ils verser ces intarissables torrens qui font gonfler les fleuves, les arrachent de leurs lits, et les égarent dans les campagnes inondées?

His igitur ventis atque ignibus omnia plena
Sunt; ideo passim fremitus et fulgura fiunt;
Quippe etenim supera docui, permulta vaporis
Semina habere cavas nubes, et multa necesse est
Concipere ex solis radiis ardoreque eorum :
Hic ubi ventus eas idem qui cogit in unum
Forte locum quemvis, expressit multa vaporis
Semina, seque simul cum eo commiscuit igni;
Insinuatus ibi vortex versatur in alto,
Et calidis acuit fulmen fornacibus intus :
Nam duplici ratione accenditur, ipse sua nam
Mobilitate calescit, et e contagibus ignis :
Inde ubi percaluit vis venti, vel gravis ignis
Impetus incessit, maturum tum quasi fulmen
Perscindit subito nubem, ferturque coruscis
Omnia luminibus lustrans loca percitus ardor;
Quem gravis insequitur sonitus, displosa repente
Opprimere ut coeli videantur templa superne :
Inde tremor terras graviter pertentat, et altum
Murmura percurrunt coelum; nam tota fere tum
Tempestas concussa tremit, fremitusque moventur;
Quo de concussu sequitur gravis imber et uber,
Omnis uti videatur in imbrem vertier æther,
Atque ita præcipitans ad diluviem revocare :
Tantus discidio nubis ventique procella,
Mittitur ardenti sonitus quum provolat ictu.
Est etiam, quum vis extrinsecus incita venti
Incidit in validam maturo fulmine nubem;
Quam quum perscidit, extemplo cadit igneus ille
Vortex, quod patrio vocitamus nomine Fulmen;

L'espace aérien est rempli de feux et de vents : aussi, de toute part, les éclairs brillent et les tonnerres grondent. Déjà je te l'ai enseigné ; dans les concavités des nuages s'entassent des semences de feu ; elles s'accroissent en se pénétrant des ardens rayons du soleil ; et, lorsque le vent les presse, les rassemble, exprime et fait jaillir les molécules enflammées dont il s'environne soudain, le tourbillon captif bouillonne, et, dans cette humide et profonde fournaise, il aiguise les brûlantes flèches du tonnerre. Ainsi, le vent peut s'enflammer, ou par sa propre rapidité, ou par le contact du feu ; ainsi, lorsqu'il s'est embrasé lui-même, ou par le choc de la flamme, la foudre atteint sa maturité, crève le nuage, et verse par torrens sa lumière brillante ; un bruit horrible éclate ; il semble que la voûte des cieux se rompt, et s'écroule sur nos têtes en brûlans débris. Un vaste tremblement ébranle le monde, et, d'un pôle à l'autre, un affreux murmure parcourt le firmament. Car tous les nuages agités retentissent à la fois, et ce choc universel précipite des torrens de pluie ; ils tombent si abondans, qu'on croirait que le ciel va se résoudre en onde, et, par un nouveau déluge, submerger la terre ; tant le fracas des nuages, le choc des vents qui grondent, et le bruit de la foudre qui déchire les airs, inspirent d'épouvante et d'horreur.

Peut-être aussi, lorsqu'un vent impétueux vient de l'extérieur fondre sur l'épais nuage où la foudre est déjà dans sa maturité, le nuage se crève, et lance, en roulant, ces tourbillons enflammés, que nous nommons la

Hoc fit idem in partes alias, quocunque tulit vis.

FIT quoque, ut interdum venti vis missa sine igni
Ignescat tamen in spatio longoque meatu,
Dum venit, amittens in cursu corpora quaedam
Grandia, quae nequeunt pariter penetrare per auras,
Atque alia ex ipso conradens aere portat
Parvula, quae faciunt ignem commista volando;
Non alia longe ratione ac plumbea saepe
Fervida fit glans in cursu, quum multa rigoris
Corpora dimittens ignem concepit in auris.

FIT quoque, ut ipsius plagae vis excitet ignem,
Frigida quum venti pepulit vis missa sine igni;
Nimirum quia, quum vehementi perculit ictu,
Confluere ex ipso possunt elementa vaporis,
Et simul ex illa quae tum res excipit ictum;
Ut lapidem ferro quum caedimus, evolat ignis;
Nec quod frigida vis sit ferri, hos secius illa
Semina concurrunt calidi fulgoris ad ictum:
Sic igitur quoque res accendi flamine debet,
Opportuna fuit si forte et idonea flammis:
Nec temere omnino plane vis frigida venti
Esse potest, ex quo tanta vi immissa superne est,
Quin, prius in cursu si non accenditur igni,
At tepefacta tamen veniat commista calore.
MOBILITAS autem fit fulminis, et gravis ictus,
Et celeri ferme pergunt sic fulmina lapsu,
Nubibus ipsa quod omnino prius incita se vis
Conligit, et magnum conamen sumit eundi;

foudre. Ce même phénomène peut se reproduire dans chaque nuage, selon la force et la direction du vent.

Peut-être, le vent, sans être d'abord mêlé de feu, s'enflamme, en froissant l'air dans un long espace, se dépouille dans son cours de ses grossiers élémens, enchaînés par le fluide aérien ; le vent détache de l'air même qu'il presse les principes les plus subtils, les entraîne, et, par ce mélange, leur activité, redoublant sa pétulance, l'échauffe et l'embrase. Ainsi la balle de plomb devient brûlante dans un trajet long et rapide, parce qu'en se dépouillant de ses élémens les plus froids, elle recueille le feu de l'air qu'elle froisse.

Peut-être enfin, ces feux naissent du choc même du vent; quoique privé de semences ignées, quoique froid à l'instant où il s'élance, sa prompte violence exprime et fait jaillir de sa propre substance, ou du corps qu'il frappe, des feux étincelans. Ainsi du caillou froissé par le fer s'échappent des étincelles pétillantes; et, quoique dépouillés de chaleur, ces corps, par une vive pression, font jaillir des flammes : ainsi le souffle glacé des vents, par son choc rapide, peut embraser les corps qui recèlent des semences de feu. Qui nous révèlera d'ailleurs si le vent précipité si rapidement des célestes hauteurs est absolument glacé; s'il ne s'est pas attiédi en recueillant des molécules ignées dans son prompt essor ?

La force, la rapidité de la foudre, la violence de ses coups, naissent de son essence impétueuse qui, captivée dans les nuages, accroît sa véhémence, en s'efforçant de briser sa prison ; par ses forces redoublées, le nuage

Inde, ubi non potuit nubes capere impetis auctum,
Exprimitur vis, atque ideo volat impete miro,
Ut validis quæ de tormentis missa feruntur.

Adde, quod e parvis ac lævibus est elementis,
Nec facile est tali naturæ obsistere quidquam;
Inter enim fugit ac penetrat per rara viarum :
Non igitur multis offensibus in remorando
Hæsitat : hanc ob rem celeri volat impete labens :
Deinde, quod omnino natura pondera deorsum
Omnia nituntur; quum plaga sit addita vero,
Mobilitas duplicatur, et impetus ille gravescit;
Ut vehementius et citius, quæcunque morantur
Obvia, discutiat plagis, itinerque sequatur.

Denique, quod longo venit impete, sumere debet
Mobilitatem, etiam atque etiam quæ crescit eundo,
Et validas auget vires et roborat ictum;
Nam facit ut, quæ sint illius semina cunque,
E regione locum quasi in unum cuncta ferantur,
Omnia conjiciens in eum volventia cursum.

Forsan et ex ipso veniens trahit aere quædam
Corpora, quæ plagis intendunt mobilitatem.

Incolumesque venit per res atque integra transit
Multa, foraminibus liquidis quia travolat ignis;
Multaque perfringit, quum corpora fulminis ipsa
Corporibus rerum inciderint, qua texta tenentur.
Dissolvit porro facile æs, aurumque repente
Confervefacit, e parvis quia facta minute

se rompt, et le feu destructeur s'élance impétueux, comme les pierres, poussées par la baliste, volent avec une incroyable vitesse.

Songe que la foudre se compose d'élémens lisses et menus, et que, sous cette forme déliée, ils trouvent peu d'obstacles; elle s'introduit rapidement dans les plus étroits passages. Peu de corps sont doués de la puissance de résister à son choc, et de ralentir son cours impétueux; d'ailleurs, tout fardeau est entraîné dans les régions inférieures : ainsi, sa pesanteur et son impulsion réunies accroissent sa rapide vitesse. La foudre, mue par ces deux puissances, écarte en un moment les obstacles qu'elle frappe, et sans retard poursuit sa libre carrière.

Enfin, par l'immensité de sa chute, sa vitesse redouble et s'accroît sans cesse; elle augmente sa force et son impétuosité, car tous ses élémens divers réunissent vers un but commun leurs efforts mutuels.

Peut-être aussi, en se précipitant vers nous, la foudre envahit des flots d'air, des élémens qui redoublent son choc et sa vélocité.

Quelquefois, la foudre frappe des corps sans les dissoudre; dans leur vol, ses feux liquides en traversent les tissus poreux; d'autres sont dissous par son choc, qui frappe directement et brise les liens de ces corps. Sans peine elle liquéfie l'airain, et fait bouillonner l'or, parce que ses élémens lisses et subtils, aisément introduits

Corporibus vis est et lævibus ex elementis,
Quæ facile insinuantur, et insinuata repente
Dissolvunt nodos omnes, et vincla relaxant.
AUTUMNOQUE magis, stellis fulgentibus, alta
Concutitur cœli domus undique, totaque tellus,
Et quum tempora se veris florentia pandunt;
Frigore enim desunt ignes; ventique calore
Deficiunt, neque sunt tam denso corpore nubes.
Inter utrumque igitur quum cœli tempora constant,
Tum variæ causæ concurrunt fulminis omnes:
Nam fretus ipse anni permiscet frigus et æstum,
Quorum utrumque opus est fabricanda ad fulmina nobis,
Ut discordia sit rerum, magnoque tumultu
Ignibus et ventis furibundus fluctuet aer:
Prima caloris enim pars, et postrema rigoris,
Tempus id est vernum; quare pugnare necesse est
Dissimiles inter se res, turbareque mistas:
Et calor extremus primo cum frigore mistus
Volvitur, autumni quod fertur nomine tempus;
Hic quoque confligunt hiemes æstatibus acres.
Propterea sunt hæc bella anni nominitanda;
Nec mirum est, in eo si tempore plurima fiunt
Fulmina, tempestasque cietur turbida cœlo;
Ancipiti quoniam bello turbatur utrinque,
Hinc flammis, illinc ventis humoreque misto.
Hoc est igniferi naturam fulminis ipsam
Perspicere, et qua si faciat rem quamque videre;
Non Tyrrhena retro volventem carmina frustra
Indicia occultæ Divûm perquirere mentis,
Unde volans ignis pervenerit, aut in utram se

dans les veines de ces métaux, en rompent tous les nœuds, en relâchent tous les liens.

Quand l'automne paraît, quand le printemps se couronne de fleurs, c'est alors que la foudre ébranle avec plus de fureur la surface de la terre, et la voûte où roulent les astres resplendissans : l'hiver n'a point assez de feux ; l'été n'excite point assez l'haleine des vents, et n'amasse point assez de vapeurs nuageuses. Ce n'est donc qu'entre l'une et l'autre saison que la nature réunit les élémens qui couvent la foudre. Le froid et le chaud s'y réunissent comme dans un intervalle commun, et leur mélange enfante ce foyer de désordres, qui bouleverse le monde, allume en grondant les feux de la tempête, et, dans les airs troublés, déchaîne les vents furieux. En effet, le printemps se forme de la fin de l'hiver, et des premiers jours de l'été ; et le froid et le chaud, rivaux implacables, s'entrechoquent dans cette saison. Ainsi leur lutte recommence dans l'automne, mitoyen intervalle entre l'été et l'hiver : on peut nommer ces deux époques de l'année les temps de guerre de la nature. Ne soyons donc pas surpris que les foudres grondent, et que le ciel soit ébranlé par les orages, dans les jours où la discorde est excitée, là par les feux ardens, ici par les vents et les nuages.

C'est en approfondissant ces secrets, ô Memmius, que la nature et les effets de la foudre nous sont révélés. Ne va donc plus demander aux fourbes sacrés d'Étrurie de chercher dans les traces de la foudre la secrète volonté des dieux, ni d'observer le lieu d'où elle part, la

Verterit hic partem, quo pacto per loca septa
Insinuarit, et hinc dominatus ut extulerit se,
Quidve nocere queat de coelo fulminis ictus.
Quod si Jupiter atque alii fulgentia Divi
Terrifico quatiunt sonitu coelestia templa,
Et jaciunt ignes, quo cuique est cumque voluptas,
Cur, quibus incautum scelus aversabile cumque est,
Non faciunt, icti flammas ut fulguris halent
Pectore perfixo, documen mortalibus acre?
Et potius nullae sibi turpis consciu' rei
Volvitur in flammis innoxius inque peditur,
Turbine coelesti subito conreptus et igni?

Cur etiam loca sola petunt frustraque laborant?
An con brachia suefaciunt firmantque lacertos?
In terraque patris cur telum perpetiuntur
Obtundi? cur ipse sinit, neque parcit in hostes?

Denique, cur nunquam coelo jacit undique puro
Jupiter in terras fulmen sonitusque profundit?
An, simul ac nubes successere, ipse in eas tum
Descendit, prope ut hinc teli determinet ictus?
In mare qua porro mittit ratione? quid undas
Arguit, et liquidam molem camposque natantes?
Praeterea, si vult caveamus fulminis ictum,
Cur dubitat facere ut possimus cernere missum?
Si necopinantes autem vult opprimere igni,
Cur tonat ex illa parte, ut vitare queamus?

région où elle s'élance, comment elle pénètre l'épaisseur de nos murailles, s'en échappe triomphante, et quels désastres sa chute présage au monde.

Si Jupiter ou les autres dieux ébranlent du fracas terrible de la foudre le temple des cieux resplendissans ; si leur volonté divine en dirige les traits, que ne frappent-ils ces monstres souillés de forfaits odieux ? que n'enfoncent-ils les traits du tonnerre jusqu'au fond de leurs cœurs criminels, comme un exemple redoutable pour le reste des hommes ? Mais des mortels, purs de toute faute, qui n'ont à expier aucune action honteuse, innocens, vont rouler dévorés dans les tourbillons du feu céleste.

Et pourquoi les dieux perdraient-ils leurs efforts en frappant des lieux solitaires ? voudraient-ils aguerrir leur bras, afin de porter des coups plus assurés ? pourquoi souffrent-ils que les traits vengeurs du père des Immortels s'émoussent sur la terre insensible ? et ce dieu, pourquoi se dépouille-t-il vainement de ses traits ? que ne les réserve-t-il pour l'ennemi qui l'outrage ?

Enfin, pourquoi l'Immortel ne lance-t-il jamais ses foudres sur la terre quand le ciel est serein ? descend-il entouré de nuages qui s'amoncellent, afin de porter de plus près des coups plus inévitables ? mais pourquoi les lancer sur la mer impassible, et gourmander le sommet liquide de ses campagnes flottantes ?

Veut-il, en nous prévenant ainsi, que nous évitions sa foudre ? pourquoi rend-il donc son trait invisible à nos yeux ? veut-il au contraire nous surprendre par sa foudre rapide ? pourquoi révéler par le bruit le lieu d'où son

Cur tenebras ante et fremitus et murmura concit?

Et simul in multas partes qui credere possis
Mittere? an hoc ausis nunquam contendere factum,
Ut fierent ictus uno sub tempore plures?
At saepe est numero factum, fierique necesse est,
Ut pluere in multis regionibus et cadere imbres,
Fulmina sic uno fieri sub tempore multa.
Postremo, cur sancta Deum delubra, suasque
Discutit infesto praeclaras fulmine sedes,
Et bene facta Deum frangit simulacra, suisque
Demit imaginibus violento volnere honorem?
Altaque cur plerumque petit loca? plurimaque hujus
Montibus in summis vestigia cernimus ignis?

Quod superest, facile est ex his cognoscere rebus,
ΠΡΗΣΤΗΡΑΣ Graii quos ab re nominitarunt,
In mare qua missi veniant ratione superne.
Nam fit, ut interdum tanquam demissa columna
In mare de coelo descendat, quam freta circum
Ferviscunt graviter spirantibus incita flabris;
Et quaecunque in eo tum sunt deprensa tumultu
Navigia, in summum veniunt vexata periclum.
Hoc fit, ubi interdum non quit vis incita venti
Rumpere, quam coepit, nubem; sed deprimit, ut sit
In mare de coelo tanquam demissa columna
Paulatim, quasi quid pugno brachiique superne

courroux la déchaîne? pourquoi ces longs frémissemens, ces murmures, ces voiles ténébreux, avant-coureurs du tonnerre?

Conçoit-on qu'il divise son trait, et le lance à la fois dans des lieux divers? vérité qu'on ne peut révoquer sans combattre l'expérience. En un même instant il frappe dans des directions opposées : comme les flots de la pluie, la foudre peut souvent se disperser dans l'espace.

Enfin, pourquoi le tonnerre frappe-t-il surtout les temples, ces pompeux édifices consacrés à la divinité? pourquoi brise-t-il ces marbres où l'art fait respirer la majesté des dieux? Quoi! les coups indiscrets de leur immortel souverain flétrissent et suppriment les honneurs voués à leurs propres images. Pourquoi ne semblent-ils attaquer que les lieux les plus élevés? et pourquoi précipiter ses traits les plus nombreux sur la cime des montagnes?

Après avoir exploré les phénomènes du tonnerre, il est plus facile de connaître comment, du haut des cieux, fondent sur les mers ces trombes, que leur violente rapidité fit nommer *presters* par les Grecs. La trombe se précipite sur les eaux, et du haut des cieux pend en immense colonne; autour d'elle, soulevés par un souffle impétueux, les flots bouillonnent. Quel péril menace les vaisseaux surpris et enveloppés dans cette masse orageuse! le vent, faible à sa naissance, l'environne, rugit, la presse sans pouvoir la rompre; il redouble d'efforts, abaisse par degrés le nuage, le contourne comme une colonne dirigée des cieux sur les

Conjectu trudatur et extendatur in undas;
Quam quum discidit, hinc prorumpitur in mare venti
Vis, et fervorem mirum concinnat in undis;
Versabundus enim turbo descendit, et illam
Deducit pariter lento cum corpore nubem :
Quam simul ac gravidam detrusit ad æquora ponti,
Ille in aquam subito totum se immittit, et omne
Excitat ingenti sonitu mare fervere cogens.
Fit quoque, ut involvat venti se nubibus ipse
Vortex, conradens ex aere semina nubis,
Et quasi demissum cœlo prestera imitetur :
Hic ubi se in terras demisit dissolvitque,
Turbinis immanem vim promovit atque procellæ;
Sed quia fit raro omnino, montesque necesse est
Officere in terris, apparet crebrius idem
Prospectu maris in magno, cœloque patenti.

Nubila concrescunt, ubi corpora multa volando
Hoc super in cœli spatio coiere repente,
Asperiora, modis quæ possint indupedita
Exiguis, tamen inter se comprensa teneri :
Hæc faciunt primum parvas consistere nubes :
Inde ea comprendunt inter se conque gregantur,
Et conjungendo crescunt, ventisque feruntur
Usque adeo, donec tempestas sæva coorta est.
Fit quoque, uti montis vicina cacumina cœlo
Quam sint quæque magis, tanto magis edita fument
Assidue fulvæ nubis caligine crassa;
Propterea quia, quum consistunt nubila primum,
Ante videre oculi quam possint tenuia, venti

mers, ou comme une masse précipitée par des bras vigoureux, et prolongée sur les ondes. Enfin, par sa violence, le vent crève le nuage, l'entraîne au fond de la mer qui se soulève en bouillonnant; car le tourbillon agité fait descendre la nue assujettie à sa rapidité, et la mer orageuse ouvre un passage au vent furieux, qui tout entier s'engouffre dans l'océan, dont les flots à la fois se soulèvent, roulent et grondent.

Quelquefois aussi, le vent s'enveloppe lui-même dans les élémens nuageux qu'il condense, en courant se roule, et, comme la mer, la terre craint la trombe. Le nuage, abaissé sur la plaine, se brise, et fait jaillir de ses flancs d'horribles tourbillons. La terre éprouve plus rarement ces terribles fléaux : les montagnes brisent le vol de l'ouragan, l'affaiblissent et le dissipent; mais, sur la surface aplanie de l'océan, un immense horizon s'ouvre à sa fureur.

Les nuages se forment des nombreux corpuscules anguleux qui nagent dans l'atmosphère, s'accrochent, se lient par leurs aspérités, et, malgré l'insensible finesse de leurs liens, parviennent à se condenser. D'abord légers nuages, ils se joignent, s'accroissent, s'accumulent, et demeurent soutenus par les vents, jusqu'à l'instant où de leur sein noirci se déchaînent les tempêtes furieuses.

Tu le vois, plus les cimes des montagnes sont voisines des cieux, plus elles s'environnent de brouillards jaunissans, et des flots fumeux de vapeurs épaissies; parce qu'à l'instant où les nuages encore imperceptibles commencent à se condenser, les vents les poussent et

Portantes cogunt ad summa cacumina montis;
Hic demum fit uti, turba majore coorta,
Condensa ac stipata simul cernantur, et udo
Vertice de montis videantur surgere in æthram :
Nam loca declarat sursum ventosa patere
Res ipsa et sensus, montes quum ascendimus altos.
PRÆTEREA, permulta mari quoque tollere toto
Corpora Naturam, declarant littore vestes
Suspensæ, quum concipiunt humoris adhæsum;
Quo magis ad nubes augendas multa videntur
Posse quoque e salso consurgere momine ponti.
Præterea, fluviis ex omnibus, et simul ipsa
Surgere de terra nebulas æstumque videmus,
Quæ velut halitus, hinc ita sursum expressa feruntur,
Suffunduntque sua cœlum caligine, et altas
Sufficiunt nubes paulatim conveniundo;
Urget enim quoque signiferi super ætheris æstus,
Et quasi densando subtexit cærula nimbis.

FIT quoque, ut hunc veniant in cœtum extrinsecus illa
Corpora, quæ faciunt nubes nimbosque volantes;
Innumerabilem enim numerum, summamque profundi
Esse infinitam docui, quantaque volarent
Corpora mobilitate ostendi, quamque repente
Immemorabile per spatium transire solerent :
Haud igitur mirum est, si parvo tempore sæpe
Tam magnos montes tempestas, atque tenebræ
Cooperiant maria ac terras, impensa superne;
Undique quandoquidem per caulas ætheris omnes,
Et quasi per magni circum spiracula mundi,

les amoncellent sur le sommet des monts; bientôt ils se rapprochent, s'épaississent; on les voit, en accumulant leurs flots, s'élancer des cimes humides vers les hautes régions célestes. En effet, nous l'éprouvons nous-mêmes en parcourant les monts, les lieux les plus élevés sont le théâtre du combat des vents.

D'AILLEURS, la nature enlève sans cesse de toute la surface des mers d'innombrables corpuscules liquides. Suspendez des vêtemens sur la rive des eaux; ils s'humectent à l'instant. Ainsi des émanations continues, s'élevant des plaines amères, vont alimenter les nuages. Ne vois-tu pas aussi du lit des fleuves, du sein même de la terre, s'exhaler des vapeurs chaudes et nébuleuses, dont les ondulations, élancées dans les airs, forment insensiblement des nuages épais, qui obscurcissent les cieux? Ils s'agglomèrent rapidement, car les flots éthérés les pressent des hautes régions, les épaississent, et voilent, pour ainsi dire, sous leur tissu nébuleux l'azur du firmament.

PEUT-ÊTRE enfin, ces corps humides et déliés, qui accroissent les nuages, et forment les tempêtes, sont-ils par leur vol rapide apportés d'un monde étranger. Je te l'ai enseigné, le nombre des parties élémentaires est innombrable, et l'univers est infini; tu connais l'agilité des élémens de la matière, et dans quels courts instans ils traversent les interminables espaces de la nature. Ne sois donc pas surpris que les nuages, en volant dans les airs, enveloppent de ténèbres les plus hautes montagnes, envahissent et l'océan et la terre; puisque, de tous côtés, leurs élémens trouvent pour circuler,

Exitus introitusque elementis redditus exstat.

Nunc age, quo pacto pluvius concrescat in altis
Nubibus humor, et in terras demissus ut imber
Decidat, expediam : primum jam semina aquai
Multa simul vincam consurgere nubibus ipsis
Omnibus ex rebus, pariterque ita crescere utrasque,
Et nubes, et aquam, quæcunque in nubibus exstat;
Ut pariter nobis corpus cum sanguine crescit,
Sudor item atque humor quicunque est denique membris:
Concipiunt etiam multum quoque sæpe marinum
Humorem, veluti pendentia vellera lanæ,
Quum supera magnum venti mare nubila portant.
Consimili ratione ex omnibus amnibus humor
Tollitur in nubes, quo quum bene semina aquarum
Multa modis multis convenere undique adaucta,
Confertæ nubes vi venti mittere certant
Dupliciter; nam vis venti contrudit, et ipsa
Copia nimborum, turba majore coorta,
Urget et e supero premit, ac facit effluere imbres.

Præterea, quum rarescunt quoque nubila ventis,
Aut dissolvuntur solis super icta calore,
Mittunt humorem pluvium, stillantque, quasi igni
Cera super calido tabescens multa liquescat.

Sed vehemens imber fit, ubi vehementer utroque
Nubila vi cumulata premuntur, et impete venti :
At retinere diu pluviæ longumque morari
Consuerunt, ubi multa fuerunt semina aquarum;
Atque aliis aliæ nubes, nimbique rigantes

de vastes issues dans les conduits du fluide éthéré, immenses soupiraux de l'enceinte du monde.

Poursuis, apprends comment la vapeur pluvieuse s'épaissit en nuages, et du ciel retombe sur la terre. Tu n'en peux douter, de tous les corps s'élèvent, en même temps que le fluide nuageux, une infinité de molécules aqueuses, qui s'accroissent en même temps que la substance des nues, et s'unissent avec elle, comme on voit le sang, la sueur, et les différens fluides de nos corps s'accroître avec les membres. Les nuages recueillent aussi la vapeur de la mer, lorsque, pareils à des flocons laineux, ils volent suspendus sur les flots. Des torrens et des fleuves les tributs humides alimentent aussi les nuages ; quand ces vapeurs humides, émanées par les corps divers, et réunies de tous les points de l'espace, sont agglomérées par les vents qui les poussent, ces moites tourbillons, pressés en flottant, abaissés par leur poids, et divisés par l'attaque des vents, s'écoulent en flots de pluie.

Et lorsque les vents raréfient les nuages, ou lorsque les rayons du soleil les dissolvent, l'humide pluvieux s'échappe et tombe, et, comme la cire liquéfiée sur le feu, il coule goutte à goutte.

Si les nuages sont soumis à la pression de leur propre pesanteur, et de l'impulsion des vents, la pluie alors tombe à grands flots : quand ces nuages contiennent un amas énorme de semences aqueuses, s'accumulent les uns sur les autres, et remplissent de tous côtés la voûte

Insuper, atque omni volgo de parte feruntur;
Terraque quum fumans humorem tota rehalat.

Hinc ubi sol radiis tempestatem inter opacam
Adversa fulsit nimborum aspergine contra,
Tum color in nigris existit nubibus arqui.

Cætera, quæ sursum crescunt sursumque creantur,
Et quæ concrescunt in nubibus omnia, prorsum
Omnia, nix, venti, grando, gelidæque pruinæ,
Et vis magna geli, magnum duramen aquarum,
Et mora quæ fluvios passim refrænat euntes,
Perfacile est tamen hæc reperire animoque videre,
Omnia quo pacto fiant quareve creentur,
Quum bene cognoris, elementis reddita quæ sint.
Nunc age, quæ ratio terrai motibus exstet,
Percipe, et imprimis terram fac ut esse rearis
Subter item, ut supera est, ventis atque undique plenam
Speluncis, multosque lacus multasque lacunas
In gremio gerere et rupes deruptaque saxa,
Multaque sub tergo terrai flumina tecta
Volvere vi fluctus submersaque saxa putandum est;
Undique enim similem esse sui res postulat ipsa.
His igitur rebus subjunctis suppositisque,
Terra superne tremit, magnis concussa ruinis
Subter, ubi ingentes speluncas subruit ætas;
Quippe cadunt toti montes, magnoque repente
Concussu late disserpunt inde tremores;
Et merito, quoniam plaustris concussa tremiscunt

céleste, et quand la terre, par ses exhalaisons, leur restitue les humides flots dont ils l'ont abreuvée, la pluie prolonge sa durée, et long-temps nous emprisonne sous nos toits.

Lorsque le soleil, opposé au nuage, lance ses rayons éclatans à travers l'orageuse opacité, au milieu des ténèbres de la tempête, s'étend l'arc aux brillantes couleurs.

Ainsi, après avoir exploré la nature des élemens, il est facile d'approfondir les causes et de dévoiler les effets des nombreux météores qui naissent et s'accroissent dans les flancs des nuages, les flocons neigeux, les vents, la grêle, les frimats, la gelée, dont le pouvoir durcit les vastes flots, et comprime sous un frein la rapidité des fleuves.

Maintenant, apprenons quelles causes font trembler la terre ; comme à sa surface le globe enferme dans ses flancs des cavernes, des lacs, des gouffres qu'habitent des vents impétueux, des pierres, des rochers, des fleuves souterrains, dont les rapides torrens roulent des rocs submergés. Car, la raison l'atteste, la terre, dans ses profondeurs, ou à sa superficie, est partout semblable à elle-même.

Si cette supposition est confirmée par sa vérité, les tremblemens qui bouleversent la surface du globe sont dûs à l'écroulement souterrain de quelques immenses cavernes, que le temps parvient enfin à renverser. N'en doute pas, des montagnes entières se brisent, tombent, et leur choc horrible et prompt propage au loin ses longs

Tecta viam propter non magno pondere tota;
Nec minus exsultant, ubi currus fortis equûm vis
Ferratos utrinque rotarum succutit orbes.

Fit quoque, ubi magnas in aquæ vastasque lacunas
Gleba vetustate e terra provolvitur ingens,
Ut jactetur aqua, et fluctu quoque terra vacillet;
Ut vas in terra non quit constare, nisi humor
Destitit in dubio fluctu jactarier intus.

Præterea, ventus quum per loca subcava terræ
Conlectus, parti ex una procumbit, et urget
Obnixus magnis speluncas viribus altas,
Incumbit tellus, quo venti prona premit vis;
Tum supera terram quæ sunt exstructa domorum,
Ad cœlumque magis quanto sunt edita quæque,
Inclinata minent in eandem prodita partem;
Protractæque trabes impendent ire paratæ,
Et metuunt magni naturam credere mundi
Exitiale aliquod tempus cladcmque manere,
Quum videant tantam terrarum incumbere molem:
Quod nisi respirent venti, non ulla refrænet
Res, neque ab exitio possit reprendere euntes;
Nunc quia respirant alternis inque gravescunt,
Et quasi conlecti redeunt ceduntque repulsi,
Sæpius hanc ob rem minitatur terra ruinas,
Quam facit; inclinatur enim retroque recellit,
Et recipit prolapsa suas se in pondere sedes:

ébranlemens. Tu le conçois, puisqu'un char, dont le poids n'est pas énorme, fait trembler en roulant les édifices voisins de son passage, et que d'impétueux coursiers, en traînant rapidement les orbes de fer des roues étincelantes, ébranlent et font retentir tous les monumens d'alentour.

Peut-être aussi, lorsqu'une énorme masse de terre arrachée par le temps s'écroule dans de vastes et profondes cavités remplies d'eau, l'oscillation des ondes souterraines agite la surface du globe; tel un vase, plein d'une eau bouillonnante, vacille comme elle, et ne reprend son immobilité, que quand la liqueur a cessé ses ondulations.

Quand l'ouragan, couvé dans les flancs caverneux de la terre, se précipite et tombe sur l'un de ses côtés, réunit toutes ses forces dans de profondes cavités, du côté que le vent presse de sa violence la terre penche; soudain les édifices qui surchargent sa surface s'inclinent avec elle; leur cime est d'autant plus vacillante qu'elle avoisine plus les cieux. Les poutres s'ébranlent, crient, se détachent, nous menacent de leur chute; quand ces masses énormes semblent prêtes à nous engloutir, on doute si la nature n'a point enfin prescrit l'instant de la destruction du monde. Et si les vents furieux n'étaient, pour ainsi dire, contraints de reprendre haleine, aucun frein ne pourrait captiver leur courroux destructeur; mais, toujours agresseurs et toujours repoussés, ils respirent, et passent alternativement de la lutte au repos. La terre s'incline, et soudain se relève; perd l'équilibre, et le retrouve par son poids. Aussi, lorsqu'elle semble prête à s'écrouler, son courroux se borne à la menace; c'est

Hac igitur ratione vacillant omnia tecta,
Summa magis mediis, media imis, ima perhilum.

Est hæc ejusdem quoque magni causa tremoris,
Ventus ubi atque animæ subito vis maxima quædam,
Aut extrinsecus, aut ipsa a tellure coorta,
In loca se cava terrai conjecit, ibique
Speluncas inter magnas fremit ante tumultu,
Versabundaque portatur; post incita quum vis
Exagitata foras erumpitur, et simul artam
Diffindens terram magnum concinnat hiatum :
In Tyria Sidone quod accidit, et fuit Ægis
In Peloponneso : quas exitus hic animai
Disturbat urbes, et terræ motus obortus !
Multaque præterea ceciderunt mœnia magnis
Motibus in terris, et multæ per mare pessum
Subsedere suis pariter cum civibus urbes.
Quod nisi prorumpit, tamen impetus ipse animai,
Et fera vis venti, per crebra foramina terræ
Dispertitur, ut horror, et incutit inde tremorem;
Frigus uti nostros penitus quum venit in artus,
Concutit, invitos cogens tremere atque moveri :
Ancipiti trepidant igitur terrore per urbes;
Tecta superne timent, metuunt inferne, cavernas
Terrai ne dissolvat Natura repente;
Neu distracta suum late dispandat hiatum,
Idque suis confusa velit complere ruinis.
Proinde licet quamvis cœlum terramque reantur
Incorrupta fore, æternæ mandata saluti,
Attamen interdum præsens vis ipsa pericli

par cet entraînement que les édifices vacillent : l'oscillation est considérable à leur sommet, moins grande à leur centre, insensible à leur base.

Peut-être ces horribles ébranlemens sont-ils causés par un vent impétueux, un souffle violent d'une force irrésistible, introduit tout à coup des régions extérieures, ou enfanté dans le sein même de la terre ; le tourbillon s'engouffre dans de profondes cavités, envahit en tous sens les antres souterrains, s'y roule et gronde impétueux, presse le globe qui l'emprisonne, le brise, et s'échappe en ouvrant d'immenses abîmes. Ainsi furent jadis englouties Sidon dans les champs tyriens, Égine dans le Péloponnèse. Eh! combien de cités furent renversées par ces terribles combats des vents qui bouleversent la terre! que de villes populeuses, englouties par ces horribles déchiremens de la terre, rentrèrent dans ses entrailles, où s'abimèrent avec leurs citoyens dans les profondeurs des mers ?

Si le vent n'a pu rompre sa captivité, sa masse tumultueuse se divise, et envahit les conduits sinueux de la terre, qui, saisie d'un âpre frisson, tremble dans toute sa surface. C'est ainsi que le froid, en pénétrant jusqu'au fond de nos corps, les contraint de frissonner. Alors la terreur, sous divers aspects, épouvante les habitans des cités; le toit qui les couvre, le sol qui les porte, les menacent à la fois; ils appréhendent que la nature ne brise tout à coup l'édifice du monde, n'entr'ouvre des gouffres immenses, et ne les comble des débris de la terre et des cieux. La croyance de l'immortelle et indestructible existence du monde les rassure vainement: à l'aspect d'un péril si menaçant, ils craignent que la

Subditat hunc stimulum quadam de parte timoris,
Ne pedibus raptim tellus subtracta feratur
In barathrum, rerumque sequatur prodita summa
Funditus, et fiat mundi confusa ruina.

NUNC ratio reddunda, augmen cur nesciat æquor.
Principio mare mirantur non reddere majus
Naturam, quo tantu' fuat decursus aquarum,
Omnia quo veniant ex omni flumina parte;
Adde vagos imbres, tempestatesque volantes,
Omnia quæ maria ac terras sparguntque rigantque;
Adde suos fontes; tamen ad maris omnia summam
Guttai vix instar erunt unius ad augmen :
Quo minus est mirum mare non augescere magnum.
PRÆTEREA, magnam sol partem detrahit æstu;
Quippe videmus enim vestes humore madentes
Exsiccare suis radiis ardentibu' solem;
At pelage multa et late substracta videmus;
Proinde licet quamvis ex uno quoque loco sol
Humoris parvam delibet ab æquore partem,
Largiter in tanto spatio tamen auferet undis.
TUM porro venti magnam quoque tollere partem
Humoris possunt verrentes æquora ponti :
Una nocte vias quoniam persæpe videmus
Siccari, mollisque luti concrescere crustas.
PRÆTEREA, docui multum quoque tollere nubes
Humorem magno conceptum ex æquore ponti,
Et passim toto terrarum spargere in orbe,
Quum pluit in terris, et venti nubila portant.

nature ne soit déchue de sa puissance; que la terre, en se dérobant sous leurs pas, ne s'écroule en tombant de gouffre en gouffre; que sa chute n'entraîne la destruction du grand tout, et que le monde entier ne devienne un amas confus de ruines.

Maintenant, apprenons pourquoi les eaux de la mer ne s'accroissent jamais. Quoi! tant de torrens, de fleuves divers s'y précipitent sans cesse; tant de flots pluvieux, et d'orages, qui dans leur vol traversent les airs, et fondent à la fois sur la terre et sur l'océan; quoi! les sources qu'elle-même recèle n'augmentent jamais la masse de ses ondes! Cesse de t'étonner : ces eaux réunies ne sont dans les immenses gouffres des mers qu'une goutte insensible.

Le soleil, par son ardeur, pompe une immense partie de ces eaux. Ses rayons brûlans, qui sèchent en un moment les étoffes humectées, ne doivent-ils pas puiser des flots de vapeurs, sur la vaste surface qu'embrasse le soleil? A chaque place, sans doute, le tribut est modique, mais, répétée sans cesse, cette évaporation devient immense avec l'immense espace.

D'ailleurs, les vents peuvent, en balayant la plaine liquide, emporter une grande partie de son onde, puisque une nuit suffit à leur souffle, pour dessécher les chemins, et durcir la fange humide.

Déja je te l'ai enseigné, les nuages attirent vers eux la vapeur de la mer, et bientôt la dispersent de tous côtés; en versant des flots de pluie sur le globe, ou en transportant leurs tourbillons nuageux dans les champs aériens.

Postremo, quoniam raro cum corpore tellus
Est, et conjunctas oras maris undique cingit,
Debet, ut in mare de terris venit humor aquai,
In terras itidem manare ex aequore salso;
Percolatur enim virus, retroque remanat
Materies humoris, et ad caput amnibus omnis
Confluit; inde super terras redit agmine dulci,
Qua via secta semel liquido pede detulit undas.

Nunc ratio quae sit, per fauces montis ut Aetnae
Exspirent ignes interdum turbine tanto,
Expediam : neque enim media de clade coorta
Flammae tempestas, Siculum dominata per agros,
Finitimis ad se convertit gentibus ora,
Fumida quum coeli scintillare omnia templa
Cernentes, pavida complebant pectora cura,
Quid moliretur rerum Natura novarum.

Hisce tibi rebus late est alteque videndum,
Et longe cunctas in partes dispiciendum,
Ut reminiscaris summam rerum esse profundam,
Et videas coelum summai totius unum
Quam sit parvula pars, et quam multesima constet,
Et quota pars homo terrai sit totius unus.
Quod bene propositum si plane contueare
Ac videas plane, mirari multa relinquas.
Num quis enim nostrum miratur, si quis in artus
Accepit calido febrim fervore coortam,
Aut alium quemvis morbi per membra dolorem?
Obturgescit enim subito pes, arripit acer

Enfin, la terre, dont la substance est poreuse, environne la mer, et la mer la ceint de toutes parts; ainsi, la mer, qui reçoit les ondes de la terre, lui restitue les flots qui lui sont versés; ils s'infiltrent dans des conduits souterrains, se dégagent de leur amertume; ils refluent rassemblés vers la source des fleuves, et leurs ondes adoucies, reparaissant à la surface de la terre, s'écoulent dans les voies sinueuses que le sol entr'ouvre à leurs pas liquides.

Maintenant, pourquoi les bouches de l'Etna exhalent-elles, par intervalle, d'épais tourbillons de flamme? je vais le révéler. Ne crois pas que, environné par la terreur et la destruction, un orage de feu, déchaîné sur les champs de la Sicile, ait jadis épouvanté les regards des peuples d'alentour, et qu'à l'aspect de ces torrens de flamme et de fumée jaillissant vers le temple des cieux, prosternés, ils aient attendu, l'effroi dans le cœur, le nouveau désastre que méditait la nature.

Pour sonder un tel sujet, il faut d'un coup d'œil pénétrant embrasser les immenses parties de la nature; songer que son ensemble est infini; que, dans son sein, tout paraît s'effacer et se perdre; que ce vaste ciel n'est qu'un point dans l'univers, et que, sur ce globe qu'il habite, l'homme n'est qu'un atôme imperceptible. Quand ces vérités auront dessillé tes yeux, combien de phénomènes cesseront de te paraître admirables!

Ainsi, qui de nous s'étonne de voir la fièvre ardente dévorer un faible mortel, ou la maladie accabler ses membres endoloris? Soudain ses pieds se gonflent, sa dent est ébranlée par la douleur aiguë, la douleur en-

Sæpe dolor dentes, oculos invadit in ipsos;
Existit sacer ignis, et urit corpore serpens
Quamcunque arripuit partem, repitque per artus :
Nimirum, quia sunt multarum semina rerum;
Et satis hæc tellus nobis cœlumque mali fert,
Unde queat vis immensi procrescere morbi :
Sic igitur toti cœlo terræque putandum est
Ex infinito satis omnia suppeditare,
Unde repente queat tellus concussa moveri,
Perque mare et terras rapidus percurrere turbo,
Ignis abundare Ætnæus, flammescere cœlum;
Id quoque enim fit, et ardescunt cœlestia templa,
Ut tempestates pluviæ graviore coortu
Sunt, ubi forte ita se retulerunt semina aquarum.

At nimis est ingens incendî turbidus ardor :
Scilicet et fluvius, qui non est, maximus ei est,
Qui non ante aliquem majorem vidit, et ingens
Arbor homoque videtur, et omnia de genere omni,
Maxima quæ vidit quisque, hæc ingentia fingit :
Quum tamen omnia cum cœlo, terraque, marique
Nil sint ad summam summai totius omnem.

Nunc tamen, illa modis quibus inritata repente
Flamma foras vastis Ætnæ fornacibus efflet,
Expediam : primum totius subcava montis
Est natura, fere silicum suffulta cavernis;
Omnibus est porro in speluncis ventus et aer;
Ventus enim fit, ubi est agitando percitus aer :

vahit les yeux, le feu sacré s'embrase dans son sein, il dévore ses membres. On voit ces maux sans surprise; l'habitude nous révèle les émanations dangereuses qui s'échappent d'un grand nombre d'objets, et que des exhalaisons de la plaine des airs ou d'un sol pernicieux répandent et développent les germes des maux les plus meurtriers. Crois donc que des confins de l'espace infini, d'intarissables sources d'élémens funestes répandus dans le ciel et sur la terre peuvent ébranler le globe par des secousses soudaines, couvrir les champs et les ondes de tourbillons destructeurs, entretenir les feux de l'Etna, et l'éternel embrasement de la voûte du monde. Oui, le temple céleste peut aussi facilement s'embraser en réunissant les semences de feu, qu'il peut recéler les torrens pluvieux dont il inonde la terre, quand il a rassemblé sous sa vaste rotonde les flots d'humides vapeurs.

Ces ardens incendies sont trop immenses, me diras-tu? Mais compare, pour juger : le premier fleuve qui frappe nos yeux nous paraît le plus vaste des fleuves; un arbre, un homme, tous les corps divers, quand nous n'avons jamais rien connu de plus grand, nous semblent toujours immenses; et cependant, les plus vastes objets, le ciel même, la terre, anéantissent leur immensité dans l'immensité de l'univers.

Mais, révélons par quel pouvoir la flamme en sa fureur s'élance des brûlantes fournaises de l'Etna. Les flancs de la montagne se creusent, et sa base presse des cavernes remplies de rocs et de pierres; ces antres creux sont habités pas les vents; l'air circule, les parcourt sans cesse; car le vent n'est que l'air agité. Quand cet élé-

Hic ubi percaluit calefecitque omnia circum
Saxa furens, qua contingit, terramque, et ab ollis
Excussit calidum flammis velocibus ignem,
Tollit se ac rectis ita faucibus ejicit alte,
Funditque ardorem longe, longeque favillam
Differt, et crassa volvit caligine fumum;
Extruditque simul mirando pondere saxa:
Ne dubites quin hæc animai turbida sit vis.

Præterea, magna ex parti mare montis ad ejus,
Radices frangit fluctus, æstumque resorbet:
Ex hoc usque mari speluncæ montis ad altas
Perveniunt subter fauces; hac ire fatendum est,
Et penetrare animam penitus res cogit aperta,
Atque efflare foras, ideoque extollere flammas,
Saxaque subjectare, et arenæ tollere nimbos:
In summo sunt ventigeni crateres, ut ipsi
Nominitant, nos quas fauces perhibemus et ora.

Sunt aliquot quoque res, quarum unam dicere causam
Non satis est, verum plures, unde una tamen sit:
Corpus ut exanimum si quod procul ipse jacere
Conspicias hominis, fit ut omnes dicere causas
Conveniat lethi, dicatur ut illius una;
Nam neque cum ferro, neque frigore vincere possis
Interiisse, neque a morbo, neque forte veneno;
Verum aliquid genere esse ex hoc, quod concio dicat,
Scimus; item in multis hoc rebus dicere habemus.

ment redoutable s'est enflammé, et a transmis son ardeur à la terre, aux rochers qui l'emprisonnent, il se roule, les presse, en fait jaillir des flammes pétillantes, des feux dévorans; furieux, il monte, s'élance dans les vastes gorges de la montagne; de là, verse des torrens de flammes et de cendres, et, parmi les tourbillons d'une épaisse et noire fumée, il lance vers les cieux de brûlans rochers, dont la pesanteur atteste la force et la violence des vents.

D'AILLEURS, une partie de l'Etna est baignée par la mer; dans les profondes racines de la montagne elle brise ses flots, les y précipite, et les ramène en bouillonnant. Les cavernes s'étendent du rivage aux sommités du mont; quand les flots se retirent, les vents s'engouffrent dans ces vastes soupiraux, et remontent jusqu'aux cimes, c'est ainsi qu'ils lancent dans les airs des flammes, des rocs embrasés, et répandent de tous côtés des nuages d'un sable brûlant, qui s'échappe avec eux du haut de ces vastes *cratères* (ainsi nommés par les anciens), de ces gorges enfin, de ces bouches redoutables.

IL est des secrets de la nature, que l'on ne peut pénétrer en n'indiquant qu'une seule cause; il faut en offrir plusieurs, pour y chercher la vérité. Ainsi, de loin, tu vois cet homme inanimé étendu sur le sable : est-ce le fer, la maladie, le poison, qui lui portèrent la mort? Il est nécessaire d'énumérer toutes les causes mortelles, pour trouver la véritable; la raison nous dit qu'une seule a dû suffire : mais le témoin oculaire peut seul nous la révéler avec certitude. Le même doute nous suit dans l'explication d'un grand nombre de phénomènes.

Nilus in æstati crescit, campisque redundat
Unicus in terris Ægypti totius amnis :
Is rigat Ægyptum medium per sæpe calorem ;
Aut quia sunt æstate Aquilones ostia contra,
Anni tempore eo quo Etesia flabra feruntur ;
Et contra fluvium flantes remorantur, et undas
Cogentes sursus replent, coguntque manere :
Nam dubio procul hæc adverso flabra feruntur
Flumine, quæ gelidis a stellis axis aguntur :
Ille ex æstifera parti venit amnis ab austro,
Inter nigra virûm percoctaque sæcla calore,
Exoriens penitus media ab regione diei.
Est quoque, uti possit magnus congestus arenæ
Fluctibus adversis oppilare ostia contra,
Quum mare permotum ventis ruit intus arenam :
Quo fit uti pacto liber minus exitus amni,
Et proclivus item fiat minus impetus undis.

Fit quoque uti pluviæ forsan magis ad caput ejus,
Tempore eo fiant quo Etesia flabra Aquilonum
Nubila conjiciunt in eas tunc omnia partes :
Scilicet ad mediam regionem ejecta diei
Quum convenerunt, ibi ad altos denique montes
Contrusæ nubes coguntur, vique premuntur.
Forsit et Æthiopum penitus de montibus altis
Crescat, ubi in campos albas descendere ningues
Tabificis subigit radiis sol omnia lustrans.

Nunc age, Averna tibi quæ sint loca cunque lacusque,
Expediam, quali natura prædita constent.

UNIQUE fleuve de l'Égypte, le Nil, chaque été, s'accroît et l'inonde. C'est au milieu de la saison brûlante qu'il submerge les champs. Dans ce temps, les vents Étésiens raniment leur souffle, et peut-être, les Aquilons, se précipitant à l'embouchure du fleuve, s'opposent à son cours, l'enchaînent, envahissent son lit, et le contraignent à remonter vers sa source. Oui, l'haleine de ces vents rapides s'oppose à la pente du fleuve, puisqu'ils s'élancent constamment des cieux hyperborées, et que les flots du Nil sortent du fond des régions brûlantes où le soleil atteint la moitié de sa course, et verse à leurs noirs habitans les torrens du feu qui les dévore.

PEUT-ÊTRE, dans ces temps où la mer, soulevée par l'Aquilon, roule des sables, un vaste amas limoneux à l'embouchure du fleuve lui oppose une barrière mouvante ; et dans leur lit, dont la pente est moins inclinée, ses flots, moins libres, s'amassent et s'épanchent sur leurs rives.

PEUT-ÊTRE la pluie tombe plus abondante à la source du fleuve, quand les vents Étésiens chassent les nuages, et les rassemblent dans les régions du midi: ces nuages s'entassent épaissis au sommet des hautes montagnes ; pressés par leur propre pesanteur, ils cèdent à cette force, et tombent à grands flots.

PEUT-ÊTRE enfin, ces flots s'accroissent-ils dans le fond de l'Éthiopie : quand le soleil embrase toute la terre de ses rayons dévorans, il fait descendre dans les vallons les blancs tapis de neige qui couvraient les montagnes.

POURSUIS, et maintenant interrogeons ces sombres lieux, ces lacs, ces *Avernes*, que la nature a doués d'une

Principio, quod Averna vocantur, nomen id ab re
Impositum est, quia sunt avibus contraria cunctis;
E regione ea quod loca quum advenere volantes,
Remigii oblitæ, pennarum vela remittunt,
Præcipitesque cadunt molli cervice profusæ
In terram, si forte ita fert natura locorum,
Aut in aquam, si forte lacus substratus Averno est.
Qualis apud Cumas locus est montemque Vesevum,
Oppleti calidis ubi fumant fontibus auctus :
Est et Athenæis in mœnibus, arcis in ipso
Vertice, Palladis ad templum Tritonidos almæ,
Quo nunquam pennis appellunt corpora raucæ
Cornices, non quum fumant altaria donis :
Usque adeo fugitant non iras Palladis acres,
Pervigili causa, Graiûm ut cecinere poetæ;
Sed natura loci hoc opus efficit ipsa sua vi;
In Syria quoque fertur item locus esse, videri,
Quadrupedes quoque quo simul ac vestigia primum
Intulerint, graviter vis cogat concidere ipsa,
Manibus ut si sint divis mactata repente :
Omnia quæ naturali ratione geruntur,
Et quibus e causis fiant, apparet origo;
Janua ne his Orci potius regionibus esse
Credatur pôsta, hinc animas Acheruntis in oras
Ducere forte Deos Manes inferne reamur;
Naribus alipedes ut cervi sæpe putantur
Ducere de latebris serpentia sæcla ferarum :
Quod procul a vera quam sit ratione repulsum,
Percipe; namque ipsa de re nunc dicere conor.

pernicieuse influence. Ce nom d'*Averne* leur est imposé par leur funeste effet sur les oiseaux. Quand les habitans de l'air sont portés sur ces lieux, ils semblent oublier la rame de leurs ailes, et replier leur voile emplumée. Sans force, le cou amolli et penché, ils tombent précipités sur la terre, si telle est la nature des lieux, ou dans l'onde, si l'Averne contient un lac.

Sur le mont Vésuve, Cumes offre un lieu semblable. Là des fontaines exhalent sans cesse en fumée la chaleur de leurs ondes. Telles, d'autres fontaines jaillissent dans les murs d'Athènes, au sommet de la citadelle, près du temple de la sage déesse née du front de Jupiter : jamais les rauques corneilles n'approchent de ces lieux, les sacrifices fumant sur les autels, les invitent vainement; elles ne redoutent point l'âpre colère de la déesse que mérita leur perfide vigilance, chantée par les poètes de la Grèce; mais la force de ces funestes exhalaisons suffit pour les en écarter. On dit qu'aux champ de la Syrie il est un autre Averne, que les quadrupèdes mêmes ne peuvent aborder sans que la vapeur ne les étende sans vie, comme des victimes immolées aux dieux Mânes. La nature nous cache ces mystérieux effets, mais on peut en dévoiler la cause. Le vulgaire voit dans ces antres les portes des régions infernales; c'est par ces portes que les sombres divinités attirent les âmes, qu'elles conduisent aux rives de l'Achéron, comme le cerf aux pieds ailés attire, dit-on, par son aspiration rapide, les serpens de leur repaire obscur. Mais, que la raison bannisse loin de nous ces vaines erreurs, et mes efforts vont te dévoiler ce sujet profond.

Principio hoc dico, quod dixi sæpe quoque ante,
In terra cujusque modi rerum esse figuras;
Multa homini quæ sunt vitalia, multaque morbos
Incutere et mortem quæ possint accelerare;
Et magis esse aliis alias animantibus aptas
Res ad vitai rationem ostendimus ante,
Propter dissimilem naturam, dissimilesque
Texturas inter sese, primasque figuras;
Multa meant inimica per aures, multa per ipsas
Insinuant nares infesta atque aspera odore,
Nec sunt multa parum tactu vitanda, nec autem
Aspectu fugienda, saporeque tristia quæ sint;
Deinde videre licet, quam multæ sint homini res
Acriter infesto sensu, spurcæque, gravesque.

Arboribus primum certis gravis umbra tributa est,
Usque adeo, capitis faciant ut sæpe dolores,
Si quis eas subter jacuit prostratus in herbis.
Est etiam in magnis Heliconis montibus arbos
Floris odore hominem tetro consueta necare:
Scilicet hæc ideo terris ex omnia surgunt
Multa modis multis multarum semina rerum,
Quod permista gerit tellus, discretaque tradit.

Nocturnumque recens exstinctum lumen, ubi acri
Nidore offendit nares, consopit ibidem,
Dejicere ut pronos qui morbus sæpe suevit.
Castoreoque gravi mulier sopita recumbit,
Et manibus nitidum teneris opus effluit ei,

Souvent je l'ai dit, je dois te le répéter : dans les flancs de la terre sont renfermés d'innombrables élémens d'une forme variée. Les uns alimentent la vie des humains, les autres causent leurs maux, ou hâtent leur trépas. Ces nombreux élémens ont avec les divers animaux ou de la sympathie ou de l'aversion, selon leurs rapports avec la conformation des êtres animés, et la forme et la figure des principes qui les composent. Les uns, ennemis de l'ouie, en déchirent le canal sinueux ; les autres, par leurs émanations corrosives, offensent l'organe de l'odorat ; quelques-uns portent la douleur par la rudesse de leur contact, leur aspect repoussant, ou leur âcre saveur. Enfin, l'expérience nous l'atteste, une foule d'objets divers imposent à nos corps des sensations pénibles ou douloureuses.

Ainsi, il est des végétaux dont l'épais feuillage exhale des miasmes si pernicieux, que le voyageur ne peut s'étendre sur le gazon, abrité sous leur ombrage, sans qu'une vive douleur n'affaisse sa tête. Sur les hautes cimes de l'Hélicon, il croît un arbre dont la fleur tue à l'instant l'imprudent qui la respire. Ces productions sont enfantées dans les flancs de la terre ; c'est là que se combinent une multitude de germes sous des formes innombrables ; ils présentent des alimens divers à l'instinct de chaque espèce.

Une lampe nocturne récemment éteinte affecte péniblement les nerfs de l'odorat ; sa vapeur assoupit l'homme, le renverse comme frappé d'une secousse épileptique ; la femme tombe défaillante, son ouvrage imparfait s'échappe de ses débiles mains, si elle respire le baume du castor,

Tempore eo si odorata est, quo menstrua solvit.
Multaque præterea languentia membra per artus
Solvunt, atque animam labefactant sedibus intus.
Denique, si in calidis etiam cunctere lavacris,
Plenior et solio in fueris ferventis aquai,
Quam facile in medio fit uti des sæpe ruinas?
Carbonumque gravis vis atque odor insinuatur
Quam facile in cerebrum, nisi aquam præcepimus ante!
At quum membra hominis percepit fervida febris,
Tum fit odor vini plagæ mactabilis instar.
Nonne vides etiam terra quoque sulfur in ipsa
Gignier, et tetro concrescere odore bitumen?
Denique ubi argenti venas aurique sequuntur,
Terrai penitus scrutantes abdita ferro,
Quales exspirat scaptesula subter odores?
Quidve mali fit ut exhalent aurata metalla?
Quas hominum reddunt facies? qualesque colores?
Nonne vides, audisve perire in tempore parvo
Quam soleant, et quam vitai copia desit,
Quos opere in tali cohibet vis magna? necesse est
Hos igitur tellus omnes exæstuet æstus,
Exspiretque foras in aperta promptaque cœli.

Sic et Averna loca alitibus summittere debent
Mortiferam vim, de terra quæ surgit in auras,
Ut spatium cœli quadam de parte venenet :
Quo simul ac primum pennis delata sit ales,
Impediatur ibi cæco conrepta veneno;
Ut cadat e regione loci, qua dirigit æstus :
Quo quum conruit, hæc eadem vis illius æstus :

dans le moment où elle paie le tribut mensuel que lui impose la nature. Combien d'autres substances, par leur action secrète, rendent les membres languissans, et viennent ébranler l'âme jusqu'au fond de sa retraite. Enfin, si tu braves trop long-temps la chaleur du bain, ou si tu t'y plonges lorsque ton sein est surchargé d'alimens, crains de tomber évanoui dans cette onde fatale. Avec quelle pénétrante activité la vapeur du charbon s'insinue jusqu'au cerveau, si son ardent contact n'est éteint par les flots d'une eau pure! La saveur du vin porte un coup mortel à l'homme dont une fièvre ardente dévore les membres. Ne vois-tu pas fermenter dans le sein de la terre la maligne vapeur du bitume et du soufre? Vois-tu ces infortunés exilés de la lumière? ils vont, chargés d'un fer mordant, déchirer les entrailles de la terre; ils suivent d'un pas pénible les veines de l'or et de l'argent; dans ces profondeurs, ils sont environnés de mortelles vapeurs, qu'exhale le séjour des riches métaux; leur visage est creux et livide, et de noirs venins consument rapidement leur vie douloureuse : tant la terre expulse sans cesse de ses flancs ces malignes vapeurs dont elle remplit la surface et les plaines de l'air!

Ainsi les Avernes exercent un pouvoir mortel sur les oiseaux, parce que, du fond de la terre, d'impures exhalaisons s'élèvent dans une partie de l'air qu'elles enveniment. Dès que l'oiseau traverse cette région aérienne, dans les lacs invisibles son aile s'embarrasse; par le bouillonnement entraîné dans le gouffre impur, il tombe étendu; l'infecte exhalaison, plus proche et plus active,

Relliquias vitæ membris ex omnibus aufert;
Quippe etenim primo quasi quemdam conciet æstum;
Posterius fit, uti quum jam cecidere veneni
In fontes ipsos, ibi sit quoque vita vomenda,
Propterea quod magna mali sit copia circum.
Fit quoque, ut interdum vis hæc atque æstus Averni
Aera, qui inter aves cunque est terramque locatus,
Discutiat, prope uti locus hinc linquatur inanis :
Cujus ubi e regione loci venere volantes,
Claudicat extemplo pennarum nisus inanis,
Et conamen utrinque alarum proditur omne :
Hic, ubi nictari nequeunt, insistereque alis,
Scilicet in terram delabi pondere cogit
Natura; et vacuum prope jam per inane jacentes,
Dispergunt animas per caulas corporis omnes.
Frigidior porro in puteis æstate fit humor,
Rarescit quia terra calore, et semina si qua
Forte vaporis habet, propere dimittit in auras :
Quo magis est igitur tellus affecta calore,
Hoc fit frigidior qui in terra est abditus humor;
Frigore quum premitur porro omnis terra coitque
Et quasi concrescit, fit scilicet, ut coeundo
Exprimat in puteos, si quem gerit ipsa, calorem.
Est apud Ammonis fanum fons luce diurna
Frigidus, at calidus nocturno tempore fertur;
Hunc homines fontem nimis admirantur, et acri
Sole putant subter terras ferviscere raptim,
Nox ubi terribili terras caligine texit :
Quod nimis a vera est longe ratione remotum;
Quippe ubi sol nudum contrectans corpus aquai,

chasse de tous ses membres les restes de la vie; il n'éprouve, à la première attaque, qu'un choc convulsif, mais, une fois plongé dans la source du poison, suffoqué par les émanations qui l'environnent, l'âpre douleur lui arrache la vie.

Peut-être le bouillonnement de l'Averne raréfie tellement l'air, entre sa surface et l'oiseau, que l'intervalle n'est plus qu'un vide. Quand l'hôte aérien s'élance perpendiculairement sur le gouffre, son aile s'ébat en vain dans l'espace vide, l'air ne réagit plus, et ses efforts sont impuissans. L'air, cessant de le soutenir, et son aile de le diriger, il cède à son poids qui l'entraîne; il tombe, et, plongé dans le vide, son âme par tous les pores se dissipe et s'enfuit.

Pendant l'été, l'eau des puits devient plus froide, parce que la terre, raréfiée par la chaleur, dissipe largement les semences des feux qu'elle renferme : ainsi, plus sa surface s'échauffe et, plus les eaux qu'elle emprisonne se refroidissent. Mais, quand sa superficie est resserrée et durcie par le froid, chassées par cette pression, les semences de feu, éparses dans le sol, se concentrent et s'amassent aux sources des puits.

Près du temple d'Ammon, il est, dit-on, une fontaine dont l'onde, froide pendant le jour, s'échauffe dans le cours de la nuit. L'ignorance lui accorde une admiration imméritée : le vulgaire croit qu'à l'instant où la nuit enveloppe la terre de ses voiles lugubres, le soleil, de l'autre côté du globe, la pénètre de ses rayons ardens. Combien cette erreur outrage la saine raison!

Non quierit calidum supera de reddere parte,
Quum superum lumen tanto fervore fruatur;
Quî queat hic subter tam crasso corpore terram,
Percoquere humorem, et calido sociare vapori?
Præsertim quum vix possit per septa domorum
Insinuare suum radiis ardentibus æstum?

Quæ ratio est igitur? nimirum terra magis quod
Rara tenet circum hunc fontem, quam cætera tellus;
Multaque sunt ignis prope semina corpus aquai :
Hinc ubi roriferis terram nox obruit umbris,
Extemplo subtus frigescit terra coitque,
Hac ratione fit ut, tanquam compressa manu sit,
Exprimat in fontem quæ semina cunque habet ignis,
Quæ calidum faciunt laticis tactum atque saporem :
Inde ubi sol radiis terram dimovit obortis,
Et rarefecit calido miscente vapore;
Rursus in antiquas redeunt primordia sedes
Ignis et in terram cedit calor omnis aquai :
Frigidus hanc ob rem fit fons in luce diurna.

Præterea, solis radiis jactatur aquai
Humor, et in luci tremulo rarescit ab æstu;
Propterea fit uti, quæ semina cunque habet ignis,
Dimittat, quasi sæpe gelum quod continet in se
Mittit, et exolvit glaciem, nodosque relaxat.

Frigidus est etiam fons, supra quem sita sæpe
Stupa jacit flammas concepto protinus igni;
Tædaque consimili ratione accensa per undas

Quoi! ce soleil dont les rayons embrasent les cieux, sans échauffer la surface des ondes, pourrait, sous nos pieds, à travers l'immense épaisseur de la terre, plonger ses traits brûlans, et faire bouillonner la source des ondes? mais, à peine ses rayons ardens pénètrent-ils à travers les murs de nos demeures.

Quelle en est donc la cause? écoute. La terre autour de cette fontaine, est plus poreuse que dans les autres lieux, et se charge plus abondamment de semences de feux. Lorsque la nuit enveloppe le globe de ses ombres humides, la terre refroidie se contracte, comme si son argile se comprimait sous la main; cette pression fait refluer dans l'intérieur de la fontaine toutes les particules du feu souterrain qui empreint l'onde de cette chaleur que nous révèlent le goût et le toucher; et, dès que les premiers rayons du jour entr'ouvrent les pores de la terre, raréfient son tissu qu'ils échauffent, les semences de feu reprennent leur place accoutumée, et la chaleur de l'eau passe dans la terre épanouie. Telle est la cause du refroidissement de la fontaine pendant que le jour brille.

D'ailleurs, la vapeur de l'eau frappée par les rayons du soleil, et raréfiée par leurs traits étincelans, laisse évaporer les semences ignées qu'elle enferme; telle on la voit souvent expulser la froidure de ses flots, et briser le frein de glace qui les captivait.

Il est aussi une fontaine froide au toucher, et qui enflamme l'étoupe qu'on jette dans ses eaux; elle allume ainsi un flambeau: il resplendit en flottant, partout où

Conlucet, quocunque natans impellitur auris :
Nimirum quia sunt in aqua permulta vaporis
Semina, de terraque necesse est funditus ipsa
Ignis corpora per totum consurgere fontem,
Et simul exspirare foras, exireque in auras,
Non tam viva tamen, calidus queat ut fieri fons.

Praeterea, dispersa foras erumpere cogit
Vis per aquam subito, sursumque ea conciliari :
Quod genus Aradius spirat fons dulcis aquai,
Qui scatit, et salsas circum se dimovet undas :
Et multis aliis praebet regionibus aequor,
Utilitatem opportunam sitientibu' nautis,
Quod dulces inter salsas intervomit undas.
Sic igitur per eum possunt erumpere fontem,
Et scatere illa foras in stupam semina : quo quum
Conveniunt, aut quum taedai corpori adhaerent,
Ardescunt facile extemplo; quia multa quoque in se
Semina habent ignis stupae taedaeque tenentes.

Nonne vides etiam, nocturna ad lumina lychnum
Nuper ubi exstinctum admoveas, accendier ante
Quam tetigit flammam ? taedamque pari ratione?
Multaque praeterea prius ipso tacta vapore
Eminus ardescunt, quam cominus imbuat ignis :
Hoc igitur fieri quoque in illo fonte putandum est.

Quod superest, agere incipiam quo foedere fiat

l'air nourrit sa lumière. Sans doute l'onde de cette source amasse de nombreuses semences de feu, et surtout reçoit du sol qui environne son lit une foule de molécules embrasées qui s'élèvent, se dégagent de l'eau où elles étaient dispersées, remplissent l'air d'alentour; dénuées de consistance, et faciles à s'évaporer, elles sortent de l'onde sans l'échauffer.

Une impulsion secrète contraint sans doute ces semences disséminées à s'élever en s'agglomérant à la surface de l'onde. C'est ainsi que la source Aradienne, en jaillissant de la profondeur des mers, écarte de ses flots toujours purs l'amertume qui les environne. C'est ainsi que, dans différentes régions, surgissent, au milieu même des flots salés, des ondes douces et pures, qui s'offrent à l'ardente soif des nautonniers. C'est par un semblable jeu de la nature, que les semences de feu filtrent à travers les ondes et s'élancent au dehors, se réunissent, et dévorent la substance étoupeuse, et les flambeaux où elles s'attachent; elles les embrasent avec rapidité, car l'étoupe et les flambeaux renferment un grand nombre de germes inflammables.

Rapproche de la lumière la lampe nocturne qui s'éteint à peine, elle ressaisit la flamme avant même de la toucher. Un flambeau produit le même effet. Eh! combien d'autres corps, avant d'avoir éprouvé le contact du feu, s'enflamment en éprouvant de loin l'impression de la chaleur! C'est par de semblables exemples que l'on peut révéler le phénomène de cette onde.

Recherchons maintenant par quel attrait constant la

Naturæ, lapis hic ut ferrum ducere possit,
Quem magneta vocant patrio de nomine Graii,
Magnetum quia sit patriis in finibus ortus.

Hunc homines lapidem mirantur; quippe catenam
Sæpe ex annellis reddit pendentibus ex se;
Quinque etenim licet interdum pluresque videre
Ordine demissos levibus jactarier auris,
Unus ubi ex uno dependet subter adhærens,
Ex alioque alius lapidis vim vinclaque noscit :
Usque adeo permananter vis pervalet ejus.

Hoc genus in rebus firmandum est multa prius, quam
Ipsius rei rationem reddere possis;
Et nimium longis ambagibus est adeundum :
Quo magis attentas aures animumque reposco.

Principio, omnibus a rebus quascunque videmus,
Perpetuo fluere ac mitti spargique necesse est
Corpora, quæ feriant oculos, visumque lacessant;
Perpetuoque fluunt certis ab rebus odores,
Frigus ut a fluviis, calor a sole, æstus ab undis
Æquoris exesor mœrorum litora propter;
Nec varii cessant sonitus manare per aures;
Denique in os salsi venit humor sæpe saporis,
Quum mare versamur propter; dilutaque contra
Quum tuimur misceri absinthia, tangit amaror :
Usque adeo omnibus ab rebus res quæque fluenter
Fertur, et in cunctas dimittitur undique partes;
Nec mora nec requies inter datur ulla fluendi,
Perpetuo quoniam sentimus, et omnia semper

nature unit le fer à la pierre magnétique; c'est ainsi que l'appellent les Grecs du nom des Magnésiens, qui la possèdent dans leurs champs.

Cette pierre nous inspire de l'admiration; elle forme une chaîne d'anneaux attachés sans aucun lien. Au nombre de cinq, quelquefois plus, les chaînons, descendus directement, et suspendus les uns sur les autres, flottent mollement agités, en se communiquant la puissance sympathique de l'aimant, tant il leur insinue sa force attractive.

Avant de dévoiler de semblables phénomènes, il faut en approfondir toutes les causes possibles; il faut suivre de longs détours à pas douteux, avant de pénétrer jusqu'à la vérité. Viens donc, avec une nouvelle ardeur, Memmius, me prêter une oreille attentive.

Souviens-toi que, de tous les corps visibles à nos regards, d'abondantes émanations s'échappent, coulent sans cesse, et nous font éprouver le sentiment de la vue. Les odeurs ne sont aussi que les émissions continuelles de certains corps. Le froid naît des eaux, la chaleur, du soleil; une vapeur saline, émanée de la surface de la mer, ronge les édifices voisins. Si nous portons nos pas sur ses rivages, une humide amertume vient irriter nos lèvres. Des sons divers, exhalés de tous les corps, sans cesse voltigent dans l'espace, et frappent notre oreille. Si, près de nous, on broie l'absinthe, nous en ressentons l'âcreté. Il s'écoule donc de tous les corps une inépuisable source d'émanations diverses; elles se répandent de tous côtés, et jamais ne tarissent ni ne se reposent.

Cernere, odorari licet, et sentire sonorem.

Nunc omnes repetam quam raro corpore sint res
Commemorare, quod in primo quoque carmine claret;
Quippe etenim, quamquam multas hoc pertinet ad res
Noscere, cum primis hanc ad rem protinus ipsam
Qua de disserere aggredior, firmare necesse est,
Nil esse in promptu, nisi mistum corpus inani.

Principio fit, ut in speluncis saxa superna
Sudent humore, et guttis manantibu' stillent;
Manat item nobis e toto corpore sudor,
Crescit barba, pilique per omnia membra, per artus;
Diditus in venas cibus omnes auget alitque
Corporis extremas quoque partes unguiculosque;
Frigus item transire per æs, calidumque vaporem
Sentimus; sentimus item transire per aurum,
Atque per argentum, quum pocula plena tenemus:
Denique per dissepta domorum saxea voces
Pervolitant, permanat odos, frigusque, vaposque
Ignis; quin ferri quoque vim penetrare suevit,
Undique qua circum corpus lorica coercet;
Morbida vis quæcunque extrinsecus insinuatur.
Et tempestates terra cœloque coortæ
E cœlo emotæ terraque repente facessunt,
Quandoquidem nihil est non raro corpore nexum.

Huc accedit, uti non omnia quæ jaciuntur

Puisque nos sensations sont incessables, nous pouvons en tous temps voir, entendre, odorer.

Rappelons-nous à quel point tous les corps sont poreux, car maintenant je reviens au principe que déjà ma Muse t'a révélé; seul, il peut nous conduire aux grandes vérités que nous cherchons; il se lie si étroitement au phénomène magnétique, que je dois affirmer une seconde fois que de tous les corps, il n'en est aucun dont le tissu ne soit mêlé de vide.

Vois d'abord la voûte pierreuse des grottes distiller goutte à goutte l'eau qui s'infiltre dans les rochers; de même la sueur, pour s'échapper, se fraie une issue dans toutes les parties de nos corps. La barbe et le poil végètent et croissent en de secrets canaux; les alimens, infiltrés de veine en veine, nourrissent les parties les plus extrêmes de nos corps, et font croître même le tissu des ongles. La chaleur et le froid pénètrent l'airain; nous éprouvons leur atteinte à travers l'or et l'argent, quand notre main presse la coupe pleine. Le bruit vole à travers les pierres de nos demeures; les odeurs, les exhalaisons, la froidure, la chaleur, pénètrent nos murailles; leur aiguillon perce l'armure de fer qui protège le corps du guerrier. Et les germes de nos maladies ne nous sont-ils point transmis des lieux lointains? enfantée dans les flancs de la terre, dans les champs aériens, la foule des maux contagieux s'élève, parcourt et les cieux et la terre; formées en un moment, ces tempêtes grondent, frappent, et soudain se dissipent. Tant les corps, tu le vois donc, renferment le vide dans leur tissu.

Les émanations des corps diffèrent dans leurs qualités

Corpora cunque ab rebus, eodem prædita sensu,
Atque eodem pacto rebus sint omnibus apta :
Principio, terram sol excoquit et facit are;
At glaciem dissolvit, et altis montibus alte
Exstructas ningues radiis tabescere cogit;
Denique cera liquescit in ejus posta vapore;
Ignis item liquidum facit æs, aurumque resolvit,
At coria et carnem trahit et conducit in unum;
Humor aquæ porro ferrum condurat ab igni,
At coria et carnem mollit durata calore;
Barbigeras oleaster eo juvat usque capellas,
Diffluat ambrosia quasi vero et nectare tinctus;
At nihil est homini fronde hac quod amarius exstet,
Denique amaracinum fugitat sus, et timet omne
Unguentum; nam setigeris subus acre venenum est,
Quod nos interdum tanquam recreare videtur;
At contra nobis cœnum teterrima quum sit
Spurcities, eadem subus hæc res munda videtur,
Insatiabiliter toti ut volvantur ibidem.
Hoc etiam superest, ipsa quam dicere de re
Aggredior, quod dicendum prius esse videtur;
Multa foramina quum variis sint reddita rebus,
Dissimili inter se natura prædita debent
Esse, et habere suam naturam quæque viasque;
Quippe etenim varii sensus animantibus insunt,
Quorum quisque suam proprie rem percipit in se;
Nam penetrare alia sonitus, aliaque saporem
Cernimus e succis, alia nidoris odores,
Propter dissimilem naturam textaque rerum :
Præterea manare aliud per saxa videtur,

et leurs effets ; ils n'ont point la même analogie avec les objets qu'ils affectent. Si le soleil brûle et durcit la terre, il fond la glace, et précipite en torrens les neiges qui couronnent les montagnes ; la cire se liquéfie sous ses rayons ardens. Le feu transforme l'or et l'airain en de brûlans liquides ; il contracte et dessèche les chairs et la peau ; le fer sort amolli de la fournaise, il acquiert une dureté nouvelle en se plongeant dans l'onde. Au contraire, le feu durcit les chairs et la peau, et l'eau les assouplit. L'olivier plaît aux chèvres barbues ; son suc semble les abreuver d'ambroisie et de nectar, et rien ne révolte plus le palais de l'homme que l'amertume de ses feuilles. Le pourceau fuit la marjolaine ; il craint son doux parfum qui pour lui se change en poison, tandis que son odeur suave ranime souvent nos forces défaillantes ; et, dans cette fange qui nous inspire de l'horreur, l'immonde quadrupède se roule insatiable, et semble se délecter dans un bain voluptueux.

Avant d'atteindre mon but, je dois te révéler une utile vérité. Tous les corps renferment des interstices nombreux, mais ces interstices ne sont pas uniformes ; chacun d'eux reçoit de la nature des emplois divers ; elle façonne les sens de l'être animé, selon l'usage qu'elle leur destine. Les sons se transmettent par de sinueux conduits ; les parfums, les saveurs trouvent des voies analogues à leur essence ; il est des émanations qui transpercent les rochers, la pierre et le bois : les uns traversent l'or, s'insinuent dans l'argent ; d'autres se fraient un passage, et coulent à travers les pores du verre. Car tu

Atque aliud per ligna, aliud transire per aurum,
Argentoque foras aliud, vitroque meare;
Nam fluere hac species, illac calor ire videtur;
Atque aliis aliud citius transmittere eadem:
Scilicet id fieri cogit natura viarum,
Multimodis varians, ut paulo ostendimus ante.
QUAPROPTER, bene ubi hæc confirmata atque locata
Omnia constiterint nobis præposta, parata,
Quod superest, facile hinc ratio reddetur, et omnis
Causa patefiet, quæ ferri pelliciat vim.
Principio, fluere e lapide hoc permulta necesse est
Semina, sive æstum qui discutit aera plagis,
Inter qui lapidem ferrumque est cunque locatus;
Hoc ubi inanitur spatium, multusque vacefit
In medio locus, extemplo primordia ferri
In vacuum prolapsa cadunt conjuncta, fit utque
Annulus ipse sequatur, eatque ita corpore toto:
Nec res ulla magis primoribus ex elementis
Indupedita suis arcte connexa cohæret,
Quam validi ferri naturæ frigidus horror:
Quo minus est mirum, quod paulo diximus ante,
Corpora si nequeunt de ferro plura coorta
In vacuum ferri, quin annulus ipse sequatur:
Quod facit, et sequitur, donec pervenit ad ipsum
Jam lapidem, cæcisque in eo compagibus hæsit.
Hoc fit item cunctas in partes, unde vacefit
Cunque locus, sive ex transverso, sive superne;
Corpora continuo in vacuum vicina feruntur:
Quippe agitantur enim plagis aliunde, nec ipsa
Sponte sua sursum possunt consurgere in auras.

vois les images s'introduire par les interstices du verre, et la chaleur à travers les métaux. Enfin, les émanations pénètrent les corps avec une vitesse inégale; je l'ai déjà prouvé, cette différence est due à la variété infinie que la nature établit entre les tissus poreux de tous les corps.

Ces premières vérités ainsi posées sur de solides fondemens, il est facile d'y découvrir la vérité que nous cherchons. Le secret de la sympathie du fer et de l'aimant se révèle ainsi de lui-même. D'abord, de la substance même de la pierre il émane sans cesse d'innombrables corpuscules, ils forment une vapeur qui, par ses coups fréquens, raréfie l'air contenu entre le fer et l'aimant. Par ce combat, l'intervalle reste vide; soudain les élémens du fer s'y précipitent sans se désunir, le corps de l'anneau est souvent entraîné tout entier dans la même direction. Car il n'est point de corps dont les élémens se lient, s'entrelacent plus étroitement que ceux du fer; inaccessible à la chaleur, le solide tissu du métal le laisse toujours glacé. Ne sois donc pas surpris que l'essor de ses nombreux élémens vers le vide communique l'impulsion au chaînon entier. Le premier anneau s'élance jusqu'à la pierre même, il s'unit avec elle par d'invisibles liens. Les émanations de l'aimant jaillissant dans toutes les directions, forment le vide dans la sphère qui l'entoure; les anneaux voisins, chassés par des impulsions extérieures, s'élancent aussitôt dans l'espace raréfié, car leur propre tendance ne les élèverait point ainsi dans l'air. Une autre cause favorise leur direction, accélère leur essor : à peine l'air est-il raréfié et le vide

Huc accedit item, quare queat id magis esse;
Hæc quoque res adjumento, motusque juvatur,
Quod simul a fronte est annelli rarior aer
Factus, inanitusque locus magis ac vacuatus;
Continuo fit, uti qui post est cunque locatus
Aer, a tergo quasi provehat atque propellat :
Semper enim circum positus res verberat aer :
Sed tali fit uti propellat tempore ferrum,
Parte quod ex una spatium vacat, et capit in se :
Hic ubi, quem memoro, per crebra foramina ferri est
Parvas ad partes subtiliter insinuatus,
Trudit et impellit, quasi navim velaque ventus.
Denique res omnes debent in corpore habere
Aera, quandoquidem raro sunt corpore, et aer
Omnibus est rebus circumdatus appositusque;
Hic igitur, penitus qui in ferro est abditus aer,
Sollicito motu semper jactatur, eoque
Verberat annellum dubio procul, et ciet intus
Scilicet, atque eodem fertur, quo præcipitavit
Jam semel, et quamquam in partem conamina sumpsit.
Fit quoque ut a lapide hoc ferri natura recedat,
Interdum fugere atque sequi consueta vicissim :
Exsultare etiam Samothracia ferrea vidi,
Et ramenta simul ferri furere intus ahenis
In scaphiis, lapis hic magnes quum subditus esset;
Usque adeo fugere a saxo gestire videtur :
Ære interposito discordia tanta creatur;
Propterea, quia nimirum prius æstus ubi æris
Præcepit, ferrique vias possedit apertas,
Posterior lapidis venit æstus, et omnia plena

formé au dessus de l'anneau, que l'air inférieur de l'autre côté presse et chasse l'anneau. En effet, tous les corps sont incessamment battus par l'air qui les environne; mais ces chocs font avancer l'anneau; chassé d'en bas, il trouve au dessus de lui un vide pour le recevoir; quand l'air s'est insinué dans tous les pores du métal et qu'il a pénétré ses élémens les plus subtils, il le pousse et le dirige, comme le vent enfle et presse la voile des vaisseaux.

Tous les corps enfin doivent renfermer le vide, parce que tous sont poreux et environnés de l'air qui les frappe sans cesse. Ce fluide subtil, caché dans le fer même, lui communique le mouvement continuel dont il est agité, il ébranle donc l'anneau intérieurement, et facilite son essor en se portant ensemble vers le vide où tendent ses efforts.

Quelquefois le fer s'éloigne de l'aimant, quelquefois par un mouvement alternatif il l'évite et le suit. J'ai vu les menus fragmens d'un fer de Samothrace s'agiter dans un vase d'airain suspendu sur l'aimant. Le fer tressaillait, semblait impatient de fuir la pierre. Tant la seule interposition de l'airain excitait leur antipathie. La cause en est simple : les émanations de l'airain s'emparent alors les premières de tous les pores du fer; en leur succédant, les émanations de l'aimant trouvent les issues remplies; elles en disputent l'entrée, et contra-

Invenit in ferro, neque habet qua tranet, ut ante;
Cogitur offensare igitur, pulsareque fluctu
Ferrea texta suo; quo pacto respuit ab se,
Atque per æs agitat, sine eo quæ sæpe resorbet.

Illud in his rebus mirari mitte, quod æstus
Non valet e lapide hoc alias impellere item res;
Pondere enim fretæ partim stant, quod genus aurum;
Ac partim raro quia sunt cum corpore, ut æstus
Pervolet intactus, nequeunt impellier usquam;
Lignea materies in quo genere esse videtur:
Inter utrasque igitur ferri natura locata,
Æris ubi accepit quædam corpuscula, tum fit
Impellant ut eam magnesi semina saxi.
Nec tamen hæc ita sunt aliarum rerum aliena,
Ut mihi multa parum genere ex hoc suppeditentur,
Quæ memorare queam inter se singulariter apta:
Saxa vides primum sola coalescere calce;
Glutine materies taurino ita jungitur una,
Ut vitio venæ tabularum sæpius hiscant,
Quam laxare queant compages taurea vincla;
Vitigeni latices in aquai fontibu' gaudent
Misceri, quum pix nequeat gravis et leve olivum;
Purpureusque colos conchyli mergitur una
Corpore cum lanæ, dirimi qui non queat usquam,
Non si Neptuni fluctu renovare operam des,
Non mare si totum velit eluere omnibus undis.
Denique res auro argentum concopulat una,
Ærique æs plumbo fit uti jungatur ab albo.
Cætera jam quam multa licet reperire? quid ergo?

riées dans leur essor, elles sont contraintes de se précipiter sur la superficie du fer, de le heurter, et de le soulever par des efforts tumultueux. Telle est la cause de l'agitation, que l'aimant fait au métal à travers l'airain qui s'oppose à leur union.

Enfin, cesse de t'étonner si l'aimant n'exerce point son pouvoir magnétique sur tous les corps : il est des corps que leur poids rend immobiles, tel est l'or. Dans les larges interstices du bois, les émanations s'insinuent et s'échappent sans l'agiter. Moins pesant que l'or, plus resserré que le bois, le fer seul peut être ému par les émanations de l'aimant, quand les corpuscules de l'airain en remplissent les issues.

D'ailleurs, cet attrait sympathique n'est point rare dans la nature, il est facile de citer de nombreux exemples de l'intime union des corps. Vois les pierres unies par la seule force de la chaux. Les nerfs glutineux du taureau mis en fusion lient si étroitement de légères pièces de bois, que ses parties ligneuses se rompraient plutôt que ce factice assemblage ne briserait ses liens. Le nectar de la vigne se plaît à se confondre au cristal des fontaines ; pour s'y mélanger, la poix est trop pesante, l'huile est trop légère. Quand la laine s'est empreinte de l'éclat de la pourpre, pour lui rendre sa couleur primitive, en vain Neptune lui prêterait le secours de ses flots, en vain l'océan lui verserait toutes ses ondes. Enfin, l'or, par la fusion, s'incorpore à l'argent; aidés par l'étain, le cuivre et l'airain s'identifient. Combien de semblables mélanges pourrais-je te citer? Mais pourquoi

Nec tibi tam longis opus est ambagibus usquam,
Nec me tam multam hic operam consumere par est;
Sed breviter paucis restat comprendere multa.
Quorum ita texturæ ceciderunt mutua contra,
Ut cava conveniant plenis, hæc illius, illa
Hujusque; inter se junctura horum optima constat.
Est etiam, quasi ut annellis hamisque plicata
Inter se quædam possint copláta teneri :
Quod magis in lapide hoc fieri ferroque videtur.
Nunc, ratio quæ sit morbis, aut unde repente
Mortiferam possit cladem conflare coorta
Morbida vis hominum generi, pecudumque catervis,
Expediam. Primum multarum semina rerum
Esse supra docui, quæ sint vitalia nobis;
Et contra, quæ sint morbo mortique, necesse est
Multa volare : ea quum casu sunt forte coorta,
Et perturbarunt cœlum, fit morbidus aer :
Atque ea vis omnis morborum pestilitasque,
Aut extrinsecus, ut nubes nebulæque superne
Per cœlum veniunt, aut ipsa sæpe coorta
De terra surgunt, ubi putrorem humida nacta est,
Intempestivis pluviisque et solibus icta.

Nonne vides etiam cœli novitate et aquarum
Tentari, procul a patria quicunque domoque
Adveniunt? ideo quia longe discrepat aer.
Nam quid Britannum cœlum differre putamus,
Et quod in Ægypto est, qua mundi claudicat axis?
Quidve, quod in Ponto est, differre a Gadibus, atque
Usque ad nigra virûm percoctaque sæcla calore?

donc poursuivrais-je? pourquoi consumer le temps pour une œuvre inutile? le terme approche, un seul principe me tiendra lieu de faits nombreux. Quand deux corps divers dans leurs tissus et dans leurs formes se rencontrent, et que les éminences de l'un répondent aux cavités de l'autre, ils contractent une intime union, et se lient, pour ainsi dire, par de nombreux anneaux, par des crochets repliés : tels sont les liens qui tiennent le métal suspendu à l'aimant.

J'aborde maintenant les causes de ces maux contagieux, de ces fléaux meurtriers qui tout à coup frappent la terre et livrent à la mort la foule des hommes et des troupeaux. Souviens-toi qu'un nombre infini d'élémens variés flottent dans l'atmosphère; les uns sont les réparateurs de la vie, les autres enfantent les douleurs et la mort : quand ces funestes élémens se rassemblent, ils corrompent les airs. Alors des maux contagieux, des miasmes empestés volent comme les nuages qui couvent les tempêtes, et, des climats étrangers, s'élancent vers nous sur les ailes des vents; ou bien ils s'exhalent de la terre fangeuse quand la pluie surabonde et fermente avec l'ardente chaleur du soleil dans les glèbes putréfiées.

Ne vois-tu pas aussi combien le changement de l'air et des eaux exerce d'empire sur nos corps. Vois-tu ce voyageur languir exilé des champs paternels? c'est que loin de la patrie il ne respire plus l'air accoutumé. Quelle diversité de climats! du rivage des Bretons au ciel de l'Égypte où claudique l'essieu du monde, des rives de l'Euxin à ces vastes régions qui s'étendent de

Quæ quum quatuor inter se diversa videmus,
Quatuor a ventis et cœli partibus esse,
Tum color et facies hominum distare videntur
Largiter, et morbi generatim sæcla tenere.

Est elephas morbus, qui propter flumina Nili
Gignitur Ægypto in media, neque præterea usquam :
Atthide tentantur gressus, oculique in Achæis
Finibus; inde aliis alius locus est inimicus
Partibus ac membris; varius concinnat id aer.
Proinde ubi se cœlum, quod nobis forte alienum est,
Commovet, atque aer inimicus serpere cœpit;
Ut nebula ac nubes paulatim repit, et omne
Qua graditur, conturbat et immutare coactat;
Fit quoque ut, in nostrum quum venit denique cœlum,
Corrumpat, reddatque sui simile, atque alienum.
Hæc igitur subito clades nova pestilitasque,
Aut in aquas cadit, aut fruges persidit in ipsas,
Aut alios hominum pastus, pecudumque cibatus;
Aut etiam suspensa manet vis aere in ipso,
Et quum spirantes mistas hinc ducimus auras,
Illa quoque in corpus pariter sorbere necesse est.
Consimili ratione venit bubus quoque sæpe
Pestilitas, etiam pecubus balantibus ægror :
Nec refert utrum nos in loca deveniamus
Nobis adversa, et cœli mutemus amictum;
An cœlum nobis ultro Natura cruentum
Deferat, aut aliquid quo non consuevimus uti,
Quod nos adventu possit tentare recenti.

Gades jusqu'aux nations noircies par les rayons dévorans du soleil! quel contraste entre ces climats éclairés par des cieux divers, soumis à des vents opposés, et qui diffèrent à la fois par le sol, par la forme, ou la couleur des habitans, et par les maux divers que la nature leur impose!

L'HORRIBLE éléphantiasis est enfanté sur les bords du Nil, au milieu de l'Égypte, et n'apparaît dans nul autre climat; l'Attique glace la vigueur des jambes; sous le ciel achéen la vue s'affaiblit : chaque organe dans d'autres contrées trouve d'autres ennemis; les champs aériens produisent ces maux divers lorsque, rempli de miasmes pernicieux, l'air d'un climat étranger se déplace, s'avance vers nous; ses flots, comme d'épais nuages, se traînent lentement; ils corrompent les régions aériennes qu'ils traversent, ils envahissent enfin notre ciel, se mêlent à l'air que nous respirons, le souillent de leur venin. Tout à coup ce fléau empesté se répand sur les eaux, s'attache aux moissons, se mêle aux alimens des hommes, aux pâturages des troupeaux; quelquefois, son vol le retient suspendu dans les airs : alors dans le fluide qu'il a corrompu nous respirons la mort. La contagion frappe à la fois le bœuf laborieux et les troupeaux bêlans. Il importe donc peu à nos destins de nous transporter sous un ciel inconnu, de parcourir des climats dangereux, si la nature livre notre sol paternel à ces soudaines irruptions qui enfantent la douleur et le trépas.

Hæc ratio quondam morborum, et mortifer æstus
Finibu' Cecropiis funestos reddidit agros,
Vastavitque vias, exhausit civibus urbem :
Nam penitus veniens Ægypti e finibus ortus,
Aera permensus multum camposque natantes,
Incubuit tandem populo Pandionis; omnes
Inde catervatim morbo mortique dabantur.
Principio caput incensum fervore gerebant,
Et duplices oculos suffusa luce rubentes :
Sudabant etiam fauces intrinsecus atro
Sanguine, et ulceribus vocis via septa coibat,
Atque animi interpres manabat lingua cruore,
Debilitata malis, motu gravis, aspera tactu :
Inde, ubi per fauces pectus complerat, et ipsum
Morbida vis in cor moestum confluxerat ægris;
Omnia tum vero vitai claustra lababant :
Spiritus ore foras tetrum volvebat odorem,
Rancida quo perolent projecta cadavera ritu;
Atque animi prorsum vires totius, et omne
Languebat corpus, lethi jam limine in ipso :
Intolerabilibusque malis erat anxius anguor
Assidue comes, et gemitu commista querela :
Singultusque frequens noctem per sæpe diemque,
Conripere assidue nervos et membra coactans,
Dissolvebat eos, defessos ante, fatigans.
Nec nimio cuiquam posses ardore tueri
Corporis in summo summam ferviscere partem;
Sed potius tepidum manibus proponere tactum,
Et simul ulceribus quasi inustis omne rubere
Corpus, ut est, per membra sacer quum diditur ignis.

Telle jadis, enfantée par ces mortelles vapeurs, la contagion frappa les champs malheureux où régna Cécrops, rendit les chemins déserts et dépeupla les cités : s'élançant des derniers confins de l'Égypte, elle s'éleva dans les airs, franchit les campagnes flottantes des mers, et tomba sur le peuple de Pandion. Tout devint en un moment la proie de la douleur et de la mort. Avant-coureur du mal, un feu dévorant embrase la tête, les yeux rougissent étincelans, le gosier est inondé d'une sueur de sang noir, le chemin de la voix se resserre, fermé par de brûlans ulcères; la langue, cette agile interprète de la pensée, immobile, pesante, souillée de sang, roidie par la douleur, est rude au toucher. Mais lorsque du gosier le venin rongeur s'est précipité dans la poitrine, et bouillonne autour du cœur endolori, tous les ressorts de la vie se brisent à la fois : un souffle infect, semblable à l'odeur d'un cadavre putréfié, s'exhale de la bouche. L'esprit perdait toutes ses forces, et le corps, abattu, déjà touchait au seuil de la mort. A ces intolérables douleurs s'unissait une anxiété continuelle; le jour, la nuit, des cris, des gémissemens, des sanglots convulsifs irritaient les nerfs, roidissaient les membres, en détendaient les ressorts, et déjà les malheureux succombaient harassés. Cependant l'extrémité des membres n'était point brûlante, et ne laissait qu'une impression de tiédeur à la main qui les touchait, mais le corps tout entier était rouge : il semblait que ses ulcères renfermaient des flammes, ou que le feu sacré s'allumait dans les membres. Une active chaleur calcinait et brûlait les os, la flamme rugissait

Intima pars homini vero flagrabat ad ossa;
Flagrabat stomacho flamma, ut fornacibus, intus;
Nil adeo posset cuiquam leve tenueque membris
Vertere in utilitatem; ad ventum et frigora semper
In fluvios partim gelidos ardentia morbo
Membra dabant, nudum jacientes corpus in undas;
Multi præcipites lymphis putealibus alte
Inciderunt, ipso venientes ore patente:
Insedabiliter sitis arida corpora mersans
Æquabat multum parvis humoribus imbrem.
Nec requies erat ulla mali; defessa jacebant
Corpora, mussabat tacito medicina timore;
Quippe patentia quum totas ardentia noctes
Lumina versarent oculorum expertia somno;
Multaque præterea mortis tum signa dabantur;
Perturbata animi mens in mœrore metuque,
Triste supercilium, furiosus voltus et acer,
Sollicitæ porro plenæque sonoribus aures,
Creber spiritus, aut ingens raroque coortus,
Sudorisque madens per collum splendidus humos,
Tenuia sputa, minuta, croci contincta colore,
Salsaque, per fauces raucas vix edita tussi;
In manibus vero nervi trahier, tremere artus;
A pedibusque minutatim succedere frigus
Non dubitabat; item ad supremum denique tempus
Compressæ nares, nasi primoris acumen
Tenue, cavati oculi, cava tempora, frigida pellis,
Duraque, inhorrebat rictum; frons tenta minebat;
Nec nimio rigida post strati morte jacebant;
Octavoque fere candenti lumine solis,

dans la poitrine comme dans une vivante fournaise. Les tissus les plus légers étaient de pesans fardeaux pour leurs membres; sans cesse ils s'exposaient à l'air et à la froidure. Poussés par l'ardente douleur, les uns plongent leurs membres dans une onde froide ou se précipitent nus dans les fleuves glacés; les autres, se roulant vers les fontaines, tendent une bouche béante, mais une goutte insensible ou des flots abondans trompent également leur inextinguible soif. Toujours la douleur, jamais de repos : leurs membres ne peuvent suffire à ces assauts redoublés. L'art, près d'eux, balbutiant, reste muet d'effroi. Leurs yeux ardens, que le sommeil ne ferme jamais pendant les nuits, roulent dans leurs sanglans orbites. La mort leur apparaît sous toutes les formes les plus hideuses; leur âme est bouleversée par la crainte et le désespoir. Sur les yeux hagards et furieux, le sourcil hérissé se fronce, l'oreille est sans cesse déchirée par d'aigres tintemens; leur haleine tantôt s'exhale lentement, tantôt sort brusque et précipitée. Sur le cou ruisselle une gluante sueur; la salive appauvrie, amère et jaunissante, s'arrache péniblement du gosier déchiré par une toux convulsive; les nerfs de leurs mains s'étendent, se roidissent; leurs membres frissonnent, et par degrés le froid mortel, des pieds qu'il a glacés, s'étend sur le corps entier; les narines se resserrent affilées; la peau est froide et rude, les tempes s'enfoncent, le front tendu se gonfle, les yeux se creusent, les lèvres se contractent par un rire hideux : bientôt ils expirent, et le huitième ou le neuvième soleil voit éteindre la dernière lueur du flambeau de leur vie. Si par les pro-

Aut etiam nona reddebant lampade vitam.
Quorum si quis, ut est, vitarat funera lethi,
Ulceribus tetris et nigra proluvie alvi,
Posterius tamen hunc tabes lethumque manebat;
Aut etiam multus, capitis cum sæpe dolore,
Conruptus sanguis plenis ex naribus ibat;
Huc hominis totæ vires corpusque fluebat.
Profluvium porro qui tetri sanguinis acre
Exierat, tamen in nervos huic morbus et artus
Ibat, et in partes genitales corporis ipsas;
Et graviter partim metuentes limina lethi
Vivebant ferro privati parte virili;
Et manibus sine nonnulli pedibusque manebant
In vita tamen, et perdebant lumina partim :
Usque adeo mortis metus his incesserat acer.
Atque etiam quosdam cepere oblivia rerum
Cunctarum, neque se possent cognoscere ut ipsi.
Multaque humi quum inhumata jacerent corpora supra
Corporibus, tamen alituum genus atque ferarum
Aut procul absiliebat, ut acrem exiret odorem,
Aut, ubi gustarat, languebat morte propinqua :
Nec tamen omnino temere illis solibus ulla
Comparebat avis, nec noctibu' sæcla ferarum
Exibant sylvis; languebant pleraque morbo,
Et moriebantur : cum primis fida canum vis
Strata viis animam ponebat in omnibus ægram;
Extorquebat enim vitam vis morbida membris.
Incomitata rapi certabant funera vasta :
Nec ratio remedi communis certa dabatur;
Nam quod alis dederat, vitales aeris auras

fonds ulcères s'échappaient les flots du noir venin, la victime écartait le péril présent, mais la mort demeurait pour la ressaisir. Un sang fétide à gros bouillons s'écoulait des narines, et la tête éprouvait d'affreuses douleurs ; avec ces flots impurs, toutes leurs forces s'échappaient. Mais si l'horrible maladie, prenant un autre cours, ne se résolvait point en humeurs sanglantes, elle frappait les nerfs, s'emparait des membres, et pénétrait jusqu'aux organes propagateurs de la vie. Les uns, pour s'éloigner du seuil de la mort, livraient au fer tranchant la plus noble partie de leur être. Les autres sacrifiaient leurs yeux, gisaient les pieds et les mains tranchés ; cependant, ils s'attachaient encore à la vie : tant est puissante la crainte de la mort ! Pour quelques-uns, le souvenir s'éteignait ; le passé s'effaçait ; eux-mêmes, ils s'ignoraient, ne se connaissaient plus. Privés de sépulture, les cadavres amoncelés couvraient en vain la terre : les oiseaux dévorans, les quadrupèdes voraces fuyaient leur vapeur immonde ; s'ils osaient y toucher, la langueur et la mort succédaient au repas infecté. Jamais les oiseaux ne sortaient impunément de leur profonde solitude. La nuit, les bêtes féroces ne s'arrachaient point à leurs forêts. Tous, frappés par la contagion, languissaient et mouraient. Les chiens surtout, ces serviteurs fidèles, sur les pavés des rues déposaient leur vigueur souffrante, jusqu'à ce que l'âpre douleur, frappant leurs membres convulsifs, en arrachât la vie. Sans ordre, sans pompe, se pressaient de vastes funérailles. L'art, toujours incertain, se trompait dans ses secours : le même breuvage qui avait per-

Volvere in ore licere, et cœli templa tueri,
Hoc aliis erat exitio lethumque parabat.
Illud in his rebus miserandum et magnopere unum
Ærumnabile erat, quod, ubi se quisque videbat
Implicitum morbo, morti damnatus ut esset,
Deficiens animo mœsto cum corde jacebat
Funera respectans, animam et mittebat ibidem.
Idque vel imprimis cumulabat funere funus;
Quippe etenim nullo cessabant tempore apisci
Ex aliis alios avidi contagia morbi;
Nam quicunque suos fugitabant visere ad ægros,
Vitai nimium cupidi, mortisque timentes,
Pœnibat paulo post turpi morte malaque
Desertos, opis expertes, incuria mactans,
Lanigeras tanquam pecudes et bucera sæcla.
Qui fuerant autem præsto, contagibus ibant,
Atque labore pudor quem tum cogebat obire,
Blandaque lassorum vox mista voce querelæ.
Optimus hoc lethi genus ergo quisque subibat;
Inque aliis alium populum sepelire suorum
Certantes, lacrymis lassi luctuque redibant.
Inde bonam partem in lectum mœrore dabantur :
Nec poterat quisquam reperiri, quem neque morbus,
Nec mors, nec luctus tentaret tempore tali.
Præterea, jam pastor et armentarius omnis,
Et robustus item curvi moderator aratri,
Languebant, penitusque casis contrusa jacebant
Corpŏra, paupertate et morbo dedita morti.
Exanimis pueris super exanimata parentum
Corpora nonnunquam posses, retroque videre

mis à celui-ci de contempler encore l'aspect du temple des cieux, précipitait celui-là vers les portes de la mort.

Mais ce qui rendait plus déplorables les tourmens de ces malheureux, l'espérance s'exilait de leur cœur. Dès que le mal affreux les saisissait, comme des criminels condamnés, leur âme et leur cœur, plongés dans un sombre abattement, n'attendaient que la mort : toujours ils la voyaient; leur âme s'enfuyait en la redoutant. Les funérailles sans cesse suivent les funérailles. L'insatiable contagion, rapide, vole de corps en corps. Ceux que la soif de la vie éloigne de leurs amis souffrans, en vain se dérobent au trépas; bientôt subissant une mort honteuse, abandonnés à leur tour, privés de soins, ils meurent oubliés comme les vils troupeaux. Hélas! ils succombaient aussi, ceux qui, bravant le monstre contagieux, supportaient la fatigue du devoir, mêlaient des mots consolans et doux aux plaintes de leurs amis mourans. Tel était le sort des hommes les plus vertueux : après avoir confié à la terre la foule nombreuse de leurs parens, de leurs amis, sous leur toit solitaire ils rentraient les larmes dans les yeux, la douleur dans le cœur, s'étendaient sur leur couche, se désolaient et mouraient. Partout des morts, des mourans, des malheureux qui gémissaient. Le gardien des troupeaux, le robuste laboureur sont aussi frappés par l'horrible fléau; il les poursuit jusqu'au fond de leur chaumière : la pauvreté rend les maux plus douloureux et la mort plus inévitable. Là, sur les cadavres de leurs fils, s'entassent les corps des pères expirans; ici, les faibles enfans exhalent leur dernier souffle en pressant le sein d'un père ou d'une mère qui ne sont plus.

Matribus et patribus natos super edere vitam.
Nec minimum partim ex agris aegroris in urbem
Confluxit, languens quem contulit agricolarum
Copia, conveniens ex omni morbida parti;
Omnia complebant loca tectaque; quo mage eos tum
Confertos ita acervatim mors accumulabat.
Multa siti prostrata viam per, proque voluta
Corpora silanos ad aquarum strata jacebant,
Interclusa anima nimia ab dulcedine aquai:
Multaque per populi passim loca prompta viasque,
Languida semianimo tum corpore membra videres,
Horrida paedore, et pannis cooperta, perire
Corporis inluvie; pellis super ossibus una,
Ulceribus tetris prope jam sordique sepulta.

Omnia denique sancta Deum delubra replerat
Corporibus mors exanimis, onerataque passim
Cuncta cadaveribus coelestum templa manebant;
Hospitibus loca quae complerant aedituentes.
Nec jam relligio Divum, nec numina magni
Pendebantur; enim praesens dolor exsuperabat.
Nec mos ille sepulturae remanebat in urbe,
Ut prius hic populus semper consuerat humari:
Perturbatus enim totus trepidabat, et unus
Quisque suum pro re consortem moestus humabat.
Multaque vis subita et paupertas horrida suasit;
Namque suos consanguineos aliena rogorum
Insuper exstructa ingenti clamore locabant,
Subdebantque faces, multo cum sanguine saepe
Rixantes potius, quam corpora desererentur.

La contagion semble s'élancer du fond des campagnes avec la foule des villageois qui se précipitent vers la cité pour implorer un asile. Ils remplissent tous les lieux, les vastes édifices et les toits domestiques ; ils semblent s'amonceler pour mieux assurer les coups de la mort. Un grand nombre expire étendu sur le pavé, dévoré de soif. Les uns en se roulant se traînent jusqu'aux fontaines, hument l'eau qui coule entre les pierres, et meurent suffoqués par cette onde trompeuse. Les places publiques, les chemins sont couverts de corps demi vivans, dont les membres affaissés, à peine enveloppés de grossiers lambeaux, se résolvent en humeurs fétides et sanglantes ; les os ne sont recouverts que d'une peau livide, et parsemée d'ulcères noirs semblables à ceux dont la corruption couvre les cadavres arrachés aux sépulcres.

Les édifices sacrés, les autels des dieux sont encombrés des impures dépouilles de la mort. C'est là que les gardiens des temples amoncèlent les cadavres : les soins, les respects religieux sont bannis par l'effroi. La douleur est le seul sentiment qui reste dans ces lieux ; les antiques solennités des funérailles sont dédaignées ; tout frémit d'horreur, tout s'abandonne au trouble. Au milieu du désastre, chacun se hâte d'ensevelir au hasard les cadavres qui l'entourent. L'indigence et la nécessité inspirent d'horribles violences. En poussant des clameurs menaçantes, on jette sur les bûchers préparés par des mains étrangères les corps de ses parens, on y porte la flamme, on l'entretient en combattant : le sang coule, et le meurtre souille les pompes de la mort.

NOTES

DU LIVRE SIXIÈME.

v. 1. Primæ frugiferos fœtus mortalibus ægris
Dididerunt quondam præclaro nomine Athenæ.

L'on croyait que les habitans d'Athènes avaient découvert l'art de l'agriculture. Diodore de Sicile nous apprend que ces peuples se vantaient d'avoir, les premiers, formé une société régie par des lois : telle était du moins l'opinion commune; mais, à l'époque de la fondation d'Athènes, plusieurs peuples orientaux étaient civilisés dès long-temps, et peut-être ces Athéniens faisaient-ils partie d'une colonie envoyée d'Asie pour s'établir dans les plus riantes contrées de l'Europe.

v. 8. Divolgata vetus jam ad cœlum gloria fertur.

Toutes ces images ont beaucoup de noblesse et de poésie; il semble que Lucrèce se plaisait à développer l'étendue de son génie et le prestige du talent, dans les débuts des différens livres de son poëme; les vers de ce passage sont dignes de la morale qu'ils exposent : il faudrait de longs commentaires pour en présenter toutes les beautés. Mais le traducteur doit restreindre dans de justes limites ses remarques apologétiques, et ne point ravir au lecteur le plaisir si doux de se livrer à ses propres réflexions, et de prononcer lui-même.

v. 9. Nam quum vidit hic, ad victum quæ flagitat usus,
Et per quæ possent vitam consistere tutam,
Omnia jam ferme mortalibus esse parata,
Divitiis homines et honore et laude potentes, etc.

Quand ce sage abaissa ses regards sur la terre,
Les arts y répandaient leur charme salutaire,

Les mortels éclairés, industrieux rivaux,
Savouraient les doux fruits de leurs nobles travaux.
Le débile vieillard, jeune encor d'espérance,
Retrouvait dans ses fils sa seconde existence,
Ces mortels cependant, environnés d'honneur;
Riches de tous les biens, ignoraient le bonheur :
Comme des criminels accablés de leurs chaînes,
Ils gémissaient, courbés sous un fardeau de peines;
Tel qu'un vase sans fond, leur cœur avidement
Recevait et perdait son plus doux aliment,
Ou plutôt, imprégné d'une immonde souillure,
Le vase corrompait la liqueur la plus pure.

DE PONGERVILLE.

C'est encore par des louanges adressées à Épicure, que Lucrèce prélude à ses derniers chants. La morale qu'il analyse rapidement est sublime. Cette définition du bonheur, regardé comme un sentiment noble et pur, est au dessus de tout ce que les philosophes avaient imaginé. Les stoïciens le plaçaient dans une vertu supérieure aux coups de la fortune; ils ne regardaient point comme des maux la pauvreté, la honte, la douleur, la mort. Aristippe, qui, sorti de l'école d'Épicure, devint ensuite son plus opiniâtre détracteur, faisait consister le bonheur dans les plaisirs du corps, idée fausse et basse : les plaisirs des sens usent les facultés morales et physiques, et ne laissent que des souffrances ou des regrets. Thalès plaçait le bien suprême dans un corps sain, dans une fortune aisée et dans la culture de l'esprit. Platon le met en Dieu, et n'en promet pas la jouissance dans ce monde : la promesse est un peu trop vague et beaucoup trop lointaine. Aristote, dans la fidélité à remplir ses devoirs. Épicure, pour obtenir le bonheur qu'il nomme *volupté*, exigeait la tempérance, le mépris des grandeurs, le témoignage de sa conscience et la pratique de toutes les vertus. L'un de nos écrivains philosophes (M. Droz) a donné une définition du bonheur, en professeur habile, de l'art si difficile d'être heureux. Ses couleurs sont empreintes de nuances délicates, que les anciens n'avaient point aperçues. Observateur profond des mœurs, la justesse de ses idées, sa noble et douce philosophie, l'élégante pureté de son style persuasif, le font regarder comme le digne émule de ces sages moralistes qui ont trouvé dans leurs talens l'heureux moyen d'être utile aux hommes.

v. 19.   Partim quod fluxum pertusumque esse videbat.

Lucrèce a employé deux fois cette image du vase sans fond, qui reçoit et perd sans cesse la liqueur. Elle est juste, et l'élégance des expressions du poète lui donne une force nouvelle. Il a dit au troisième livre, dans l'admirable prosopopée de la Nature :

>Enfant que j'ai chéri, pourquoi crains-tu la mort?
>Heureux navigateur tu vas toucher au port.
>Si par les voluptés accompagné sans cesse,
>Tes jours délicieux coulent dans la mollesse ;
>Tel qu'un vase sans fond, si ton fragile cœur
>Ne reçut pas en vain les flots purs du bonheur;
>Rassasié de tout, sans regret, sans envie,
>Va, sors donc satisfait du festin de la vie.
>
>DE PONGERVILLE.

v. 25.   Exposuitque bonum summum, quo tendimus omnes,
Quid foret, atque viam monstravit tramite prono
Qua possemus ad id recto contendere cursu,
Quidve mali foret in rebus mortalibu' passim,
Quod flueret naturæ vi, varieque volaret,
Seu casu, seu vi, quod sic natura parasset.

On a peine à concevoir la critique que La Grange fait de ce passage si simple et si noble à la fois. L'interprétation qu'il donne au mot *casu*, s'éloigne absolument du sens de Lucrèce : *casu* n'exprime ici que l'entraînement, la force des circonstances; mais sa remarque sur la répétition d'idée dans les deux derniers vers, est très-juste. M. Amar, l'un de nos savans qui ont le plus étudié Lucrèce, a cru devoir adopter quelques changemens qui rendent moins sensible l'espèce de tautologie offerte par ce distique.

v. 33.   Volvere curarum tristes in pectore fluctus.

Ce vers offre à la fois le sublime de pensée et le sublime d'image. Catulle connaissait-il le vers de Lucrèce, quand il composa celui-ci?

>Prospicit, et magnis curarum fluctuat undis.

Virgile, après eux, a dit :

>. . . . . Magno curarum fluctuat æstu.

DU LIVRE VI. 335

v. 46.   Quandoquidem semel insignem conscendere currum
Vincendi spes hortata est, atque obvia cursu
Quæ fuerant, sunt placato conversa furore.

Ces vers, qui présentent une image extrêmement poétique, ont été torturés par les commentateurs; quelques-uns même pensent qu'ils ont été interpolés : ce passage, au contraire, me paraît digne de Lucrèce, et je crois l'avoir reproduit dans son véritable sens.

v. 57.   Nam bene qui didicere deos securum agere ævum.

Lucrèce a retracé plusieurs fois cette pensée sans varier les tours et les expressions.

v. 72.   Sed quia tute tibi placida cum pace quietos
Constitues magnos irarum volvere fluctus....

La poésie latine n'offre que rarement des vers d'une aussi grande beauté; il est facile de reconnaître combien les poètes, successeurs de Lucrèce, ont profité de cette grande idée et des expressions qui la font valoir.

v. 85.   Ne trepides cœli divisis partibus amens.

Lucrèce parle ici de la division que les prêtres devins, appelés *fulguratores*, assignaient à la voûte céleste, afin de déterminer les différens effets du tonnerre, d'après lesquels ces imposteurs rendaient leurs oracles.

v. 92.   ....Callida Musa,
Calliope, requies hominum divumque voluptas.

O douce volupté des hommes et des dieux,
Calliope, soutiens mon vol audacieux;
Prête à mes derniers chants une grâce nouvelle,
Et pose sur mon front la couronne immortelle.

Le ton de mélancolie répandu dans cette invocation à Calliope, paraît faire allusion à la situation où le poète se trouvait; il semble invoquer cette muse pour la dernière fois.

v. 95.   Principio, tonitru quatiuntur cærula cœli.

Lucrèce explique souvent les effets du tonnerre et le mouvement des nuages avec une sagacité qui ferait honneur à nos physiciens modernes; et surtout il a su conserver la couleur poétique aux objets les plus étrangers au langage des muses; il est à regretter que la peinture fidèle des moindres détails de ce phénomène fasse naître quelquefois de la monotonie.

v. 111. *Et fragiles sonitus....*

est une hardiesse poétique qu'il est impossible de faire passer dans notre langue; c'est proprement *sonitus rei quæ frangitur*.

v. 345. *Forsan et ex ipso veniens trahat aere quædam
Corpora, quæ plagis intendunt mobilitatem.*

On ne peut assez admirer le discernement de Lucrèce, qui pressentit une partie des propriétés de l'air. L'expérience a confirmé plusieurs de ses hypothèses sur l'action de ce fluide, dont les effets restèrent ignorés jusqu'au moment où Pascal, Torricelli, Boyle, Otto et autres, démontrèrent sa pesanteur, sa compressibilité et ses ressorts; mais on ne savait pas encore que l'atmosphère est un mélange de deux fluides qui, pris séparément, sont transparens, compressibles, pesans, élastiques à peu près comme l'air atmosphérique, et qui néanmoins ont des qualités physiques très-différentes.

v. 423. Πρηστῆρας *Graii quos ab re nominitarunt.*

Lucrèce croit devoir rapporter l'origine du mot *prester*, qui, en effet, a pour racine le verbe πρήθω, *brûler, enflammer, gonfler, souffler*. Le dangereux phénomène que les Grecs appelaient πρηστήρ, était nommé par les Latins *typho* et *scypho*; les Français lui donnent le nom de *trombe*; les anciens et les modernes ne sont pas absolument d'accord sur les causes des *trombes*; les uns et les autres l'expliquent d'une manière vraisemblable; la description donnée par Lucrèce est très-ingénieuse, et fait connaître l'idée qu'en avaient conçue les physiciens de son temps.

> Mais parmi les fléaux dont le ciel nous accable,
> Contemple en frémissant la trombe épouvantable:
> Nuage vaste et sombre, elle envahit les airs,
> Se balance en grondant sur la plaine des mers;
> Elle obscurcit le jour, et lentement s'abaisse;
> L'aquilon, faible encor, l'environne, la presse:

Il ne peut la briser; par l'obstacle irrité,
Il rugit, il la pousse avec rapidité;
Le nuage heurté descend et tourbillonne:
Il pend du haut des cieux en immense colonne,
Roule, et trouble à grand bruit la surface des eaux;
En montagne écumante il soulève les flots.
Et malheur aux vaisseaux que le hasard amène
Dans l'abîme entr'ouvert par l'affreux phénomène!
Sur les ailes des vents ces torrens suspendus,
Dans les gouffres amers retombent confondus;
L'ouragan sous leur poids se plonge au fond de l'onde,
Et le sombre Océan bouillonne, s'enfle et gronde.
De Pongerville.

Il est curieux de la comparer avec les détails donnés par Buffon et les naturalistes qui l'ont suivi.

v. 438.   Deducit pariter lento cum corpore nubem.

Le mot *lentus* signifie *souple, pliant, flexible*; son emploi, dans ce vers, est une hardiesse et une beauté de style.

v. 481.   Fit quoque, ut hunc veniant in cœtum extrinsecus illa
          Corpore, quæ faciunt nubes nimbosque volantes.

Cette supposition donne une nouvelle preuve de la conviction de Lucrèce sur la pluralité des mondes.

v. 493.   Nunc age; quo pacto pluvius concrescat in altis
          Nubibus humor........

Il faut remarquer que ces vers sont une espèce de répétition des passages précédens.

v. 522.   Hinc ubi sol radiis tempestatem inter opacam
          Adversa fulsit nimborum aspergine contra,
          Tum color in nigris existit nubibus arqui.

Cette définition de l'*arc-en-ciel* est assez heureuse; la véritable cause de ce phénomène fut pour les anciens un problème insoluble. Les modernes ne l'ont devinée qu'après de longues et minutieuses recherches.

« L'iris ou l'arc-en-ciel ne paraît que dans un air chargé d'un nuage fondant en pluie. Il est occasioné par la lumière du soleil, réfléchie une ou plusieurs fois dans les petites gouttes dont le nuage est formé. Suivant la position de ces gouttes, les unes envoient à l'œil de l'observateur les rayons rouges de la lumière décomposée ; d'autres, les rayons oranges, ou jaunes, ou violets, etc. ; de sorte que chaque goutte qui concourt à former l'iris, paraît de la couleur de la lumière qu'elle envoie à l'œil.

« Le météore, pris dans toute son étendue, est un cercle entier, dont il n'y a de visible que la partie qui est au dessus de l'horizon. Il se dérobe absolument à notre vue lorsque le soleil dépasse une certaine hauteur ; ainsi, dans les longs jours d'été, on ne voit pas d'arc-en-ciel entre neuf heures du matin et trois heures du soir ; dans l'hiver, on peut en voir à toutes les heures, lorsque le soleil est sur l'horizon, et que les autres circonstances sont favorables.

« La lumière de la lune produit aussi des iris plus faibles que celles du soleil, mais subordonnées aux mêmes lois. »

v. 533.   Nunc age, quæ ratio terrai motibus exstet,
          Percipe.

Lucrèce donne pour cause des tremblemens de terre, l'eau, l'air et la terre elle-même, et n'y fait point participer le feu qui, dans les causes d'un pareil phénomène, semble devoir se présenter le premier ; le poète se rapproche, en quelque sorte, de l'opinion de plusieurs physiciens modernes. Au surplus, tous les moyens supposés par Lucrèce sont ingénieux, et sans cesse revêtus des ornemens d'une poésie aussi pittoresque qu'harmonieuse. Voici quelles sont les conjectures des savans modernes sur ce phénomène :

« La terre est, en une infinité d'endroits, remplie de matières combustibles ; presque partout s'étendent des couches immenses de charbon de terre, des amas de bitume, de tourbe, de soufre, d'alun, de pyrites, etc., qui se trouvent enfouis dans l'intérieur de notre globe. Toutes ces matières peuvent s'enflammer de mille manières, mais surtout par l'action de l'air, qui est répandu, comme l'on n'en peut douter, dans tout l'intérieur de la terre, et qui, dilaté tout à coup par ses embrasemens, fait effort en tout sens pour s'ouvrir un passage. Personne n'ignore les effets qu'il peut produire quand il est dans cet état. L'eau contenue dans les profondeurs de la terre, contribue aussi de plusieurs manières à ces tremblemens, parce que l'action du feu réduit l'eau en vapeurs, et l'on sait que rien n'approche de la force de ces vapeurs. Il faut observer aussi que l'eau, en tombant tout à coup dans les amas de matière embrasée, doit encore produire des explosions terribles ; elle anime les feux souterrains, parce que, dans sa chute, elle agite l'air, et fait la fonction des soufflets de forge. Enfin elle peut concourir aux ébranlemens de la terre, par les excavations qu'elle fait dans son intérieur, par les couches qu'elle entraîne après les avoir détrempées, et par les chutes et les écroulemens qu'elle occasione. »

v. 583. In Tyria Sidone..........

Ce que Lucrèce rapporte de *l'engloutissement d'Égine* et de *Sidon* est confirmé en partie par Posidonius. Ovide raconte un évènement semblable ; de pareils désastres se sont renouvelés depuis, et se reproduisent aujourd'hui même dans plusieurs parties de l'Italie.

v. 640. ....Neque enim media de clade coorta
Flammæ tempestas, etc.

Les vers qui suivent, quel que soit leur mérite, ne sont pas exempts d'une certaine obscurité qui a besoin d'interprétation ; le poète ne prétend pas dire que les peuples voisins de l'Etna ne durent éprouver aucune frayeur à l'époque de l'éruption du volcan; mais il affirme que des orages, descendus des cieux, n'ont pas tout à coup allumé ce grand incendie, et que sa cause était inhérente au sol même de la Sicile.

v. 659. Existit sacer ignis.

Lucrèce emploie plusieurs fois cette expression. Le *feu sacré* était une maladie très-commune chez les anciens. Celse, liv. v, chap. 28, dit : *Ignis sacer malis ulceribus annumerari debet.* Virgile en parle aussi, *Géorgiques*, liv. III, v. 566 :

.... Contactos artus sacer ignis edebat.

v. 679. Nunc tamen, illa modis quibus irritata repente
Flamma foras vastis Ætnæ fornacibus efflet,
Expediam.

Cornelius Sévère et Lucrèce ont fait la description de l'*Etna ;* ils ont servi de modèles à Virgile, qui les a surpassés tous deux par une gradation d'images plus heureuse et un style plus soigné; mais la perfection de l'imitation ne peut faire oublier entièrement les beautés de l'original. La force de l'expression, et la gradation harmonieuse des vers suivans, seront éternellement des modèles de style et de mélodie poétique.

> Excussit calidum flammis velocibus ignem,
> Tollit se ac rectis ita faucibus ejicit alte,
> Funditque ardorem longe, longeque favillam
> Differt, et crassa volvit caligine fumum.

La lenteur du dernier distique peint avec fidélité l'écoulement de la lave embrasée qui, par degrés, recouvre les flancs de la montagne. Voici le passage imité par Virgile, et traduit par Delille :

> .....Sed horrificis juxta tonat Ætna ruinis,
> Interdumque atram prorumpit ad æthera nubem,
> Turbine fumantem piceo et candente favilla,
> Attollitque globos flammarum, et sidera lambit :
> Interdum scopulos avulsaque viscera montis
> Erigit eructans, liquefactaque saxa sub auras
> Cum gemitu glomerat, fundoque exæstuat imo.
> Fama est Enceladi semiustum fulmine corpus
> Urgeri mole hac, ingentemque insuper Ætnam
> Impositam ruptis flammam exspirare caminis;
> Et, fessum quoties mutat latus, intremere omnem
> Murmure Trinacriam, et cœlum subtexere fumo.
>
> *Æn.*, l. III, v. 571.

> ....Mais par d'autres orages
> L'épouvantable Etna trouble, en grondant, ces lieux,
> Bientôt déploie en l'air des colonnes de feux;
> Tantôt, des profondeurs de son horrible gouffre,
> De flamme et de fumée, et de cendre et de soufre,
> Dans le ciel obscurci lance d'affreux torrens;
> Tantôt, des rocs noircis par ses feux dévorans
> Arrachant les éclats de ses voûtes tremblantes,
> Vomit, en bouillonnant, ses entrailles brûlantes.
> On dit que, par la foudre à demi consumé,
> Encelade mugit dans l'abîme enflammé;
> Sur lui du vaste Etna pèse l'énorme masse;
> Chaque fois qu'il s'agite et veut changer de place,

L'Etna sur lui retombe, et d'affreux tremblemens
Ébranlent la Sicile et ses sommets fumans.

v. 711.   Nilus in æstati crescit......

Lucrèce assigne au débordement du Nil plusieurs causes, parmi lesquelles se trouve la véritable : les découvertes intéressantes, faites par les derniers voyageurs, prouvent que les débordemens de ce fleuve sont dus aux pluies considérables qui tombent à des époques fixes dans le vaste continent de l'Éthiopie. Cette digression sur le Nil offre des rapprochemens avec un passage de l'éloquent discours historique sur l'Égypte, dû au talent de M. Agoub. Cet écrivain français, que nous comptons parmi nos orientalistes les plus distingués, est né aux lieux mêmes où fut Memphis. En restant fidèle à la vérité, il parle avec un amour filial du sol magique sur lequel il reçut la vie. D'accord avec l'antiquité, il ne regarde pas seulement le Nil comme un principe de fécondité, il attribue à ses effets l'origine de l'industrie et des sciences.

« Le Nil, dit M. Agoub, ce fleuve merveilleux qu'on pourrait appeler le créateur de l'Égypte, puisqu'elle n'eût été sans lui qu'une aride solitude, fut en quelque sorte le premier instituteur des Égyptiens : dans ses débordemens périodiques, il confondait tous les ans les limites des propriétés, et l'on était obligé de nouveau de mesurer la superficie des terres. Chacun rentrait alors dans son patrimoine; et comme les citoyens étaient tous intéressés à l'exactitude de l'arpentage, on fit de la géométrie une étude assidue : cette science fut donc inventée en Égypte, presqu'en même temps que l'agriculture, qui naquit avec l'homme. Mais le bienfait de l'inondation n'atteignit pas également toutes les surfaces labourables de la contrée; l'industrie vint réparer cette négligence de la nature : de nombreux canaux sillonnèrent l'Égypte dans tous les sens, et une habile distribution des eaux, multipliant le fleuve à l'infini, porta la fécondité et la vie jusqu'aux dernières extrémités du territoire; de là les connaissances hydrauliques, qui étaient si intimement liées à la prospérité intérieure du royaume, et auxquelles les Égyptiens, en creusant le fameux lac Mœris, donnèrent une si utile et si éclatante application. »

v. 737.   Nunc age, Averna......

On fait dériver le mot *Averne*, du mot latin *avis*, parce que ces vapeurs exhalées du gouffre sont funestes aux oiseaux. On trouverait peut-être plus d'analogie avec le mot grec ἄορνος, composé de la négation α et du substantif ὄρνις. On les nomme en français *mouffettes*. Elles se font ordinairement sentir dans les lieux les plus profonds de la terre, dans les grottes et les souterrains. On connaît l'antre, situé près de Naples, appelé *la Grotte du Chien*. Dans une carrière, près des eaux minérales de Pyrmont, en Westphalie, s'exhale une vapeur qui tue les oiseaux, les insectes, et tous les animaux qui en sont atteints. Les oiseaux meurent dans des convulsions semblables à celles qu'ils éprouvent sous le récipient de la machine pneumatique. C'est sans doute un effet de cette nature qui a fait croire à Lucrèce que l'air se raréfie dans ces lieux, et qu'il s'y forme un vide. En Hongrie, à Bibar, auprès des monts Krapacks, est une source d'eau minérale que l'on peut boire impunément, et qui, sans répandre d'émanation bien sensible, tue sur-le-champ les oiseaux et les autres animaux qui en approchent.

v. 746. Qualis apud Cumas locus est montemque Vesevum.

Le mont Vésuve, à l'époque où écrivait Lucrèce, échauffait les sources voisines; déjà il exhalait en fumée les matières volcaniques qu'il renfermait; il semblait préluder aux terribles éruptions qui, dans le siècle suivant, ensevelirent sous des torrens de lave et de cendre *Herculanum*, *Pompeia* et tant d'autres habitations, et donnèrent à Pline une mort qui a ajouté à la célébrité de son nom.

v. 752. Usque adeo fugitant non iras Palladis acres,
Pervigili causa.

On ne sait à quel trait de la fable se rapporte cette vigilance redoutée par Minerve.

v. 764. Naribus alipedes ut cervi sæpe putantur
Ducere de latebris serpentia sæcla ferarum.

La propriété que Lucrèce attribue ici au cerf, Pline l'accorde à l'éléphant, liv. 11, c. 53.

v. 782. Arboribus primum certis gravis umbrâ tributa est.

L'opinion sur les exhalaisons dangereuses de certains arbres existe encore; Lucrèce paraît exagérer beaucoup leurs effets. Toutefois, il est probable que différentes espèces de végétaux, connues du temps de Lucrèce, ont été détruites ; en général, la botanique des anciens nous est presque absolument inconnue : soit que la manière de désigner une partie des végétaux ait varié, soit que la culture et le temps leur ait fait subir des modifications, il est impossible de les reconnaître. Le mancenillier, arbre de l'Amérique, a le pouvoir homicide que notre poète attribue à l'arbre qui croissait sur l'Hélicon.

v. 801. Carbonumque gravis........
....
Tum fit odor vini......

Lucrèce se trompe sur les effets de l'eau fraîche, dans l'asphyxie occasionée par le charbon ; il exagère aussi les résultats dangereux du vin bu imprudemment pendant un accès de fièvre.

Sa remarque sur le danger des bains trop chauds est plus juste.

v. 847. Est apud Ammonis fanum fons luce diurna.

Lucrèce fait des dissertations assez judicieuses sur l'échauffement et le refroidissement alternatifs de certaines fontaines, les unes pendant le jour, les autres pendant la nuit, et ces détails sont quelquefois revêtus des charmes d'une poésie pittoresque.

Quinte-Curce décrit ainsi cette fontaine, liv. IV, sect. 7.

« Au milieu de la forêt d'Ammon se voit une fontaine qu'on appelle l'eau du soleil. Au lever de cet astre elle est tiède ; à midi, lorsque la chaleur est au plus haut degré, elle devient très-fraîche ; à mesure que le jour décline, elle s'échauffe, de manière qu'à minuit elle est presque bouillante ; et plus l'aurore s'approche, plus l'eau perd de sa chaleur, jusqu'à ce qu'au matin elle retrouve sa tiédeur accoutumée. »

v. 878. Frigidus est etiam fons........

Cette fontaine est celle de Jupiter Dodonien, et que Pline décrit en ces termes, *Hist. nat.*, liv. II, ch. 103 :

« La fontaine de Jupiter, à Dodone, quoiqu'assez froide pour éteindre les flambeaux allumés qu'on y plonge, a pourtant la propriété de les rallumer quand on les en rapproche. »

v. 889.   Quod genus Aradius spirat fons dulcis aquai.

Toutes les éditions portent *endo mari*, auquel Creech a substitué *Aradius*, qui me paraît beaucoup plus intelligible. Voici la note sur laquelle Creech appuie sa correction : « Si on lit *endo mari*, *dans la mer*, que signifie ce que Lucrèce ajoute deux vers plus bas, *multis aliis regionibus?* ces autres régions sont aussi dans la mer. Il faut donc lire *Aradius fons*, la fontaine Aradienne, dont Strabon fait mention, liv. XVI de sa *Géographie*; c'est ainsi que Lucrèce avait écrit, et les mots *in mari* ou *endo mari*, mis en marge, se sont insensiblement glissés dans le texte. »

On trouve encore dans la Méditerranée un grand nombre de ces sources, qui font jaillir leur onde fraîche jusqu'à la surface de la mer.

v. 906.   . . . . . Lapis hic ut ferrum ducere possit,
           Quem magneta vocant patrio de nomine Graii.

L'aimant fut et dut être long-temps une merveille pour les hommes. Les anciens n'avaient trouvé cependant qu'une partie de ses propriétés; elles sont si connues, qu'il est inutile d'en offrir l'explication; je remarquerai seulement qu'au temps de Lucrèce, une partie de l'enthousiasme pour cette pierre existait encore; c'est à cette raison qu'on doit attribuer la peine qu'il se donne d'en expliquer si longuement la nature et les effets. Cependant les commentateurs reconnaissent qu'une partie de ce passage a été supprimée; et en effet Lucrèce, après avoir accumulé tant de notions préliminaires, semble atteindre la conclusion un peu brusquement. Le Blanc de Guillet, s'appuyant sur les réflexions de Gassendi, a imaginé de suppléer à la lacune qu'il croyait remarquer dans Lucrèce par des vers latins de sa façon, qu'il a interpolés dans le texte publié en 1788. L'entreprise était bizarre et hardie; malheureusement Apollon ne favorisait pas plus ce poète en latin qu'en français. Loin de chercher à ajouter des vers à cette partie du poëme, il faudrait souhaiter que Lucrèce fût arrivé plus promptement aux admirables passages qui terminent ce dernier chant.

Épicure, dit Creech, expliquait la force magnétique de deux manières. Il est étonnant que Lucrèce n'en donne qu'une. Il se peut pourtant qu'il les ait données toutes les deux, et qu'il s'en soit perdu une par la négligence des copistes.

Voici un passage où Gassendi développe l'idée de Lucrèce sur le magnétisme.

« Ipsum Galenus ita refert, a lapide quidem Herculeo, ferrum ; a succino vero paleas attrahi, etc. Quippe effluentes atomos ex lapide illo ita figuris congruere cum illis, quæ ex ferro effluunt, ut in amplexus facile veniant. Quamobrem impactas utrimque (nempe in ipsa tam lapidis, quam ferri corpora concreta) ac resilientes deinde in medium circumplicari invicem, et ferrum simul pertrahi. Sic Epicurus apud illum. Haud abs re vero insinuavi præmissa illa a Lucretio videri huic modo potissimum accommodata. Imprimis enim, juxta ipsum, constabunt, tam magnes, quam ferrum, ex corpusculis consimilibus, consimiliaque etiam inania spatiola habebunt; et maxime quidem quum, ut Alexander subolfecit, et ipsi alibi dicimus, magnes et ferrum ex eadem sint vena. Quare et effluentes ex magnete atomi, quum in ferrum incurrent, ita subibunt ejus substantiam, ut consimilibus hærentes, partim resiliant, cohærentesque abducant; partim hæ alias exsiliturae ipsas compellant, et consequantur : adeo ut, quum reciproce atomi, ex ferro incurrentes in magnetem, simile quid præstent, necesse sit atomos utrimque partim regredientes, sed implicitas tamen, in medium confluere, et propter cohæsionem utrarumque cum iis ex quibus ipsæ magnetis et ferri in medium coire. Et dicitur tamen, aut censetur ferrum ad magnetem potius, quam magnes ad ferrum accedere, ex communi usu, vulgaribusque experimentis, quibus lapidi magnæ molis, aut manu detento, ferri frustula apponuntur : ita nimirum necesse est, ut, quia vel major ex magnete quam ex ferro emanat vis, vel lapis cohibetur vi ne ad ferrum properet, idcirco ferrum non in medium solum, sed in magnetem etiam immotum feratur; nequicquam certe Alexander requirit ex antiquis illis, cur, si effluxus mutui veri sunt, non tam magnes ad ferrum, quam ferrum ad magnetem tendat? quippe si ipse rem explorasset, sese id absurde quærere novisset. »

GASSENDI, *Op.*, t. II, p. 125.

v. 1104. Et quod in Ægypto est, qua mundi claudicat axis?

Claudicat est ici une expression métaphorique, par laquelle

Lucrèce fait entendre que l'*axe* du monde, qui s'élève, selon lui, dans la partie septentrionale et s'abaisse dans la méridionale, commence à s'incliner en Égypte.

v. 1111. Est elephas morbus........

L'éléphantiasis, ainsi nommée du mot grec ἐλέφας, éléphant, a cause de la ressemblance que les malheureux attaqués de ce mal ont avec l'éléphant pour la couleur de la peau. Cette maladie est le plus horrible des fléaux qui affligent l'humanité.

> Est lepræ species, elephantiasisque vocatur,
> Quo cunctis morbis major sic esse videtur,
> Ut major cunctis elephas animantibus extat.
>
> Mauv., *de V. Herb.*, cap. 5

Le corps entier est alors défiguré par des tumeurs hideuses, des tubérosités, des porreaux, des croûtes, des exostoses; il est parsemé de taches blanches, livides, rougeâtres-obscures ou pourpres, dépouillé par une dépilation totale, rongé par des ulcères affreux, par un cancer universel, qui pénètre même jusqu'à la charpente osseuse. Joignez-y l'enrouement de la voix, la tuméfaction des tempes et de l'arcade supérieure des orbites, et mille autres caractères d'autant plus hideux, qu'ils sont tous extérieurs. En effet, on dirait que la nature, dans cette maladie, a eu l'intention de se jouer des médecins, en exposant à découvert à leurs yeux, en assujétissant à leur tact, un mal dont elle a rendu la cure impossible. Dans les autres maladies, ils peuvent prétexter le jeu secret de l'organisation intérieure, qui ne se manifeste au dehors que par des symptômes faibles, difficiles à saisir, souvent même équivoques. Ici le mal se produit lui-même aux yeux pour défier l'art, et se jouer de ses ressources. Les médecins, tant anciens que modernes, conviennent que cette maladie est incurable; c'est un fait attesté par l'expérience, confirmé d'ailleurs par la foule innombrable des recettes contradictoires imaginées depuis tant de siècles pour le traitement de cette maladie. Cette incurabilité est d'autant plus surprenante, qu'on connaît aussi bien les causes que les effets de cette maladie. On sait qu'elle est occasionée communément par l'humidité de l'air, par des brouillards infects, par le voisinage des étangs soit doux, soit salés. On sait que les peuples dont les habitations sont souterraines, dont la boisson est une eau stagnante, dont les alimens sont visqueux, gras, huileux, putrides, tels que les poissons crus ou salés, les fromages corrompus, et même certains légumes de mauvaise qualité, sont ordinairement sujets à ce mal; aussi on a remarqué que les états despotiques et barbares sont ceux où il se déploie avec le plus de fureur. Les peuples, découragés par la tyrannie du gouvernement, négligent les terres, dont ils ne recueillent pas les fruits, laissent croupir les étangs, vivant dans la fange comme des animaux immondes, et imprimant aux pays qu'ils habitent un aspect aussi triste que leur esclavage. De là ces exhalaisons fétides qui, reçues dans le canal de la respiration, au lieu d'un air pur, n'introduisent dans la machine que les germes de la plus affreuse maladie. Représentons-nous donc le despotisme, non pas seulement tel que nous le dépeint Sénèque dans une de ses lettres, environné de bûchers, de fer, de flammes et de bourreaux, mais encore escorté par les pestes et les maladies contagieuses, empoisonnant l'air de son souffle. Heureusement l'éléphantiasis paraît presqu'éteint aujourd'hui en Europe, d'où le despotisme se retire de jour en jour vers l'Asie, le lieu de sa naissance. On ne voit plus de traces de cette maladie que dans quelques pays septentrionaux et maritimes, tels que l'île de Féroë, l'Islande, le Groënland, la Norwège, le nord de la Hollande et les montagnes d'Écosse; mais elle s'en dédommage dans les autres parties du continent, dans les îles de la Grèce, dans la Syrie, dans l'Égypte, dans le royaume d'Angola, les îles d'Afrique, le Malabar, Goa, le Bengale, le royaume de Siam, Batavia, les Moluques, le Japon, etc. Les Européens l'ont trouvée au milieu des richesses du Nouveau-Monde, comme le serpent qui gardait les pommes d'or des Hespérides; ils l'ont vue régner dans l'île de Saint-Domingue, dans le quartier du Fort-Royal à la Martinique, à la Guadeloupe, à l'île Saint-Christophe, aux îles des Caraïbes, aux environs du Mississipi, dans la Jamaïque, dans un canton du Paraguai, dans une partie du Brésil, et dans les riches contrées du Pérou. Cette maladie, aussi ancienne que le monde, naquit de ce mélange de terre et d'eau, auquel les anciens attribuent l'origine des premiers hommes. La côte méridionale de l'Asie et celle de la Basse-Égypte ont passé de tout temps pour le sol natal de l'éléphantiasis. Les lois économiques des Hébreux, leur histoire, le Job abandonné de tout le monde, ce mendiant Lazare, ce général Naaman et plusieurs autres exemples, ne prouvent-ils pas que les Juifs étaient en proie à cette maladie? Elle était connue dans la Thrace, dans la Mysie, dans la Germanie; elle désolait les Indes du temps d'Alexandre, qui défendit à ses habitans l'usage du poisson. Elle fut connue en Perse : sous le nom de *mal persique*, cette maladie désola la Grèce et les régions voisines de la Mauritanie. Elle s'est aussi fait sentir dans l'Empire romain, non qu'elle y ait été apportée d'Orient par les troupes de Pompée, mais parce que les mêmes causes qui l'avaient fait naître dans les autres contrées, l'y produisirent aussi. Ne l'attribuons pas non plus parmi nous aux croisades, mais à d'autres fléaux aussi funestes : les irruptions des barbares, la servitude du gouvernement féodal, l'abrutissement des peuples, l'abandon de l'agriculture, voilà les vraies causes qui la perpétuèrent si long-temps en Occident. La nature, malheureusement trop féconde, s'est étudiée à la multiplier sous mille formes diverses : le feu Saint-Antoine, le feu sacré ou feu persique, la plique polonaise, le scorbut et le mal vénérien, sont les résultats des mêmes causes combinées ou modifiées, différens ruisseaux de la même source empoisonnée. Est-ce une consolation pour l'humanité, que la contagion de cette maladie soit un problème? On dit que quelquefois la femme la gagne de son mari, sans que les enfans qu'elle met au monde en soient atteints; que d'autres fois les enfans naissent infectés du virus, sans qu'il se soit communiqué à la femme. Tantôt on la gagne par le simple contact, tantôt on habite impunément avec les éléphantiaques; mais qu'importe qu'elle se communique ou non par la contagion, quand la nature a tant de ressources pour la propager?

v. 1135.   Hæc ratio quondam morborum, et mortifer æstus
           Finibu' Cecropiis funestos reddidit agros.

La description de cette peste, qui ravagea l'Attique, est presque entièrement tirée du second livre de Thucydide; Lucrèce a prêté à ce grand tableau une couleur sombre et naturelle, qui donne à toutes ses parties une effrayante vérité. Cet admirable épisode semble avoir servi de modèle à Virgile, pour peindre la peste des animaux. Beaucoup de critiques ont essayé de prouver la supériorité de la copie sortie du pinceau de l'auteur des *Géorgiques*; loin de prendre ce soin superflu, il faut admirer dans l'un et dans l'autre ouvrage les beautés diverses que deux grands maîtres ont tirées d'un sujet semblable pour le fond, et différent pour les détails.

J'ai cru qu'il serait intéressant d'offrir au lecteur le moyen de comparer ces productions du génie, si justement célèbres; il suffira sans doute de citer la traduction de Delille, *Géorgiques*, liv. III.

    Là l'automne, exhalant tous les feux de l'été,
De l'air qu'on respirait souilla la pureté,
Empoisonna les lacs, infecta les herbages,
Fit mourir les troupeaux et les monstres sauvages.
Mais quelle affreuse mort! D'abord des feux brûlans
Couraient de veine en veine et desséchaient leurs flancs;
Tout à coup aux accès de cette fièvre ardente
Se joignait le poison d'une liqueur mordante,
Qui, dans leur sein livide épanchée à grands flots,
Calcinait lentement et dévorait leurs os.
Quelquefois aux autels la victime tremblante
Des prêtres en tombant prévient la main trop lente;
Ou, si d'un coup plus prompt le ministre l'atteint,
D'un sang noir et brûlé le fer à peine est teint.
On n'ose interroger ses fibres corrompues,
Et les fêtes des dieux restent interrompues.
Tout meurt dans le bercail; dans les champs tout périt;
L'agneau tombe en suçant le lait qui le nourrit;
La génisse languit dans un vert pâturage;
Le chien si caressant expire dans la rage;
Et d'une horrible toux les accès violens
Étouffent l'animal qui s'engraisse de glands.

    Le coursier, l'œil éteint et l'oreille baissée,
Distillant lentement une sueur glacée,
Languit, chancelle, tombe, et se débat en vain;
Sa peau rude se sèche et résiste à la main;
Il néglige les eaux, renonce au pâturage,
Et sent s'évanouir son superbe courage.

Tels sont de ses tourmens les préludes affreux :
Mais si le mal accroît ses accès douloureux,
Alors son œil s'enflamme; il gémit; son haleine
De ses flancs palpitans ne s'échappe qu'à peine;
Sa narine à longs flots vomit un sang grossier,
Et sa langue épaissie assiège son gosier.

Un vin pur, épanché dans sa gorge brûlante,
Parut calmer d'abord sa douleur violente;
Mais ses forces bientôt se changeant en fureur,
(O ciel! loin des Romains ces transports pleins d'horreur!)
L'animal frénétique, à son heure dernière,
Tournait contre lui-même une dent meurtrière.

Voyez-vous le taureau, fumant sous l'aiguillon,
D'un sang mêlé d'écume inonder son sillon?
Il meurt; l'autre, affligé de la mort de son frère,
Regagne tristement l'étable solitaire;
Son maître l'accompagne, accablé de regrets,
Et laisse en soupirant ses travaux imparfaits.

Le doux tapis des prés, l'asile d'un bois sombre,
La fraîcheur du matin jointe à celle de l'ombre,
Le cristal d'un ruisseau qui rajeunit les prés,
Et roule une eau d'argent sur des sables dorés,
Rien ne peut des troupeaux ranimer la faiblesse;
Leurs flancs sont décharnés; une morne tristesse
De leurs stupides yeux éteint le mouvement,
Et leur front affaissé tombe languissamment.

Hélas! que leur servit de sillonner nos plaines,
De nous donner leur lait, de nous céder leurs laines?
Pourtant nos mets flatteurs, nos perfides boissons,
N'ont jamais dans leur sang fait couler leurs poisons :
Leurs mets, c'est l'herbe tendre et la fraîche verdure;
Leur boisson, l'eau d'un fleuve ou d'une source pure;
Sur un lit de gazon ils trouvent le sommeil,
Et jamais les soucis n'ont hâté leur réveil.

Pour apaiser les dieux, on dit que ces contrées
Préparaient à Junon des offrandes sacrées:
Pour les conduire au temple on chercha des taureaux;
A peine on put trouver deux buffles inégaux.
On vit des malheureux, pour enfouir les graines,
Sillonner de leurs mains et déchirer les plaines,

Et, raidissant leurs bras, humiliant leurs fronts,
Traîner un char pesant jusqu'au sommet des monts.

Le loup même oubliait ses ruses sanguinaires;
Le cerf parmi les chiens errait près des chaumières;
Le timide chevreuil ne pensait plus à fuir,
Et le daim si léger s'étonnait de languir.

La mer ne sauve pas ses monstres du ravage;
Leurs cadavres épars flottent sur le rivage;
Les phoques, désertant ces gouffres infectés,
Dans les fleuves surpris courent épouvantés;
Le serpent cherche en vain le creux de ses murailles;
L'hydre étonnée expire en dressant ses écailles;
L'oiseau même est atteint, et des traits du trépas
Le vol le plus léger ne le garantit pas.

Vainement les bergers changent de pâturage;
L'art vaincu cède au mal, ou redouble sa rage :
Tisiphone, sortant du gouffre des enfers,
Épouvante la terre, empoisonne les airs,
Et sur les corps pressés d'une foule mourante
Lève de jour en jour sa tête dévorante.
Des troupeaux expirans les lamentables voix
Font gémir les coteaux, les rivages, les bois;
Ils comblent le bercail, s'entassent dans les plaines;
Dans la terre avec eux on enfouit leurs laines :
En vain l'onde et le feu pénétraient leur toison,
Rien ne pouvait dompter l'invincible poison;
Et malheur au mortel qui, bravant leurs souillures,
Eût osé revêtir ces dépouilles impures!
Soudain son corps, baigné par d'immondes humeurs,
Se couvrait tout entier de brûlantes tumeurs;
Son corps se desséchait, et ses chairs enflammées
Par d'invisibles feux périssaient consumées.

Le savant président De Brosses a composé, d'après les fragmens de Salluste et d'autres écrivains, une *Histoire de la république romaine*, depuis la dictature de Sylla jusqu'à l'expédition de Pompée contre Mithridate. Il y fait la peinture d'une peste qui eut lieu en Italie dans cet intervalle, et il s'exprime ainsi dans une note : « Je suis ici, autant que la prose peut me le permettre, le tableau que Virgile a fait de cette peste des animaux; Servius nous apprend qu'il l'avait imité de Salluste, dont Servius cite des fragmens. Il faut voir cette belle description dans le troisième livre des *Géorgiques*, et une autre plus vive encore dans le sixième livre de *Lucrèce*. Celle que décrit ce poète sublime, le premier, après Virgile, des poètes latins, attaquait les hommes comme les animaux. C'est le plus terrible tableau que la poésie ait produit en aucun langage, sans en excepter peut-être celui d'*Ugolin*, dans le Dante. Il n'est pas possible de le lire sans frémissement. » Liv. II, pag. 529.

v. 1142. Principio caput incensum fervore gerebant,
   Et duplices oculos suffusa luce rubentes.

Les symptômes de cette affreuse maladie n'ont presque aucune analogie avec les maux contagieux dont le globe éprouve encore le ravage, ni avec l'espèce de peste, vulgairement appelée *fièvre jaune*. Le docteur Bailly, dans son excellent ouvrage sur la maladie analogue qui règne en Amérique, compare méthodiquement la peste de l'Attique, décrite par Thucydide, et la maladie qui se manifesta aux Antilles, et dont le savant Français, que nous citons, a été long-temps témoin. Voici ses expressions :

1°. La peste d'Athènes se déclara au commencement d'avril ; la fièvre jaune ne commence jamais au printemps dans les contrées situées en dehors des tropiques.

2°. La peste qui désola l'Attique dura trois ans ; la fièvre jaune cesse toujours aux approches du mois de janvier, dans les mêmes parallèles.

3°. Le mal, au rapport des historiens du temps, commença en Éthiopie, descendit en Égypte et dans la Libye, pénétra dans les états du roi de Perse, et de là au Pyrée ; tel est le vrai berceau de la peste. La fièvre jaune n'est jamais sortie de ces contrées.

4°. A Athènes, la peau fut couverte d'ulcères putrides et noirs, ce qui n'a point eu lieu en Amérique.

5°. L'éternument, l'enrouement et la toux, symptômes ordinaires de la première maladie, sont fort rares dans la seconde.

6°. Il y avait des convulsions violentes ; elles ne sont connues dans la fièvre d'occident que par des exceptions infiniment rares.

7°. Dans l'Attique, la peau était livide ou rougeâtre, comme si une érysipèle l'avait recouverte. En Amérique elle est jaune comme un citron.

8°. En Grèce, la soif était brûlante, inextinguible. En Amérique, elle est souvent nulle.

9°. Les malades se plaignaient d'une chaleur dévorante à Athènes. En Occident ils s'en plaignaient peu ou fort rarement.

10°. Ceux des Athéniens qui échappaient au mal, conservaient sur la peau ou sur leurs extrémités des marques de son passage. La fièvre jaune ne laisse aucune trace.

11°. La maladie s'attachait dans l'Attique aux organes de la génération, aux pieds, aux mains, et les faisait tomber par lambeaux. Rien de semblable ne s'est montré dans le Nouveau-Monde.

12°. Parmi les Grecs, plusieurs perdirent la vue. Aucun Américain n'en est privé, quelque effroyables que soient les accidens.

Thucydide ne parle ni d'hémorrhagie, ni de jaunisse, ni de lombago, ni de déjections noires, symptômes marquans qu'il n'aurait pas omis s'ils avaient existé.

Les mêmes observations ont été faites depuis à Cadix, et celles que le docteur Bally a données récemment sur la peste de Barcelone, n'offrent que de légères différences. Le mal eut une plus grande intensité en Espagne, sa violence fut plus terrible; mais, à quelques nuances près, la maladie présentait les mêmes symptômes que dans le Nouveau-Monde.

v. 1226. Vitai nimium cupidi mortisque timentes,
Pœnibat paulo post turpi morte malaque
Desertos.

L'abbé Delille, qui a esquissé rapidement le tableau des ravages de ce fléau, semble avoir emprunté quelques traits de Lucrèce dans ce passage du deuxième chant des *Trois Règnes* :

> Sans linceul, sans flambeau, dans des fosses profondes,
> En foule sont jetés ces cadavres immondes.
> Adieu les saints concerts et le culte de Dieu ;
> L'un de l'autre effrayés, tous quittent le saint lieu.
> ....
> L'enfant épouvanté s'écarte de son père,
> Le frère fuit sa sœur, et la sœur fuit son frère,

La mère de son fils redoute le berceau,
Dans le lit nuptial l'hymen voit un tombeau ;
Mais, ô retour cruel! celui dont la faiblesse
Par une lâche crainte étouffa la tendresse,
Expiant par l'oubli le refus des secours,
Finit dans l'abandon ses misérables jours.

Dans l'une des pièces les plus remarquables, présentées au concours de l'Académie française en 1822, sur le dévouement des médecins français à Barcelone, M. Chauvet, connu depuis par d'autres succès littéraires, décrit ainsi les effets de la fièvre jaune :

Naguère, dans la force et l'ardeur de ses ans,
Ce mortel savourait le festin de la vie.
Le mal frappe soudain sa tête appesantie,
Brise son corps, abat son esprit consterné ;
Le pouls se presse, roule, ardent, désordonné ;
De sanglantes sueurs sur ses membres ruissellent ;
Son visage s'allume, et ses yeux étincellent.
Cependant tout s'apaise. O surprise! ô transport!
Les douleurs ne sont plus. Sans trouble, sans effort,
Il respire; du jour il retrouve les charmes ;
Son teint n'a plus de feux, son cœur n'a plus d'alarmes ;
Déjà son œil sourit aux champs, aux verts bosquets ;
Déjà sa douce faim convoite nos banquets.
Ciel, daignes-tu le rendre aux pleurs de ce qu'il aime?
Vain espoir! sur son corps, sur son visage blême,
Un masque affreux d'airain s'étend et s'épaissit ;
Sous d'arides tumeurs sa langue se durcit ;
Il brûle, il tremble, il pousse un hurlement farouche.
Un sang épais jaillit de ses yeux, de sa bouche :
Hors du monde vivant son esprit égaré,
Rêve déjà la mort, de spectres entouré ;
Elle approche, elle accourt, douloureuse, terrible,
Et l'âme en frémissant fuit un cadavre horrible,
Qui, jeté sans honneur au seuil de son séjour,
Demeure, effroi de l'homme et rebut du vautour.

Dans le même sujet, madame Dufrénoy a dépeint ces scènes douloureuses et touchantes avec les charmes de ce talent qui lui assure une place si distinguée dans notre littérature; son style offre les nuances qu'un tact exquis et la délicatesse du sentiment donnent à son sexe, et que le talent du poète le plus exercé saisit très-rarement.

v. 1231.   Atque labore pudor quem tum cogebat obire,
    Blandaque lassorum vox mista voce querelæ.

C'est dans les grandes calamités que se développent les grands courages; toutes les catastrophes de ce genre ont donné lieu à de nobles dévouemens : la peste de Marseille fit connaître les hautes vertus de Belzunce, l'intrépidité des Langeron, des Estelle, des Rose, des Guyon. L'homme sensible qui parcourt les annales des malheurs de la terre, console ses regards affligés en contemplant les actions courageuses de la vertu. Combien ce sentiment dut être excité par le dévouement des médecins français, qui réclamèrent le dangereux honneur de secourir les habitans de la Catalogne, en proie à une épidémie dont la fureur avait éloigné des victimes jusqu'à leurs propres compatriotes. Ces savans français paraissent à Barcelone comme des anges libérateurs, descendus pour combattre le fléau meurtrier. L'un d'eux trouve son tombeau sur cette terre qu'il venait secourir; leur courage redouble avec le péril; en vain ces hommes étonnans sont frappés par la contagion, ils luttent avec elle; à peine échappés à ses coups, ils vont, d'un pas encore chancelant, braver de nouveaux dangers; ils portent à chaque victime des secours ou l'espérance; afin de parvenir à la source du mal, ils l'interrogent jusque dans les flancs des cadavres putréfiés; malgré la fatigue, la douleur et la présence d'une mort terrible, ils ne quittent cette déplorable cité qu'à l'instant où leur art n'a plus de nouvelles lumières à acquérir, et lorsque leur expérience a prévu le terme de la contagion et préparé des secours pour l'avenir. Aussi les noms des Bally, des Mazet, des François, des Pariset, des Audouard, seront à jamais placés parmi les noms des héros de l'humanité. Ces hommes généreux ajouteront une gloire nouvelle et pure à la gloire des Français.

v. 1234.   Inque aliis alium populum sepelire suorum
    Certantes, lacrymis lassi luctuque redibant.

Cette peinture touchante du zèle de l'amitié, répond assez aux critiques qui reprochent à Lucrèce d'avoir inspiré peu d'intérêt dans la description des ravages de la peste. Nous ne pouvons nous empêcher de remarquer qu'à l'instant où nous livrons à l'impression nos commentaires sur les maladies cruelles décrites par le génie des anciens, nous voyons un de ces fléaux désoler notre belle patrie. Apporté sur l'aile des vents, comme les contagions dont parle Lucrèce, de l'embouchure du Gange, où il prit naissance, le choléra s'est élancé par-delà les cimes du Caucase, a suivi les Russes au retour de leur expédition contre la Perse; il ravagea Moscou, Pétersbourg, les ports de la Baltique, accompagna les hordes qui vinrent immoler la Pologne au pouvoir absolu. Bientôt il parcourt l'Allemagne, revient au bord de la mer, la traverse, se précipite dans Londres, repasse le détroit, fond sur Paris qu'il ravage avec fureur, et de là se répand avec rapidité et en même temps sur toutes les parties de la France. Terrible et prompt dans ses attaques, il réduit souvent l'art à l'impuissance. Son principe a jusqu'ici échappé à toutes les investigations; on ignore même comment il se propage. Tantôt il paraît contagieux, tantôt aucun moyen ne peut le transmettre d'un corps à l'autre. Nulle précaution ne garantit de ses atteintes; attiré par l'agglomération des hommes, il s'élance sur ses victimes à travers un espace de plus de cent lieues; et les communications fréquentes entre deux cités voisines n'ont point fait éprouver à l'une le mal dont l'autre était infectée. La chaleur, le froid, les perturbations de l'air, rien n'altère ou n'accroît son intensité : seulement on observe qu'il suit de préférence le cours des fleuves; cependant il épargne des habitations humides et frappe des lieux élevés et secs. Ce mal horrible envahit-il nos climats pour la première fois? où doit-on reconnaître dans ses effets l'épidémie qui désola l'Europe au quatrième siècle, sous le nom de *peste noire*. Comme le *choléra*, elle venait de l'Orient et parcourut les mêmes contrées. A cette époque d'ignorance et de tyrannie, la misère des peuples offrit une proie plus facile au fléau, qui, dit-on, fit périr le cinquième de la population.

N. B. Il m'a été agréable de joindre à mes notes l'Exposé du système physique d'Épicure, par M. Ajasson de Grandsagne. L'érudition profonde et variée de cet estimable écrivain est un garant de l'intérêt que son travail offrira aux amis d'une philosophie qui sera toujours nouvelle comme la nature dont elle est l'expression. DE PONGERVILLE.

EXPOSÉ

DU SYSTÈME PHYSIQUE D'ÉPICURE

PAR AJASSON DE GRANDSAGNE.

§ I. APERÇU GÉNÉRAL*. — Selon Épicure, la philosophie ou étude de la sagesse n'est autre chose que l'étude de la raison, qui, par ses méditations, arrive à la vie heureuse. Ainsi, dit-il, la philosophie a ceci de particulier, que, seule parmi les arts, elle a pour but sa fin même ; elle vise au bonheur, elle jouit du bonheur.

La vie heureuse consistant dans la tranquillité de l'âme et l'état de non-souffrance du corps, c'est au premier de ces biens que le philosophe doit s'attacher ; car l'âme l'emporte sur le corps. La philosophie est donc surtout l'hygiène de l'âme. Au corps aussi s'adressent ses remèdes ; mais c'est à l'âme qu'ils s'appliquent de préférence.

En conséquence, ni jeune homme ni vieillard ne doivent rester étrangers à l'étude de la philosophie. On n'est jamais assez vieux pour que la science du bonheur fatigue ; jamais assez jeune

---

* A des notes isolées sur les passages purement scientifiques de Lucrèce, nous avons pensé qu'il serait avantageux de substituer un exposé rapide de la doctrine d'Épicure. De cette manière, les diverses parties de la philosophie se prêtent, par leur disposition même, une lumière mutuelle, et nous évitons un nombre infini de répétitions qui eussent été indispensables, si nous n'eussions eu recours à cette méthode. Le court résumé qu'on va lire est l'extrait d'un grand travail auquel nous nous sommes livré sur cette matière, et dans lequel, aux nombreux documens rassemblés par Gassendi, nous avons ajouté le résultat des découvertes faites à Herculanum, des réflexions des Tiedmann, des Tennemann, des Buhle, sur la philosophie des anciens, et du savant Mémoire publié par M. Rochoux, sur l'*Épicuréisme et ses principales applications*.

pour que l'on puisse balancer à s'initier dans la pratique de cette science. Autrement, ce serait dire qu'il n'est pas encore temps d'être heureux, ou que pour être heureux il est trop tard.

La philosophie seule dégage de toute vaine crainte celui qui s'y livre : la servir, c'est donc se vouer à la liberté.

Par elle aussi, on parvient à se maîtriser. Celui-là seul est sûr d'être supérieur à ses passions, qui a été éclairé par cette science, et à qui la connaissance des causes et des effets a révélé d'avance par quelle voie il peut atteindre le but de la vie, le bonheur.

Ainsi, trois graves motifs militent en faveur des études philosophiques : les remèdes qu'elles offrent contre tous les maux de l'âme et du corps, la sécurité qu'elles inspirent relativement au monde extérieur, la puissance morale qu'elles donnent à l'homme sur lui-même.

Les allégories, les poëmes, les harangues éloquentes des orateurs, ont souvent le même but ; mais, outre les fictions et les hyperboles qui empêchent de saisir avec netteté l'idée précise de ces compositions, quelle différence y a-t-il entre la franchise sévère et nue du philosophe, qui ne cherche que la vérité, et les artifices de ces charlatans de paroles, qui la fardent, qui la voilent !

La philosophie se divise naturellement en deux parties : la morale, qui donne aux hommes des préceptes dont la mise à exécution les conduit infailliblement au bonheur ; et la physique, qui consiste dans l'observation de la nature. Ces deux branches de la science philosophique ont la même importance, quoiqu'elles s'adressent à deux classes différentes de penseurs. C'est avant tout de la physique que s'occupe Lucrèce.

Mais, avant d'entrer dans l'exposition du système physique proprement dit, il est nécessaire de s'appesantir sur la certitude en général. Y a-t-il ou non des moyens de discerner la vérité ? et quels sont ces moyens ? Ce problème qui préexiste à toute recherche philosophique, et qui a successivement occupé tous les chefs d'école, depuis Thalès jusqu'à Schelling et à Fichte, ne pouvait manquer d'exercer les méditations d'Épicure.

§ II. DE LA CERTITUDE. — Épicure distingue deux espèces de vérité : l'une, qu'il appelle *vérité essentielle* ou *d'essence*; l'autre, *vérité d'énonciation* ou *vérité judicielle*.

Des exemples feront sentir la différence de ces deux vérités. Qu'on nous montre du similor : c'est, dit-on, de l'or faux; c'est de l'or. Ici il y a atteinte à la vérité judicielle. Le similor n'est pas judiciellement vrai : mais c'est bien du similor ; il est vrai essentiellement.

Ainsi, tantôt on examine dans un fait sa vérité intrinsèque ; tantôt, au contraire, on ne songe qu'à l'idée qu'il est possible d'avoir de ce fait. Dans le premier cas, on s'occupe de l'essence de la chose ; dans le second, on ne s'occupe que de l'énonciation de l'essence de la chose. L'essence est vraie, et persévère lors même qu'on énonce autre chose que la vérité ; l'énonciation peut être fausse.

Fausseté, ce mot se comprend de lui-même ; c'est le contre-pied de la vérité : il semble donc qu'il doive y avoir deux espèces de fausseté ; mais non ! Qu'on y songe attentivement, on verra qu'il n'y en a qu'une, la fausseté énonciative ; quant à la fausseté intrinsèque, c'est un mot qu'on peut écrire ou prononcer, mais qui est vide de sens.

Comme tout ce qui existe est physique ou moral, il y a des moyens divers d'arriver à la vérité dans l'un et l'autre domaine. Ces moyens s'appellent *critérium.* Au physique, il en existe deux, les sensations ou les sens, et la prénotion ou l'âme ; au moral, il n'en existe qu'un, *l'affection.*

Relativement à la première classe de critérium, voici les règles que trace Épicure :

1°. Les sens ne se trompent jamais ; en conséquence, toute sensation est une perception qui emporte certitude.

2°. L'opinion, le jugement, qui calquent fidèlement la sensation, sont, comme elle, de toute certitude.

3°. La probabilité d'une opinion se proportionne à la certitude avec laquelle apparaît la sensation elle-même.

4°. L'opinion à laquelle s'oppose le témoignage des sens est fausse.

5°. Toute opinion qui semble exister dans notre âme avant qu'une sensation explicite, directe, nous l'ait donnée, vient originairement des sens, peu importe la cause incidentelle à laquelle on doit rapporter la naissance de cette opinion. Au reste, ces causes sont de plusieurs espèces.

6° Ce qui n'est pas évident par soi-même ne peut se prouver que par le moyen d'une autre chose évidente par elle-même.

7° Et ces choses évidentes par elles-mêmes sont tout simplement les affirmations des sens. Il n'est d'évidence que quand on a vu : *evidens, quod videtur*.

§ III. PRÉLIMINAIRES DE LA PHYSIQUE. DIVISION DU MONDE. — Le monde, dans son immensité, ne contient que deux choses, la matière et le vide. Il est impossible de concevoir une troisième substance qui existe par elle-même.

Par matière, on entend en général l'ensemble des corps. Un corps, selon Épicure, comme suivant les modernes, est un assemblage de grandeur ou volume, de figure, de résistance (en d'autres termes, de solidité ou impénétrabilité), enfin de pesanteur. Il faut, de plus, que l'objet qu'on qualifie de corps soit apte à toucher ou à être touché.

Le vide, au contraire, le vide, qu'on oppose à la matière, est par lui-même incorporel : on ne le comprend que par la négation même de l'idée de corps ; on ne peut le toucher ; il n'a aucune solidité, c'est-à-dire aucune force de résistance, aucune impénétrabilité ; il ne fait rien, n'éprouve rien ; seulement il loge le corps qu'on place chez lui, et il lui donne la facilité de se mouvoir. On l'appelle aussi *espace*.

Il y a entre l'espace et le vide cette différence, que le vide est censé ne pas loger de corps ; seulement il s'étend à droite et à gauche autour du corps qui habite dans son sein : l'espace, au contraire, en reçoit ; au moins dans quelques-unes de ses parties. Les parties de l'espace se nomment *lieux*, lorsqu'un corps les occupe ; *régions* ou *parages*, lorsqu'un corps les traverse.

L'existence des corps ne peut faire le sujet d'aucune espèce de doute : les sens l'attestent. Or, les sens étant les juges souverains de la certitude, il est impossible d'opposer à leur témoignage aucune objection. Ce que nous voyons, ce que nous touchons, ce que nous révèlent le goût, l'ouïe, l'odorat, est corps.

L'existence du vide, à son tour, résulte, mais comme induction, de ce que le témoignage des sens nous certifie. S'il n'y avait point de vide dans la nature, les corps ne pourraient occuper de lieux, et le mouvement même n'existerait pas. En effet, supposons que tout soit plein, et que toutes les parties de la matière composent un tout étroitement condensé et sans interstice : rien ne pourrait être en mouvement sans tout pousser en avant ; et, d'autre part, il n'existerait pas de lieu vers lequel tendrait l'impulsion. Les objections que l'on tire du mouvement des poissons, de la foudre, de la voix, du feu, ne sont pas plus raisonnables : la mobilité de ces agens ou des agens qui produisent ces phénomènes n'a lieu que grâce aux vacuoles invisibles à travers lesquelles ils circulent pour exercer leurs actions.

Le vide, étant incorporel, est pénétrable aux corps ; les corps, au contraire, ne sont point pénétrables : il en résulte que le vide est partout semblable à lui-même. Une droite dans le vide est droite ; et, quand le corps qui l'occupait vient à se courber, et à former soit une ligne brisée, soit un arc, la droite idéale subsiste toujours. De ces prémisses aussi il résulte que, de tous les objets de la nature, le seul qui soit incorporel, c'est l'espace.

§ IV. INFINITUDE ET IMMUTABILITÉ DU MONDE. — L'univers, ainsi composé de la matière et du vide, est infini. En effet, ce qui est fini a une extrémité ; ce qui a des extrémités peut être aperçu d'un autre endroit : en d'autres termes, on peut, d'un point de vue placé en dehors de cet objet fini, le contempler et le voir. Or, il est évident que l'univers ne peut être vu d'aucun endroit extérieur à son enceinte, car il n'est aucune partie du vide ou de l'espace qu'il ne contienne en lui ; et, d'autre part, il n'est point de corps qui ne fasse partie de lui-même. Que résulte-t-il de là ? c'est, 1° qu'on ne peut assigner aucun endroit qui se trouve hors du monde ; 2° qu'en conséquence le monde n'a point d'extrémités, point de limites ; 3° que, par là même que les limites manquent, il est infini.

> Ah! si de l'univers l'étendue est prescrite,
> Parvenons jusqu'au lieu marqué pour sa limite ;
> Là, fais voler un trait ; dans l'espace emporté
> Il traverse à jamais sa vague immensité,
> Ou quelque objet enfin lui fermera le vide ;
> Car il faut qu'à ce choix la raison se décide.
> Qu'il s'arrête à l'obstacle ou glisse dans les airs,
> Le trait n'a pas touché le bout de l'univers ;

Mais laissons-le voler dans ces plaines profondes
Où des mondes sans fin s'entassent sur des mondes;
Un obstacle est offert, l'obstacle est écarté,
Et l'espace recule avec l'éternité.

Cette infinitude de laquelle il est ici question est double. Elle tient, 1° à la multitude des corps; 2° à l'immensité du vide. En effet, si le vide était seul infini, et qu'au contraire il y eût des limites au nombre des corps, ces corps, qui sont dans un mouvement perpétuel, comme on le verra bientôt, ne trouveraient nulle part de points d'arrêt, et se disperseraient dans le vague infini, puisqu'ils ne rencontreraient aucun autre corps pour leur résister et les retenir par diverses répulsions. En admettant au contraire que le vide soit fini et le nombre des corps infini, alors l'espace manquerait aux corps, qui ont besoin de place pour se loger. Il est donc nécessaire qu'il y ait dans le monde double infinitude, celle de l'espace et du vide d'abord, puis celle de la matière.

En général, le vulgaire s'imagine que dans l'univers il faut distinguer un haut ou un bas; c'est une grave erreur. Au dessus de notre tête existe un espace infini; au dessous de nos pieds s'étend un espace infini. En vain disons-nous que nous sommes au milieu. Ce qui est infini dans tous les sens ne peut avoir de milieu. Le milieu lui-même ne peut être regardé comme la partie inférieure; et enfin ce qui se trouve au dessous de nos pieds n'est pas lui-même inférieur, puisqu'il est impossible de distinguer le point bas auquel on le rapporte. En général, quand on parle de haut et de bas, on sous-entend un haut ou un bas absolu, desquels les objets qu'on qualifie d'inférieurs ou de supérieurs approchent plus ou moins. Or, quand ce haut et ce bas absolus n'existent pas, il est impossible d'y rapporter la position des autres objets; et ce haut et ce bas n'existent point, lorsque préalablement on a reconnu que le monde est infini dans tous les sens. Infini, nous le répétons, veut dire sans limites. Le haut et le bas absolus seraient des limites; ils n'existent donc pas.

En conséquence, on doit admettre seulement qu'il existe un mouvement qui s'étend à l'infini par delà nos têtes, et un autre qui se dirige de même à l'infini par delà nos pieds. Des mondes étrangers, différens du nôtre, occupent diverses positions relativement à nous et à notre globe. Ils sont les uns plus près, les autres plus loin; les uns au sud, les autres au nord: mais aucun d'eux n'est ni plus élevé ni moins élevé que nous.

Un corollaire qui se lie à celui-ci, c'est que le monde est immuable. Il n'a jamais changé, il ne changera jamais; ce qu'il fut autrefois, il l'a toujours été; ce qu'il est aujourd'hui, il le sera toujours. En effet, le monde ne contient rien en lui-même que de naturel, que de conforme à sa nature intrinsèque. Il n'y a donc chez lui rien qui puisse se jeter sur lui d'un point extérieur à lui-même, et déterminer par là en lui un changement.

Le monde ne peut ni grandir ni diminuer. En effet, d'où recevrait-il des accroissemens? et, s'il subissait des pertes, où s'en iraient les déchets? Concluons-en que le monde est éternel, c'est-à-dire qu'il n'a ni commencement ni fin. De plus, l'univers est immobile; car, hors de lui, il n'y a aucune partie de l'espace dans laquelle on puisse le placer à la faveur d'un mouvement.

Ce n'est pas à dire que les parties du monde soient inaltérables, immobiles, inaccessibles à l'augmentation et à la diminution; mais, du monde aux parties qui composent le monde, il y a une immense différence. La masse du monde ne change pas; mais il peut se faire que ses parties changent. Alors ce qui est retranché d'un côté va s'ajouter à l'autre sous forme d'excédant. Les chiffres partiels sont tous différens; mais la somme reste invariablement la même.

§ V. DE LA NATURE DES DIEUX. — Avant d'en venir à l'analyse des phénomènes de la nature, il est essentiel de se faire une idée nette de la divinité, tant à cause de son importance absolue qu'à cause de la supériorité qu'elle a sur l'homme et sur le reste des corps, tous frêles, caducs et périssables.

La première question qu'on puisse se faire sur la divinité est celle-ci : Existe-t-elle? y a-t-il des dieux dans l'univers? Selon Épicure, il est impossible de révoquer en doute l'affirmative. La nature même a imprimé dans nos cœurs l'idée de Dieu. Il n'est point de peuple, point de race qui n'aient, et cela sans l'avoir appris par le témoignage traditionnel, une notion de la divinité. On sait avec combien de pompe et d'éloquence Cicéron a amplifié cette pensée. Si donc, continue Épicure, une telle opinion n'est due ni aux institutions, ni aux mœurs, ni aux lois, ni aux conventions humaines, c'est la nature même qui l'a inscrite dans nos cœurs ; en d'autres termes, c'est un fait de la nature. Il est impossible que ce fait ne soit pas ; on doit donc reconnaître des dieux.

Les objections que l'on peut faire au système théiste se réduisent à trois ou quatre : 1° assure-t-on, les premiers observateurs, émerveillés de la régularité des phénomènes de la nature, ont trouvé plus commode de les attribuer à des dieux ; 2° cette notion peut être venue des rêves, qui, pendant le sommeil, présentent tant d'objets fantastiques à l'imagination, et dont, à l'instant de la veille, on est souvent tout prêt à admettre la réalité ; 3° il est possible que le raisonnement y ait conduit, à la vue de tant de milliers de causes, qui toutes tendent à la destruction des objets : on a pensé que conserver supposait des pouvoirs plus grands encore, des pouvoirs infinis ou en nombre ou en influence ; en un mot, des pouvoirs divins.

Toutes ces objections tombent si l'on veut comprendre d'abord qu'il a été impossible d'attribuer à des dieux les phénomènes de la nature, à moins que préalablement on n'ait cru aux dieux ; ensuite, que jamais on ne rêve à d'autres idées qu'à celles dont on a été occupé pendant la veille, et qu'une des causes qui constituent le rêve, c'est plutôt l'incohérence des élémens liés ensemble par le cerveau, que la nouveauté de ces élémens eux-mêmes ; enfin, que la conservation n'est pas un fait plus étonnant que la destruction, et ne suppose pas d'autre être puissant. La destruction est ordinairement lente ou successive : dans ce cas, elle est accompagnée de conservation ; et la conservation même, dans son sens le plus large, n'existe pas. Jamais objet ne fut une heure de suite absolument dans le même état, et peut-être les altérations perpétuelles dont nous sommes témoins nous donnent-elles droit de supposer par induction que de seconde à seconde des altérations analogues ont lieu, quoique infiniment plus légères. La deuxième question, à laquelle les dieux donnent matière, roule sur leurs propriétés, sur leur caractère. Elle se subdivise en beaucoup d'autres. Les dieux sont-ils éternels ? sont-ils heureux ? ont-ils une forme ? leurs jours coulent-ils exempts de crainte, de courroux, de douleurs, de passions? A toutes ces questions, Épicure répond : Oui. Et, quant à la figure des dieux, il croit que c'est à la figure humaine qu'ils ont donné la préférence. « Jamais, dit-il, ni endormi ni éveillé, l'homme ne leur en a attribué d'autre. » Il se trompait. Dans les mythologies anciennes, nous voyons sans cesse les dieux s'incarner sous les formes animales que nous regardons comme les plus grossières ; et, au fond, qu'est-ce que le fétichisme tout entier? l'identification de Dieu et d'un corps quel qu'il soit, organisé ou inorganique. Du reste, quant à la matérialité du corps, dont les dieux consentent à être revêtus, Épicure emploie un langage peu clair, et qui semble accuser peu de netteté dans les idées. Les corps divins ont quelque chose de subtil, de léger, d'igné, d'aériforme. On voit qu'il tend à dire que ce sont presque des fluides impondérables, ou que les fluides impondérables dominent dans leur composition. On entendrait bien mal Épicure, si l'on pensait qu'il ait voulu parler de corps typiques, de préformations, de modèles platoniques des êtres.

§ VI. ÉLÉMENS DES CORPS OU ATOMES.—A la première intuition de l'ensemble des corps, nous prenons des idées de commencement et de fin, de naissance et de mort. Ces deux phénomènes, car ce ne sont pas des choses, n'ont lieu qu'autant qu'il existe des objets dans lesquels ils se passent. Toute forme suppose une substance, tout phénomène suppose un être. La vie, la mort, la naissance, ne sont saisissables que dans ce qui vit, ce qui naît et ce qui meurt.

Un autre principe se lie au précédent, et semble n'en être qu'une forme plus générale ; c'est le célèbre axiome :

De nihilo nihil, in nihilum nil posse reverti.

« Non, rien ne naît de rien ; à rien, rien ne retourne. »

Un grand nombre d'argumens viennent à l'appui de ce principe, que les hommes étrangers aux plus simples observations peuvent seuls contester. S'il était des choses qui fussent faites de rien, tout pourrait naître du sein de n'importe quel corps, puisqu'alors la semence serait inutile ; et, réciproquement, si ce qui meurt tombait par là même dans le néant, bientôt le monde entier aurait péri, puisque, à mesure que quelque chose se détruit, il n'y aurait pas de corps étrangers auxquels se mêlassent les parties détruites.

D'autre part, dès que l'on examine la nature des objets ou nés par les voies ordinaires, ou confectionnés de la main des hommes, on se demande toujours s'ils sont simples ou composés. Composé suppose que quelques portions, qui ne doivent rien, soit à la naissance, soit à la fabrication humaine, entrent dans la composition. Voilà deux classes bien distinctes de corps, les uns formés par aggrégation, les autres simples, uns, indivisibles. Ceux-ci sont éternels; les autres, au contraire, commencent, grandissent, déclinent et meurent.

Nous avons dit uns et indivisibles : c'est que la première qualité implique nécessairement la seconde. Les corps soumis d'ordinaire à notre examen occupent une place dans le vide, et en conséquence ont de l'étendue. L'étendue ne va point sans longueur, largeur et profondeur; en d'autres termes, ne va pas sans divisibilité. Elle n'est pas une. A mesure que vous divisez le corps soumis à l'analyse, les parties deviennent plus petites; et enfin, si un temps arrive où la division indéfiniment prolongée vous donne une particule une, celle-ci n'est plus divisible.

Ces particules, indivisibles, insécables, se nomment en grec, d'un seul mot, *atomes*.

Rien de plus aisé à comprendre que ce qui résulte des diverses relations des atomes entre eux. Réunis, ils forment les corps accessibles à nos sens. Que, d'une aggrégation d'atomes, quelques molécules disparaissent, le corps diminue ; que quelques-unes, au contraire, s'y ajoutent, le corps grandit; que toutes, soit brusquement, soit graduellement, se retirent loin de nous, le corps meurt; que toutes fassent leur apparition en même temps, il naît.

Ce qu'il importe de remarquer, c'est qu'*atome* ne signifie pas, comme on l'entend ordinairement, *petit, ténu*, presque *invisible*; atome doit être pris dans le sens grammatical le plus strict. C'est ce qu'on ne peut diviser ultérieurement. On conçoit que des particules de corps extraordinairement petites se laissent couper : grand comme petit, l'atome qui mérite ce nom résiste à toute tentative de division.

Ceci posé, est-il possible de l'anéantir? non. On peut modifier, on peut anéantir le corps composé dans lequel il se trouvait; mais, quand il aura été ainsi isolé, il ne sera lui-même ni modifié ni anéanti : il occupera peut-être un autre lieu ; ses rapports avec d'autres atomes auront changé, voilà tout. Sans l'existence des atomes, il serait impossible de comprendre ce qu'il y a de différence entre les corps et le vide : car enfin un corps, devenant de plus en plus ténu, se confondrait avec le vide, s'il n'y avait en lui quelque chose d'insécable, d'irréductible à zéro. Au milieu de ces innombrables différences, dont la nature nous offre le spectacle, s'entrevoit une régularité invariable. Cette régularité ne s'expliquerait pas, si l'on n'admettait des principes dont l'indivisibilité est l'écueil auquel vient se briser la puissance dissolvante et changeante de la nature.

Une objection est possible. Les atomes sont durs, puisqu'ils ne peuvent être divisés : comment se fait-il que leur réunion puisse donner naissance à des corps mous? On peut répondre qu'il suffit d'un peu de vide entre les atomes pour donner de la mollesse aux corps. Dès qu'il y a des interstices entre les molécules, elles peuvent facilement être refoulées les unes sur les autres, et c'est là justement ce qui constitue la mollesse de l'ensemble dont elles font partie.

§ VII. Propriétés des atomes.—Ces propriétés se réduisent à trois, grandeur, figure, pesanteur. L'âpreté et le poli des surfaces, deux qualités qui se réduisent à une, se réabsorbent dans la figure. Quant aux autres caractères, couleur, chaleur, etc., elles ne se rencontrent point dans les atomes, elles sont le propre des aggrégations qui en résultent.

Par grandeur, il ne faut pas entendre ce que l'on entend habituellement par ce mot. Le volume des atomes ne peut être apprécié par les sens, ce qui ne prouve rien contre leur existence; car qui jamais a vu le vent, la chaleur, l'odeur, la voix ?

Au reste, la grandeur des atomes n'est pas essentiellement la même. Il semble plus probable que les uns sont un peu plus grands que les autres, et de cette différence primordiale résultera en partie la différence des corps mêmes dans lesquels ils entrent comme élémens ou comme parties intégrantes.

La figure n'a pas plus d'uniformité que la grandeur : car qu'est-ce naturellement que la figure ? la limite des dimensions intrinsèques des corps. Or, il a été admis que les dimensions différaient : les limites se trouvent donc dans le même cas. Il ne faut pas en conclure pourtant que les formes de l'atome soient aussi multipliées que celles dont la surface extérieure des corps nous présente l'aspect. Dans celle-ci nous voyons des sphères, des hémisphères, des ovales, des plans, des saillies, des lentilles, des gibbosités. Il y en a d'oblongues, de turbinées, de polies, de rugueuses, de hérissées, de prismatiques, de pentaédriques, etc., etc. Les atomes n'ont sans doute que quelques-unes de ces formes ; mais la manière dont ils sont aggrégés, superposés, ajustés les uns aux autres, donne lieu aux nombreuses différences qui se manifestent dans les ensembles. De toutes ces formes, les plus remarquables sont celles qui forment des angles saillans. Les atomes de cette espèce ne sont pas cependant plus susceptibles que les autres de diminution ou de détritus. Les arêtes qui terminent les facettes sont vives et nettes, et forment comme des espèces de hameçons. On ne peut non plus comprimer ou fouler un atome, et cette impossibilité doit être comprise dans le sens le plus étendu. On ne peut réduire l'espace occupé par l'atome ; on ne peut pas non plus le diminuer dans le sens de l'épaisseur, pour l'agrandir dans le sens de la longueur ou de la largeur. On peut le changer de place, une forte pression peut le refouler du lieu qu'il occupait dans un autre lieu ; mais ce dernier sera l'image parfaite du premier, et l'atome aura conservé sa masse ; tous ses angles et toutes ses lignes seront entre eux dans les mêmes rapports que primitivement.

Autre fait : les atomes ont du poids. Ce poids est faible, absolument parlant ; mais c'est assez pour donner à l'atome en qui existe ce phénomène, de la pesanteur. Grâce à la pesanteur, l'atome tend sans cesse à se mouvoir, et il se meut effectivement.

Ici se distinguent deux espèces de mouvement. L'un, qui résulte essentiellement de la nature des choses, est dû à la pesanteur des atomes : c'est le mouvement direct ou mouvement des graves. L'autre, qui n'est qu'occasionnel, se manifeste à la rencontre de deux atomes que leur mouvement a portés l'un contre l'autre : c'est un mouvement de réflexion ou mouvement répercussionnel. Il est clair que le premier existe de toute éternité, ainsi que l'atome même; le second, au contraire, est fortuit, comme la rencontre des deux atomes.

Mais, va-t-on dire, comment se fait-il que les atomes se rencontrent, s'ils suivent tous la même direction, c'est-à-dire la perpendiculaire? Naturellement ils doivent avoir la même vitesse, et dès lors ils ne se rencontrent pas ; puis, lors même que, doués de vitesse différente, ils se rencontreraient, ils n'en suivraient pas moins la même ligne absolument, puisque l'impulsion nouvelle qu'ils recevraient serait en tout semblable à l'impulsion primitive.

Cet argument repose sur une idée fausse, savoir, qu'il y a un haut et un bas dans la nature ; un haut duquel l'atome descend, un bas vers lequel l'appelle la force de pesanteur. Il n'en est rien : ce principe imaginaire est un des premiers qu'on ait réfuté dans le commencement de la théorie épicurienne. Dès lors les atomes ne tombent plus uniformément et perpendiculairement; ils suivent des lignes inclinées sous divers angles les unes à l'égard des autres. Ils peuvent donc se rencontrer, se repousser, rejaillir ou plus ou moins selon diverses résultantes, acquérir ou perdre de la vitesse, enfin s'accrocher plus ou moins complètement, et, à mesure que d'autres atomes arrivent à la masse qui commence à se former, se juxta-poser tout-à-fait, par suite de la pression que les nouveaux arrivés exercent sur eux.

Au reste, Épicure admet que primitivement les vitesses essentielles des atomes sont les mêmes; ce qui est dû à l'absence de tout obstacle. Il ne faut pas perdre de vue que c'est dans le vide et dans le vide seulement que se meuvent les atomes. Dans notre atmosphère, sans doute, l'atome aurait à vaincre une résistance. Mais, au fond, comment cela peut-il se traduire? l'atome en question rencontrerait un atome air. Et l'atome air lui-même, dans quoi se meut-il ? dans le vide.

Les atomes sont les véritables principes des corps, et c'est à tort que la philosophie ionienne a donné ce nom à ce qu'on appelle vulgairement les quatre élémens : l'eau, l'air, le feu, la terre. Ceux-là ont encore moins de raison, qui, au lieu de quatre, n'en admettent que deux, ou même un seul; qui dérivent tout de l'eau, ou tout du feu. Quelques philosophes, idéalisant encore plus, ont fait de la matière le principe de tout. En un sens, ils approchent de la vérité; mais d'abord ils oublient le vide; et ensuite par quelle circonstance se fait-il que la matière soit le principe de tout ? c'est justement par cette divisibilité des corps en atomes et par l'indivisibilité des atomes eux-mêmes. C'est donc, à vrai dire, aux atomes qu'il faut tout rapporter. Des atomes se forme la matière; des atomes se combinant avec le vide résultent les corps ; des atomes naissent les grandes masses qu'on appelle eau, terre, air et feu.

Des novateurs obscurs fiers d'un vain argument,
Voyaient dans le feu seul leur unique élément.
Héraclite à leur tête ainsi trompa la Grèce.
....
Si le feu seul possède une force féconde,
A la variété qui soumet donc le monde ?
....
Le feu ne change point, mais sa chaleur captive
S'augmente, s'affaiblit ou devient plus active.
La nature lui donne un attrait bienfaiteur,
Mais ne l'investit pas du pouvoir créateur.
....
Prétendre que soumis à la métamorphose
Le principe du feu change et se décompose,
C'est du feu primitif détruire l'élément,
C'est altérer les corps, les priver d'aliment.
....
Il est des alimens dont l'attrait mutuel,
L'immuable concours, la force, la structure
Ont formé tous les corps ou changé leur nature.
De ces nombreux essais le feu n'est point l'auteur;
Ou quand il serait vrai qu'invisible moteur
Il dérobât souvent sa course étincelante,
Qui pourrait lui ravir sa nature brûlante ?
Le feu même, le feu, n'est dû qu'aux froissemens,
A l'ordre, au prompt essor des féconds élémens,
Dont la combinaison, active et passagère,
A son essence ardente est pourtant étrangère.

....
.....Condamnons ces Grecs qui prétendent que l'onde
Dans ses flots enfanta les habitans du monde;
Ceux qui, plus insensés à l'immense univers
Pour base ont accordé le fluide des airs;
Ceux qui, croyant la terre à leur règle docile,
Ont formé tous les corps de sa grossière argile;
Et ces obscurs savans dont l'esprit tortueux
Double les élémens, les unit deux à deux;
Ou ceux qui, les mêlant sans ordre, sans mesure,
Font d'un tel assemblage éclore la nature.
....
....

De nos doctes rivaux explorons le système,
Le feu, de la nature est l'élément suprême;
Il prend sa source au ciel, en air se convertit.
L'eau se forme de l'air, en terre s'épaissit.
Chacun d'eux, entraîné dans ce concours immense,
Prend un rôle nouveau, finit et recommence.
Sous mille aspects cédant au sort capricieux,
De l'Olympe il descend, tombe et remonte aux cieux;
Mais tout meurt en passant les bornes de son être;
Et si les élémens subissent, pour renaître,
De changemens nombreux les retours opposés,
Un principe éternel les a donc composés.

De Pongerville, *Lucrèce*, liv. 1, v. 636.

L'homéomérie d'Anaxagore est plus absurde encore, s'il est possible, que tous ces systèmes. Ce philosophe prétend que chaque partie d'un corps organisé se compose d'exemplaires (échantillons-modèles) infiniment petits, de même nature et de mêmes fonctions. Ainsi le sang résulte d'une foule de particules de sang; il y a dans le nez une infinité de petits nez; un fémur, un tibia, sont formés d'une quantité de fémurs ou de tibias microscopiques. Il n'y a besoin que d'énoncer ce système, pour en faire comprendre toute la folie.

§. VIII. Des aggrégations des atomes. — Le mouvement est essentiel aux atomes. Ils ne sont pas indifférens, comme on se l'imagine, au mouvement et au repos.

Les énergies des atomes sont égales entre elles; mais les molécules qui doivent leur naissance à la réunion des atomes n'ont pas cette énergie au même degré. Les atomes, en s'aggrégeant, se sont modifiés diversement, selon leur mode d'enlacement, et selon les résultats qu'ils suivent dans leur course. Lorsque, par exemple, dans l'intérieur d'une grande molécule, se trouvent des atomes anguleux et très-crochus, ils se portent mutuellement obstacle, et le composé qui les contient est plus lent, plus voisin de l'inertie, que ceux chez qui prédominent les atomes lisses et à formes rondes. C'est de ces derniers que sont formés les corps les plus énergiques, les plus actifs, les plus prompts ; par exemple les esprits, les vents, l'air, etc.

Que si l'on demande quelle est la cause active ou efficiente du mouvement des atomes, il n'y a rien à répondre de plus : Cette cause existe en eux-mêmes. En général, il est vrai, nos yeux n'aperçoivent que les mouvemens communiqués par une impulsion étrangère, et les animaux même, qui se mettent en mouvement sur l'ordre d'un agent intérieur qui est la volonté, les animaux, disons-nous, ont presque toujours l'air d'obéir à une influence extérieure. Il n'en est pas moins vrai qu'il existe deux espèces de forces motrices : les causes externes, et les causes internes ; et, par suite, deux classes de mouvemens : les mouvemens communiqués, et les mouvemens intrinsèques ou spontanés. Les corps qui possèdent en eux-mêmes cette force latente s'appellent en grec autokinètes ($αὐτοκίνητα$). Ce mot est heureux ; il exprime à merveille la plus belle propriété des animaux, et celle qui donne aux atomes la puissance d'engendrer le monde.

Ici Épicure s'appliquait à démontrer qu'action et mouvement étaient synonymes ; que sort, hasard, fortune, étaient des mots vides de sens ; qu'à plus forte raison il était ridicule d'en faire des dieux. Il distinguait la fin de la cause. La fin qu'un agent se propose est bien différente de l'instrument avec lequel il agit. Donner, comme le vulgaire, un seul et même nom, celui de cause, au but vers lequel on tend, et au moyen qui met ce but à notre portée, c'est parler peu philosophiquement. En un sens seulement, le but pourrait s'appeler cause. Il offre à l'âme une image qui met en jeu ses facultés, et les facultés, à leur tour, agissent de manière à réaliser l'image ; mais alors, c'est une cause médiate, et rien de plus.

§. IX. Qualités des aggrégats ou composés. — Les qualités des composés sont de deux sortes. Tantôt elles leur appartiennent nécessairement et toujours, tantôt elles tiennent aux circonstances, et, pour l'ordinaire, ne durent pas plus long-temps que la cause passagère qui les a développés. Nous les nommerons propriétés nécessaires, et propriétés éventuelles.

Comment peut-il se faire (c'est une question qui se présente naturellement au philosophe) que l'on puisse distinguer dans le composé ce qui n'existe pas dans le composant? car dans les atomes nous ne distinguerions pas les propriétés et nécessaires, et éventuelles. C'est que les atomes sont toujours considérés d'une manière absolue, et que les composés, au contraire, sont considérés d'une manière relative. Presque toujours on les rapporte à un but, à un lieu, à un temps, à un rôle donné. Que l'addition ou la soustraction, ou même la simple translation d'un atome se fasse sentir, il arrivera que le composé, sans être changé complètement, ne pourra remplir son ancien rôle. Les propriétés que lui apporte l'atome, ou bien l'absence de l'atome, n'existaient point dans l'atome lui-même. Elles n'ont d'existence que dans l'esprit de ceux qui veulent rapporter le composé au but indiqué.

Au premier rang, parmi les propriétés essentielles des corps, se classe la densité qui tient à la masse. La densité tient à l'espace plus ou moins grand qui est occupé par des interstices ou pores ; elle suppose donc la porosité. Un objet peu dense est *rare*, c'est-à-dire, percé de nombreuses vacuoles.

Autour de cette propriété se groupent, 1° l'opacité, à laquelle on oppose la transparence ; 2° la fluidité ou liquidité (ces deux mots étant synonymes pour Épicure), à laquelle on oppose la solidité ; 3° l'humidité, à laquelle on oppose la sécheresse ; 4° la dureté, qui a pour contraire la mollesse ; 5°, enfin, la flexibilité, la tractilité avec la ductilité, la malléabilité, etc., etc.

Arrivent ensuite les propriétés que l'on distingue dans le corps considéré relativement aux atomes, et non relativement aux vides qui séparaient ses parties. Il ne s'agit plus ici de porosité ; c'est tout le contraire. Ces propriétés se nomment poids, masse, quantité : on pourrait leur joindre le volume, qui forme la transition des propriétés de la première classe et de celles-ci. Quant à la valeur exacte de tous ces mots, il n'est pas de traité élémentaire de physique qui ne puisse familiariser avec eux.

C'est là aussi qu'Épicure parlait 1° du plus ou moins d'acuité du sommet des solides; 2° de leur poli. Ces propriétés, en effet, tiennent à la surface extérieure, et par conséquent aux atomes qui forment cette surface. Ce n'est pas cependant qu'on ne puisse attribuer les rugosités à des vacuoles superficielles qui se trouveraient entre les atomes de la couche externe.

Dans une troisième catégorie de propriétés se réunissent toutes celles que perçoivent les organes des sens : la couleur et la lumière, le son, l'odeur, le goût, la chaleur. Épicure savait que la couleur résultait de la lumière ; car, dit-il, sans lumière les couleurs n'existent pas, la nuit fait disparaître leur variété, enfin elles changent selon qu'on se place diversement pour recevoir la lumière. En elle-même la lumière est invisible ; cependant c'est un corps qui existe réellement. Il n'en est pas de même de l'ombre, qui n'est que la privation de la lumière. Au reste, l'ombre est aussi la disparition de toute couleur, ce qui nous ramène encore une fois à sentir que ces deux qualités, phénomènes ou agens sont inséparables.

Sur le son, Épicure se trompait complètement. Il prétendait qu'il consiste en corps infiniment petits, qui s'échappent de la bouche de la personne qui parle, ou d'un corps sonore, et qui rendent en route un certain bruit, arrivent jusqu'à l'oreille, et affectent l'organe de l'ouie. Il ajoute que, si le son pénètre souvent dans les lieux où la lumière et les couleurs ne peuvent avoir d'accès, c'est que la lumière ne peut avancer qu'en ligne droite, tandis que le son se meut souvent suivant la ligne circulaire.

Le même système s'applique aux odeurs. Des particules éminemment subtiles émanent du corps odorant, se répandent dans tous les sens, arrivent ainsi aux narines, et là excitent, affectent l'odorat. L'odeur est donc un corps réel, et plus massif que le son. Il est aussi plus lent à traverser l'espace, et il ne pénètre pas avec la même facilité que le son dans des endroits hermétiquement fermés.

Quant aux saveurs, il y a entre elles et les propriétés précédentes cette différence que, quoique consistant aussi en corpuscules, que laisse échapper l'objet soumis aux sens, les particules sapides ne font pas un voyage de l'objet jusqu'à l'organe; mais que, lors de l'application de l'objet à l'organe (la langue et le palais), elles pénètrent aussitôt dans celui-ci, et s'y infiltrent.

La chaleur et le froid se rapportent au toucher, mais ce ne sont pas les seules qualités que discerne ce sens. Mollesse et dureté, humidité et sécheresse, et bien d'autres propriétés encore sont perçues par ce sens qui est de tous le plus puissant, le plus varié, et le seul infaillible. Du reste, la chaleur est un effluve de corpuscules, ou plutôt d'atomes ronds, éminemment mobiles et très-petits. De ces trois circonstances résulte qu'ils arrivent vite aux corps, qu'ils y pénètrent aisément, qu'ils y circulent de tous côtés, au point même qu'ils tendent à dilater, à séparer, à dissoudre, phénomènes qui ne sont accompagnés de douleur que chez les animaux, et lorsqu'ils sont portés à un haut degré. Le froid, au contraire, est dû à un effluve d'atomes gros, anguleux, et lents à se mouvoir. Ils se comportent d'une manière absolument opposée à ces atomes ronds, lestes, menus, qui donnent la chaleur; ils arrivent péniblement aux corps, y entrent lentement, y circulent peu; ni dilatation, ni sensation de légèreté, ne résulte de leur présence.

Quant aux qualités éventuelles, elles sortent de plus en plus du domaine de la physique, et ce serait un hors-d'œuvre de s'en occuper ici. Tels seraient par exemple la liberté, la santé, la richesse, le bonheur, les mœurs, etc. En un sens aussi, tels seraient le repos et le mouvement, si on ne les considérait plus comme qualités essentielles des atomes. Il s'agirait alors de voir de quelle manière le mouvement apparaît dans les composés, de quelle manière il se ralentit et s'arrête. Chez les composés seuls on peut dire que la matière est inerte, c'est-à-dire, indifférente au mouvement ou au repos. Oui, peut-être tel corps, pris comme masse, comme ensemble, est inerte; mais n'en concluez pas que les atomes, ces molécules intégrantes, soient inertes, et soient en repos.

§. X. Naissance et mort; production et dépérissement. — Ce que nous appelons naissance et mort n'existe que dans les êtres composés; la preuve, c'est que les atomes sont essentiellement et de toute éternité. Il en est de même des élémens, car il n'est d'élémens que les atomes. Mais, si les atomes existent de toute éternité, leurs combinaisons ne sont point éternelles : ils s'unissent, se séparent brusquement, insensiblement, par juxta-position, par intus-susception, par des rapprochemens mécaniques, par des affinités chimiques ; de là des formes nouvelles, tantôt prévues ou régulières, tantôt inattendues, et en apparence anomales : ces formes varient sans cesse. D'ordinaire, on distingue dans une série de formes un type unique, auquel on arrive par degrés, et duquel on s'écarte de la même façon. L'ensemble de toutes ces phases constitue la vie ; l'apparition de la première est dite naissance, la disparition de la dernière se nomme la mort. La naissance, le progrès, la décadence et la mort, se manifestent surtout dans les êtres organisés ; dans les êtres inorganiques, les phénomènes analogues s'appellent production et destruction : composition et décomposition récapitulent les deux règnes. Au reste, il faut bien concevoir que ces deux phénomènes ne marchent point isolément pour l'ordinaire, et qu'il est peu de compositions qui n'aient lieu avec ou par une dissolution, peu de décompositions qui ne soient précédées, accompagnées et souvent secondées par une nouvelle composition. En résumé, les êtres qui résultent du mélange des atomes commencent et finissent, vu que les mélanges ont un commencement et une fin. Les atomes seuls persistent.

Le corollaire qui résulte de ces propositions, c'est que nous ne saisissons, nous hommes, que les combinaisons, soit lorsqu'elles se produisent, soit lorsqu'elles cessent : en d'autres termes, nous ne connaissons que les formes et les qualités, toute notre science se réduit à des notions de qualités ou de formes. Lors donc que nous prétendons connaître un animal, une plante, une pierre, un fluide, nous ne connaissons, à vrai dire, que les formes par lesquelles il est accessible à nos sens. L'essence même de la matière que recouvrent ces qualités nous échappe ; au reste, cette connaissance des formes nous suffit pour distinguer les corps les uns d'avec les autres.

§ XI. DU MONDE, SA FORME, SA FIGURE, SON AGE, SES CAUSES. — Épicure distingue le monde d'avec l'univers. L'univers se compose des êtres réels et du vide ; le monde, dans son sens rigoureux, ne comprend que des êtres réels, et, par conséquent, exclut le vide. L'ensemble du ciel, les astres, la terre, voilà ses parties principales. Par ciel, ici Épicure veut dire la région la plus éloignée de nous, région que l'on nomme aussi éther, empyrée ou plage de feu, à cause des astres qui y sont parsemés. La terre, au contraire, est justement la partie du monde où nous sommes ; c'est là qu'existe l'eau, et l'air s'étend dans les vastes espaces qui communiquent d'une part à cette masse opaque, de l'autre à la région du feu.

Quelle est la forme, la figure extérieure du monde ? est-il éternel, ou bien a-t-il eu un commencement ? la nature seule en est-elle l'auteur ? comment et l'ensemble et les détails se sont-ils produits ? a-t-il besoin d'un maître qui le dirige, ou bien exécute-t-il tous ses mouvemens par lui même ? doit-il périr ? et en cas d'affirmative, par quelle voie et quand ? n'y en a-t-il qu'un, ou bien en existe-t-il une quantité infinie ? telles sont les questions auxquelles le monde donne lieu, et qu'Épicure a tâché de résoudre.

1°. Relativement à la figure et à la forme, Épicure admet que le monde a des limites, et par conséquent des extrémités, vu que, dans son système, le monde n'est qu'une partie de l'univers. Du reste, il croit impossible de déterminer cette forme : rien n'empêche qu'elle ne soit sphérique, ovale ou lenticulaire ; rien n'empêche qu'elle ne soit triangulaire, pyramidale, hexaédrique, etc., etc. Quelques philosophes prétendent que le monde est un. Il faut ici préciser ce que c'est que l'unité. Si par là on entend homogénéité, le monde n'est pas un ; si l'on veut dire seulement que ses parties se tiennent, et ont ensemble des rapports, comme dans une plante, un animal, ou même dans un vaisseau, l'unité du monde semble un fait hors de doute. Enfin, on demande si le monde est un être animé, si c'est un dieu ou Dieu même. Épicure nie formellement ces deux hypothèses. L'argument principal qu'il emploie contre la seconde est curieux. La terre, dit-il, se partage en régions différentes, les unes brûlantes, les autres glacées. Est-il possible d'admettre que Dieu ait chaud et froid en même temps ?

2°. Le monde n'est pas éternel. Nous voyons ses diverses parties commencer et finir; à plus forte raison le monde même est-il soumis à cette loi de commencement et de fin. L'histoire, d'ailleurs, vient à l'appui de ce que nous indique la raison. Les arts sont jeunes sur la terre, les annales des peuples ne remontent pas plus haut qu'à quelques siècles, et, lors même qu'on admettrait des siècles en sus de ceux qu'attestent ces annales, il s'en faudrait de beaucoup que ce fût là l'éternité. Quant à l'objection tirée des déluges, des tremblemens de terre, des grands incendies, elle est nulle; et, d'ailleurs, si l'on admet ces ravages partiels, on admettra la possibilité d'un bouleversement complet: or, c'est justement ce que soutient Épicure. Le monde en tant qu'atomes ne périt pas; le monde en tant qu'assemblage d'atomes doit périr, et par conséquent il a commencé.

3°. La cause du monde ne peut être, comme on se l'imagine, un suprême ouvrier, un dieu. Voici pourquoi : un tel ensemble ne saurait avoir été construit sans peine et sans aides; or, il serait absurde de supposer l'être bien-heureux par excellence en peine, et l'être tout-puissant incapable d'agir sans aides. Mais, dites-vous, il agit par sa volonté seule : erreur palpable, puisque rien n'est fait de rien. Et, d'ailleurs, pourquoi cette volonté? il n'existait donc pas du temps où les atomes erraient confus et au hasard, sans former le monde? ou bien il dormait; car c'est tout ce qu'on peut dire, à moins d'admettre qu'il ait changé d'idées. Un dieu changer! sans doute, afin de voir un bel édifice paré de flambeaux et de lumières? ou bien afin de rendre les hommes heureux? ou bien afin de se faire adorer par l'espèce humaine? On voit aisément tout ce que ces motifs ont d'absurde et de frivole. Il est donc clair que la nature seule, ou, si l'on veut, le hasard a fait le monde.

4°. Mais on demandera toujours comment la nature ou le hasard s'y est pris pour donner naissance au monde. Voici de quelle manière Épicure explique cette production.

Les atomes, à force de parcourir rapidement et au hasard l'immensité, se sont rencontrés, accrochés, réunis, combinés. De là des masses encore informes et inorganiques, mais déjà remarquables par ce fait, la composition. A la longue, ces parties, différentes de poids, se trouvèrent entraînées dans des directions ou avec des vitesses différentes : les unes tombèrent peu à peu ; les autres, au contraire, s'élevèrent. Cette divergence éclata surtout lorsque des corpuscules de pesanteur différente se rencontrèrent. Dans ce choc, les plus grossiers restaient en bas et en possession de la place ; les plus légers, au contraire, les plus petits, les plus ronds, les plus glissans, sautaient, et par conséquent s'élevaient. Ce sont eux qui, avançant ainsi sans cesse vers les parages du monde les plus éloignés du centre, formèrent le soleil, la lune et les astres. Ceux qui tenaient, par la grossièreté et leur pesanteur, le milieu entre les plus légers et les plus lourds, formèrent l'atmosphère. Ceux que leur gravité entraîna au centre du monde constituèrent la terre. Dans celle-ci, les vents, par leurs coups répétés, et la lumière, par son action, séparèrent des parties plus petites, plus subtiles, plus aisément divisibles : ce sont ces dernières qui ont formé l'eau. Une fois que l'eau exista, elle se dirigea, à cause de sa fluidité, dans les lieux les plus bas, dans les creux les plus propres à la contenir, et quelquefois elle prépara elle-même les localités qui devaient la recevoir. Les pierres, les métaux, et en général les minéraux, se produisirent à l'intérieur de la sphère terrestre, d'après les diverses espèces d'atomes ou de germes qu'elle contenait dans son sein lorsqu'elle fut constituée terre par la séparation de l'atmosphère et du ciel. De là ces collines, ces montagnes, ces aspérités nombreuses qui varient la surface de la terre, et qui donnent lieu à d'âpres sommets, à de profondes vallées, à de vastes plateaux, couverts d'arbres, d'herbes et de plantes de toute espèce : parure brillante de la terre, comme les soies, les plumes, la laine, sont la parure des corps. Reste à expliquer la naissance des animaux. Il est croyable que la terre, contenant des germes tout frais propres à la génération, produisit hors de son sein des espèces de bulles creuses de forme analogue à des utérus, et que ces bulles, arrivées à maturité, crevèrent comme cela était nécessaire, et mirent au jour de jeunes animaux. La terre fut alors gonflée par des humeurs semblables au lait, et les nouveau-nés vécurent à l'aide de cet aliment. Les hommes, dit Épicure, ne sont pas nés autrement. De petites vésicules, des espèces d'utérus, attachées à la terre par des racines, grossirent frappées des rayons brûlans du soleil, donnèrent issue à de frêles enfans, soutinrent leur vie naissante à l'aide du liquide lacté que la nature avait élaboré en elles. Ces premiers hommes sont la tige de l'espèce humaine, qui depuis se propagea par les voies usitées aujourd'hui. Cette théorie explique comment il peut se faire que les hommes de la période actuelle soient moins grands et moins robustes que ceux de l'époque primitive. L'espèce humaine alors naissait spontanément et du sein même de la terre, et aujourd'hui ce sont des hommes qui donnent naissance à d'autres hommes.

5°. Ce n'est pas la Providence qui gouverne le monde. Rien de plus indigne d'elle que ces soins minutieux, fatigans, continuels, inconciliables avec cette tranquillité physique, avec cette impassibilité morale qui est l'apanage de la divinité. D'ailleurs, pourquoi les dieux, si les dieux se mêlaient du monde, frapperaient-ils leurs temples ? pourquoi, lorsque les infortunés les supplient, n'exaucent-ils les vœux que du plus petit nombre ? pourquoi accablent-ils le juste de misères et de travaux ? pourquoi moissonnent-ils l'enfant en bas âge ? Il y a mieux : pourquoi permettent-ils qu'il existe des pervers ? Il est vrai que, selon quelques hiérophantes, ce n'est pas Dieu lui-même qui veille au monde ; il a commis à cette tâche des génies inférieurs qui ne suffisent point à tout, et dont la puissance limitée est nécessairement imparfaite. On prétend les avoir vus la nuit, en songe, ou quand l'imagination est vivement frappée. L'infaillibilité des oracles atteste aussi leur existence. Épicure n'admet ces principes des prêtres de l'antiquité que dans une sphère très-limitée, et même il est aisé de voir qu'il n'y ajoute aucune espèce de foi. Surtout il déclare nettement que les oracles sont de vaines impostures ; que leurs vers sont plats, ou faux, ou mal faits ; enfin qu'il n'est pas difficile de se trouver avoir dit vrai à force d'ambiguité, si les interprétations les plus bizarres sont permises aux desservans du temple, quand l'évènement a démenti le sens naturel de la prédiction.

6°. La fin du monde n'est pas une question. Cette solution est inséparable de celle qui admet que le monde a commencé, ou, pour mieux dire, ces deux faits, naissance et fin du monde, ne sont que deux parties de la même solution, deux détails du même fait, la temporanéité du monde. Mais ce qu'il est curieux d'examiner, c'est de quelle manière s'accomplira la destruction de ce vaste édifice que nous admirons. En général et *a priori*, nous apercevons deux grands agens de structeurs, le feu et l'eau. Le monde peut donc périr, soit par inondation, soit par incendie. Chaque philosophe a pris, en quelque sorte, fait et cause pour l'un de ces deux moyens. Il est possible pourtant de concevoir d'autres formes de destruction ; l'exemple des êtres organisés, des animaux surtout, nous mène à cette idée. Lorsque l'animal cesse de vivre, tous les principes dont son corps était formé se disséminent, s'échappent, les uns d'un côté, les autres de l'autre, s'évanouissent, c'est-à-dire se dérobent par leur exiguité à la vue des survivans, et, réduits en particules impalpables, vont servir à créer de nouveaux animaux. N'est-il pas présumable que le monde, semblable à une vieille citadelle dont les murs se lézardent et tombent d'eux-mêmes, se subdivisera à l'infini, et reviendra à la forme, à l'état duquel il est sorti, l'état d'atomes ? Après des siècles innombrables, peut-être ces atomes, à force d'errer, comme primitivement, dans les profondeurs de l'espace, se réuniront comme la première fois, mais en formant des aggrégations toutes différentes, et donneront lieu à un deuxième monde tout autre que celui dont nous sommes partie et spectateurs.

7°. Au reste, le nombre des mondes, à l'instant même où nous raisonnons sur le nôtre, est infini. La raison de ce paradoxe, c'est que les atomes eux-mêmes sont en nombre infini. Une immense quantité de ces particules insécables s'est agglomérée pour donner naissance au monde que nous habitons. Mais rien n'empêche que d'autres quantités immenses aussi aient, par leur mouvement et leur rapprochement, produit d'autres agglomérations. Non-seulement ce fait n'a rien d'impossible, il est nécessaire, et une logique rigoureuse ne peut balancer à l'admettre. Va-t-on dire que ces mondes, en grand nombre sans doute, ne sont pas infinis ? On aurait tort encore : car, admis dix mille mondes, il resterait encore assez d'atomes pour en former un dix-mille et unième ; et le dix-mille et unième reconnu, la quantité infinie des atomes ne serait pas encore épuisée.

Ces mondes, dont nous concevons l'existence, sont-ils tous de même forme ? Il est évident que non.

§ XII. DE LA POSITION DE LA TERRE AU CENTRE DU MONDE.— La terre n'a pas été formée hors du lieu de l'espace qu'elle occupe aujourd'hui ; car, en descendant vers le centre du monde, elle aurait écrasé ou retenu sous elle l'atmosphère, qui, au contraire, se trouve répandue autour et au dessus de sa surface. Il en est de même et des plantes et des animaux qui l'habitent : leurs germes n'ont point été formés dans l'espace, ils se sont produits au centre même ou aux environs du centre du monde, aux lieux mêmes où depuis on a vu apparaître plantes et animaux.

Non-seulement la terre occupe le centre du monde, tandis que l'air, les étoiles, le ciel, se sont élevés dans l'espace au dessus d'elle ; à l'intérieur même de la masse terrestre, il faut concevoir un centre vers lequel gravitent tous les corps : c'est là le centre idéal du monde. Les corps qui se portent vers ce centre descendent selon des lignes parallèles, et non suivant des lignes qui puissent former des angles ; ce qui vient de ce qu'il n'y a qu'une région supérieure, de laquelle descendent tous les graves, et qu'une région inférieure, vers laquelle ils tendent. La terre n'est pas sphérique ; elle est seulement discoïdale, ou peut-être cylindrique. Une seule de ses surfaces peut être habitée, c'est celle qui nous sert de demeure. Il est clair que cette surface est plane, et non bombée. L'existence des antipodes, à laquelle croient beaucoup de philosophes, n'est donc qu'une chimère, quoique les partisans de cette chimère raisonnent très-conséquemment sur toutes les suites de leur hypothèse, et indiquent d'une manière attrayante quels phénomènes, en tout contraires aux nôtres par l'époque où ils se passent, ont lieu dans cette partie imaginaire de la masse terrestre.

Épicure après cela se demande comment il peut se faire que la terre se soutienne ainsi au centre du monde. Les raisons par lesquelles il essaie de l'expliquer sont faibles et peu intéressantes. Nous les omettrons.

Il s'occupe ensuite de ce qui avait été dit avant lui sur la vie de la terre. On l'avait prétendue animée, on en avait fait une déesse. La terre n'est pas plus déesse que le monde n'est dieu.

Permis de voir en elle la mère des êtres, puisque c'est de son sein et par l'action des corps qu'elle contient, que tout se produit à sa surface; mais il n'en résulte pas que ce soit une mère pensante et agissante. Permis aussi aux Corybantes, aux Métragyrtes, de célébrer au son du tambour la terre, mère des dieux, et de gagner leur vie en chantant Bérécynthie; mais croire que dans le corps de la terre loge une âme divine, un esprit recteur, est une folie, un conte indigne du philosophe.

§ XIII. Des tremblemens de terre et de l'Etna. — On s'étonne de ces deux phénomènes, qui, aux yeux du penseur, n'en forment qu'un, et qui se produisent souvent tous deux à la fois : cependant ils n'ont en eux-mêmes rien de difficile à comprendre. La terre, toute massive que nous la supposons, a des cavités, des cavernes. Dans son sein se trouvent des rochers bouleversés. Les fleuves, qui courent à sa surface, rentrent quelquefois sous cette croûte opaque : leur source, d'ailleurs, est toujours à l'intérieur de la terre. On peut concevoir sans peine que l'eau courante enlève au passage des particules dont la somme, à la longue, se trouve assez considérable pour influer sur la solidité des parties supérieures qui la couvrent comme une voûte. La voûte alors tend à tomber, et le sol tremble. D'autres fois aussi, c'est un coup de vent qui agite les eaux stagnantes et immobiles : de là peut résulter une secousse, surtout si le vent, retenu dans une enceinte étroite, tourbillonne sur lui-même, et bat les parois de l'espèce de caverne dans laquelle il s'est engouffré. Enfin il n'est pas impossible que quelque partie de la terre se détache d'elle-même, et que dès-lors, la portion de terre soutenue par celle-ci s'écroulant, toutes les localités circonvoisines répercutent le coup qu'elles viennent de recevoir.

Épicure ajoute encore d'autres hypothèses à celles-ci; mais elles ne valent pas la peine d'être répétées. Passant ensuite à l'Etna, il proclame que le vent, qui est assez fort pour imprimer une secousse à la terre, se transforme, dans cette vive action, en flamme, et dès lors peut donner lieu à ces éjections violentes de laves que lance au loin le cratère de l'Etna. Cette dernière partie de l'hypothèse n'est point absurde : nul doute qu'il n'existe des courans d'air souterrains, et il est clair que ces courans doivent, lorsqu'ils rencontrent des matières combustibles en état d'ignition, aviver de la manière la plus forte l'incendie dont les entrailles de la terre sont le foyer.

§ XIV. DES EAUX : LA MER, LES FLEUVES, LES SOURCES. DES DÉBORDEMENS DU NIL, DE LA GLACE. — Parmi toutes les eaux que présente la masse terrestre, se distingue la mer. On sait que les géographes la divisent en interne ou Méditerranée, externe ou Océan. Il ne faut pas croire que le ciel s'élève au dessus d'elle comme une voûte, et la touche par ses extrémités. Il est faux par conséquent que le soleil et les astres s'y couchent ; il est faux qu'à l'époque de leur lever prétendu ils sortent du sein de ses eaux.

Pourquoi la mer ne s'augmente-t-elle pas, malgré l'innombrable quantité de fleuves qui viennent s'y rendre? D'abord, c'est que, comparativement à la mer, les fleuves sont des gouttes d'eau presque imperceptibles ; ensuite, c'est que le soleil pompe par ses rayons une énorme quantité d'eau. C'est ce que l'expérience nous indique à chaque instant, lorsque nous voyons les étoffes mouillées se sécher si vite au soleil. A cette raison excellente, Épicure en joint une très-mauvaise. La terre étant criblée de pores, non-seulement, dit-il, les eaux se rendent de la terre à la mer, mais encore elles rentrent de la mer dans le sein de la terre, jusqu'aux lieux où l'on croit voir leurs sources. La salure des eaux marines, opposée à la douceur des eaux de source et de rivière, n'est point une objection. Les pores de la terre font office de filtre, et les particules salées se déposent chemin faisant, de manière qu'en définitive il ne reste que de l'eau pure. La théorie des atomes revient encore ici. Les atomes salés sont crochus et âpres : les atomes aqueux sont lisses ; de là la facilité avec laquelle ils coulent et passent, tandis que les autres s'arrêtent et forment un dépôt.

Si l'eau des sources jaillit perpétuellement et sans interruption, cela tient justement à ce retour perpétuel des eaux marines dans la terre. Sans doute on peut supposer que, dans les entrailles de ce grand corps, ont été placées d'immenses quantités d'eau qui fournissent à l'écoulement des fontaines ; mais ce ne serait pas assez. Quelque grande, quelque forte que soit la masse aqueuse, elle finirait par s'épuiser, s'il ne revenait pas de nouveau liquide à mesure que le précédent s'en va. Or, pour satisfaire à cette condition, il n'y a qu'un moyen admissible ; c'est ce mouvement de va et vient des eaux qui courent de la terre à la mer, de la mer à la terre.

Les ruisseaux, auxquels les sources donnent naissance, se réunissent d'abord en cours d'eaux assez exigus, puis se joignent de nouveau de manière à occuper un grand lit, et enfin forment, par leur jonction définitive, des fleuves qui, tributaires ou de la Méditerranée ou de l'Océan, renouvellent sans cesse l'immensité des mers.

De tous les fleuves, le Nil est le plus remarquable. Il déborde tous les ans à l'époque de l'été, et ses débordemens fertilisent l'Égypte. Il est présumable, à ce que dit Épicure, que ce phénomène est dû à l'action des vents Étésiens, qui refoulent les flots en sens inverse de la direction que naturellement ils ont prise ; de telle sorte que le niveau se trouve détruit, et que l'onde, amoncelée du côté de la source, se répand sur les deux rives, qui, dans les temps ordinaires, la contiennent. Peut-être aussi est-ce que les vents Étésiens, en soufflant du nord, poussent et accumulent du côté du midi de grandes masses de nuages, qui, arrêtés par de très-hautes montagnes, se condensent, et bientôt laissent échapper la pluie en assez grande quantité pour que le fleuve accru par elle inonde les plaines circonvoisines. Une troisième hypothèse présente les monts de l'Éthiopie comme des glaciers que la puissance des rayons solaires résout en eau. On conçoit que ces eaux, en se rendant à un fleuve principal, le grossissent quelque temps après l'apparition du printemps.

Plusieurs sources offrent des phénomènes singuliers. Ainsi, par exemple, 1º on voit au milieu de la mer jaillir des fontaines d'eau douce ; 2º en Épire il y a une fontaine dont l'eau s'enflamme dès que l'on promène au dessus d'elle un peu d'étoupe et une torche ; 3º une autre, auprès du temple d'Ammon dans le désert, est froide le jour et chaude la nuit ; 4º l'eau des puits se trouve de même chaude en hiver, et froide en été. Les explications que hasarde Épicure sur ces diverses particularités sont peu heureuses.

La glace, qui n'est autre chose que de l'eau solidifiée, résulte évidemment, selon Épicure, de l'assemblage d'atomes polyédriques : car, si les atomes desquels il s'agit étaient orbiculaires, entre eux se formeraient nécessairement des interstices, des vides, et dans ces vides les atomes pourraient se réfugier; dès lors il y aurait mollesse, extension, et par conséquent fluidité. La glace offrant des propriétés contraires, il faut que ces atomes composans soient tous terminés par des surfaces planes à angles aigus ou obtus. Ces angles peuvent s'adapter, s'emboîter, et par conséquent former un tissu solide et dur qui n'a rien de la liquidité et de la mollesse de l'eau.

§ XV. DES CORPS INORGANIQUES QUE CONTIENT LA TERRE. — On divise les corps que contient la terre en animaux et êtres inanimés. Ces derniers sont, 1° des concrétions, liquides peut-être jadis, mais qui aujourd'hui ne s'offrent qu'à l'état solide : tels sont le sel, le soufre, le bitume, le succin; 2° les métaux, dont la découverte remonte à une époque où la foudre embrasa les forêts et liquéfia par la force d'incendie les particules métalliques adhérentes aux racines des arbres; 3° les rochers et les pierres, parmi lesquels se distinguent le diamant, les silex et la pierre herculéenne, vulgairement nommée aimant; 4° les herbes et les arbres. Ici il est essentiel de remarquer qu'Épicure spécifie nettement la différence qu'il y a entre les animaux et les plantes. Les premiers ont la locomotion, le désir, la pensée; les plantes n'ont ni sens ni âme, de quelque manière qu'on l'entende. Il est vrai qu'elles leur ressemblent par certaines fonctions, la nutrition par exemple, la génération, la croissance; mais tout cela se fait spontanément, inévitablement et sans conscience de ce qui se passe. Lors donc qu'on parle de la vie et de la mort des plantes, l'expression est abusive, et n'a de base qu'une analogie, mais non une identité véritable.

Épicure savait et dit que les hommes découvrirent l'art de semer et d'enter en voyant les glands et les baies des arbres, après être tombés, donner naissance à de jeunes pousses semblables à celles qui avaient porté le fruit primitif.

§ XVI. DES ANIMAUX. — La variété étonnante des formes animales, la différence de leurs moyens de progression, de leurs formes extérieures, de leurs richesses en fait d'organes, avaient frappé Épicure.

Ce qu'il y a de plus étonnant dans l'animal, c'est, dit-il, la pensée ; et, pour lui, la pensée se manifeste par l'enchaînement des mouvemens, qui, développés d'abord dans une substance dépourvue de raison, finissent par se reproduire artificiellement, et non spontanément et aveuglément.

Les mouvemens des atomes, sans doute, ont lieu au hasard et sans l'avis de la raison ; et pourtant, lors de l'origine du monde, il est arrivé que des animaux, en quelque sorte prototypes de toute une race, existaient. Une fois ces animaux formés, des atomes qui çà et là couraient, opérant des mouvemens, se rapprochant, s'éloignant, se joignant, s'excluant, les uns seulement venaient s'adapter, se combiner aux atomes de l'animal prototype ; c'étaient les atomes de même nature que les siens : les autres, au contraire, étaient repoussés ; c'étaient ceux qui ne ressemblaient en rien aux atomes constituans de l'animal. Mais il reste toujours à déterminer comment, dans l'origine du monde, furent produits les animaux prototypes. C'est ce qu'Épicure n'explique pas, ou du moins n'explique pas par des raisons particulières.

Il continue de suivre les phases diverses de la vie de l'animal. Dans la nutrition, dit-il, l'atome, qui fait déjà partie du corps, attire un atome extérieur de même nature que lui, se l'approprie, s'y enchaîne, s'y assimile ; il exclut tous ceux qui sont d'une autre nature : de là les progrès, l'accroissement et la force. Dans la copulation, certains atomes, par suite du mouvement perpétuel qui a lieu à l'intérieur du corps, se trouvent chassés de leur séjour naturel, et font une excursion vers les parties génitales ; ils s'y rassemblent : les uns viennent de la tête, les autres des bras, les autres du thorax. Ces atomes, rendus dans leur demeure nouvelle, tendent non-seulement les uns vers les autres, mais aussi vers ceux qui appartiennent à un sexe différent. Il en résulte désir, rapprochement, et enfin commixtion dans l'utérus.

Dans la formation du fœtus, les atomes séminaux, ainsi parvenus dans l'utérus, s'y disposent en groupes, toujours d'après leur similitude, et forment ainsi un corps minime, copie de celui auquel le fœtus devra la naissance. Les atomes venus de la tête s'arrangent en forme de tête ; les atomes venus du thorax constituent un petit thorax ; les atomes venus des cuisses donnent lieu à des cuisses, etc., etc.

On demandera comment il se fait alors que les sexes diffèrent. Suivant Épicure, la semence existe chez la femme ainsi que chez l'homme. La conception n'a lieu que grâce au mélange des atomes spermatiques de l'un et de l'autre ; ceux qui l'emportent des atomes masculins ou féminins déterminent le sexe de l'embryon. On comprend aussi par là la ressemblance, si souvent regardée comme bizarre, des petits-fils à leurs grands-pères. Cette particularité tient à ce que des atomes spermatiques, demeurés inutiles ou dans l'ombre, lors de la première génération, reprennent, lors de la seconde, de l'importance, et une place semblable à celle qu'ils avaient chez l'aïeul.

Pour la stérilité, elle tient encore à la configuration des atomes séminaux ; mais ici la configuration est imparfaite, elle pèche ou par des aspérités trop nombreuses, ce qui empêche toute cohésion d'atomes, ou par l'extrême poli des surfaces sphéroïdales, qui rend l'atome glissant au point de ne pouvoir s'accrocher à aucun de ceux qu'il rencontre.

§ XVII. Des parties animales et de l'ame. — Les membres divers de l'animal n'ont pas été formés dans un but et pour l'usage que chacun en fait ; il fallait bien qu'un arrangement, n'importe lequel, se trouvât dans ces aggrégations d'atomes qui, grâce à une organisation plus complète, s'appellent animaux. Dans cet arrangement, les diverses parties se trouvent aptes à certains actes, et, en conséquence, chargées de certaines fonctions : les yeux voient, par exemple, les oreilles entendent, les mains prennent, les pieds marchent ; mais aucun de ces membres n'a été produit dans l'intention de donner à l'animal la vision, l'ouie, la marche. Les causes finales dont on parle tant n'existent donc pas. Épicure ajoute contre les causes finales une assez mauvaise raison, fondée sur l'analogie. L'usage, dit-il, ne vient que de l'expérience ; les hommes n'auraient jamais songé à se battre les armes à la main, s'ils ne s'étaient d'abord battus à coups de poing ; ils n'ont songé à faire des lits, qu'après avoir couché par terre ; à fabriquer des vases à boire, qu'après avoir bu dans le creux de leur main; enfin, à fabriquer des maisons, qu'après avoir trouvé des abris dans des cavernes.

L'âme est aussi une partie du corps; mais elle n'est composée que de parties extrêmement menues. Dire qu'elle est absolument incorporelle, c'est la réduire à n'être qu'une partie de l'espace, c'est-à-dire du vide, et dès-lors elle ne pourrait ni agir, ni être passive; elle ne pourrait présenter un libre passage au corps qui la traverse. Or, s'il y a quelque chose d'évident, c'est qu'au contraire l'âme agit et souffre; elle meut le corps, le pousse, le retarde; c'est elle qui, par son repos, lui impose le sommeil.

A présent, est-il nécessaire d'admettre cette extrême subtilité que nous avons attribuée à l'âme? Oui, dit Épicure; car, sans cette particularité, il serait impossible à l'âme de traverser, de pénétrer, d'animer tout le corps, de se répandre dans toutes les parties et tous les organes, veines, nerfs, entrailles, muscles, os. D'ailleurs, qu'on pèse le corps pendant la vie, le corps après la mort, le poids n'a pas diminué, il est le même. C'est ainsi que le vin, dépouillé de son bouquet, ou du parfum de son arome, n'a rien perdu de son poids. Si donc l'âme était condensée et réduite à son moindre volume, il est certain que sa totalité n'occuperait qu'un point invisible.

Toute subtile qu'on la suppose, l'âme n'est pas pour cela un corps simple; au contraire, tout porte à croire qu'elle est composée, et composée des quatre élémens essentiels à la nature, c'est-à-dire de feu, d'air, d'eau et de terre, ou plutôt de feu, d'air, de vent, et enfin de quelque chose d'innominé, en quoi réside plus particulièrement la sensibilité. Ce que c'est que cette quatrième partie de l'âme, il est impossible de le concevoir. C'est en quelque sorte l'âme de l'âme. Le caractère de chaque animal dépend de la proportion dans laquelle ont été répartis ces élémens; ainsi la chaleur domine chez le lion, et le lion est irascible; les vents dominent chez les cerfs, et le cerf est timide; les bœufs contiennent beaucoup de parties aériformes, de là leur naturel pacifique, qui tient le milieu entre les lions et les cerfs. Enfin, l'homme, chez lequel domine la portion sensible, ou âme de l'âme, l'homme qui a eu, lui, non pas seulement l'*anima*, mais l'*animus*, est un être raisonnable; la pensée, l'intelligence, la raison, voilà les noms qu'on donne à son âme. Au reste, dans cette âme il faut distinguer deux faces, l'une vraiment rationnelle, l'autre irrationnelle ; à la première appartiennent plus proprement les dénominations énumérées plus haut ; du domaine de la seconde sont les sens et les désirs.

§ XVIII. LES SENS. — Épicure s'oppose à la doctrine qui place toute la sensibilité dans l'âme, et qui réduit les corps à être seulement les véhicules, les intermédiaires, mais non les possesseurs de la sensation. Prétendre, dit-il, que l'âme sent à travers des matières insensibles, c'est dire qu'on peut y voir à travers une porte fermée.

L'objection principale des spiritualistes repose sur l'impossibilité apparente qu'il y a entre le caractère d'insensibilité reconnu dans les atomes, et la sensibilité que porteraient en elles leurs aggrégations. Le composé ne peut contenir que ce qui se trouve dans les composans. A cela la réponse est que la sensibilité est non pas une chose, mais une faculté ; que la disposition des atomes la fait apparaître, comme la figure, le mouvement, la symétrie. Tel corps composé d'atomes est brut et insensible ; que l'on ajoute, que l'on retranche, que l'on modifie, et il pourra se faire que la sensibilité naguère absente s'y trouve tout à coup unie.

A l'appui de cette doctrine, les Épicuriens citaient l'exemple des terres, des bois pourris, que la chaleur du soleil, à ce qu'ils disaient, changeaient en vers et en autres animalcules.

Passant aux détails des cinq sens, Épicure remarquait que les organes par lesquels on analyse ainsi un corps total, en séparant ses propriétés, se trouvent ainsi distribués sur diverses parties du corps, parce que la disposition des muscles, des nerfs, des os, etc., doit être variée, pour percevoir des propriétés variées. De l'objet externe soumis à notre examen, émanent des corpuscules, qui portent jusqu'à nous la connaissance des divers caractères de l'objet ; ces corpuscules ne sont pas tous de même nature. Il faut donc que nos organes eux-mêmes ne soient point uniformes ; sinon, nous serions condamnés à ne percevoir qu'une partie des sensations, celle avec laquelle notre organisation s'harmonise complètement.

L'organe de la vue est l'œil. Il reçoit les images externes, c'est-à-dire les formes des objets qui sont placés à sa portée. Probablement ce sont des effluves d'atomes volans qui viennent alors jusqu'à lui. Ces atomes, émanés de l'objet qu'il s'agit de voir, conservent le même ordre et la même position que dans le corps, ou, du moins, qu'à la surface du corps qui leur a donné naissance. Ce sont de véritables fantômes (*phantasmata*) ; seulement ils surpassent infiniment en subtilité tout ce qu'il existe d'objets accessibles aux yeux.

Il n'est pas invraisemblable que de telles apparences se forment dans l'air ; il n'est pas non plus absurde que les atomes soient de nature à les former, et qu'ils se groupent en superficies en quelque sorte dépourvues de profondeur. Les membranes, les peaux, diverses dépouilles épidermoïdes des animaux, mettent sur la voie de ces conjectures. Quant à la possibilité de l'émanation en elle-même, émanation qui n'est autre chose qu'une sortie, d'abord l'expérience fournit un grand nombre de faits analogues. Nul doute, par exemple, que l'arome des fleurs ne provienne d'atomes de fleurs, qui se portent sur l'organe olfactif. D'autre part, il est dans la nature des atomes de se mouvoir sans cesse. Ceux qui restent en repos s'y trouvent forcés par la pression qu'exercent sur eux les atomes leurs voisins, au milieu desquels ils se trouvent en quelque sorte prisonniers ; mais ceux qui ont une issue, par exemple ceux qui sont placés à la superficie de l'objet, obéissent à leur nature qui est de s'échapper, et se détachent du corps, auquel ils ne tiennent qu'accidentellement.

Comme il n'est pas de minute dans laquelle il ne se produise des milliers de petites images visuelles, il est clair que leur formation est instantanée, et de plus continue : c'est dire que la surface de tout objet visible engendre sans cesse des émanations qui permettent aux passans de le voir. A mesure qu'un groupe creux d'atomes a été aperçu, il s'en reforme un autre absolument semblable à lui, et ainsi de suite, jusqu'à ce que l'objet ait cessé d'exister.

On s'étonnera sans doute, s'écrie Épicure, de ne pas voir le corps en question diminuer, à force de fournir à ces effluves. La réponse à cette difficulté se trouve dans cette délicatesse inimaginable que nous avons attribuée aux atomes : des myriades de parcelles, semblables à celles qui nous donnent l'image d'un corps, seraient sans doute inapercevables. Quant à la célérité de ces molécules légères, elle n'a rien qui doive surprendre; leur ténuité rend cette légèreté vraisemblable, et de l'autre on sait que la lumière du soleil et des étoiles nous vient du haut du ciel, avec une rapidité sans exemple.

L'ouïe perçoit les sons de la même manière que l'œil perçoit les couleurs. C'est encore à une image fantastique et superficielle, due à l'afflux des atomes, que les sensations auditives doivent leur origine.

Ces effluves, qui émanent ou de la bouche de l'homme qui parle, ou, en général, de tout corps sonore qui a été frappé, se scindent en un nombre infini de figures similaires, soit de cercles, ou bien de triangles isoscèles ou équilatéraux. On peut se faire une idée du phénomène, en voyant le jet de liquide qui jaillit horizontalement d'une outre, se diviser en menue poussière d'eau. Ces particules, en se séparant, se disposent de manière à établir ou à conserver des rapports les unes avec les autres, et de manière aussi à faire entendre des sons toujours les mêmes, selon la nature des corps. C'est de la figure du groupe formé par les molécules que dépend la qualité du son : ainsi, un son harmonieux provient du poli des surfaces atomistiques qui viennent frapper la texture de l'organe; leur dureté est due à l'aspérité de ces mêmes surfaces. Par exemple, la scie déplaît à l'oreille, surtout si on la compare aux sons doux et charmans de la lyre, parce que la scie offre elle-même des dentelures, et que les images auditives, formées par les atomes qui en émanent, sont de même dentelées et âpres; tandis, au contraire, que les tables de la lyre, et les cordes qui vibrent sur elles, sont ou planes, ou parfaitement circulaires.

L'odorat n'opère, ne juge, ne sent qu'à l'aide des atomes odorans, répandus dans l'atmosphère. C'est peut-être de tous les sens celui pour lequel la théorie épicurienne est le plus évidente. Ce qui achève de faire admettre l'émanation d'atomes, base du système d'Épicure, c'est que les odeurs deviennent plus fortes à mesure que l'on pétrit, que l'on concasse, ou que l'on dissout l'objet odorant. On conçoit que plus d'atomes alors s'échappent du corps dont les opérations précédentes multiplient les surfaces. Les diversités des odeurs tiennent aussi à la forme qu'affectent les groupes d'atomes. Lorsque ces corpuscules se disposent en figures, soit planes, soit orbiculaires, que ne vient hérisser nulle irrégularité, l'odeur est douce; elle a quelque chose de dur, d'acerbe ou de fétide, lorsque ces figures sont hérissées d'angles aigus, de pointes et d'inégalités. C'est ainsi que la main, si on lui présente un flocon de laine, le presse; si elle saisit un pied d'ortie, le lâche à l'instant même.

Le goût a pour organe la langue et le palais. Pour que nous percevions les saveurs, il faut qu'en mangeant nous exprimions le suc, de la même manière que l'on exprime l'eau de l'éponge, en la pressant avec la main. La théorie des aspérités et des surfaces glabres, qui a servi à expliquer les différentes qualités des sons et des odeurs, s'applique avec succès au goût. Les saveurs douces proviennent d'atomes ronds; les groupes à angles multipliés, et sans lignes orbiculaires, produisent des saveurs âpres; les angles aigus, les formes coniques, les courbures que n'accompagnent ni ténuité ni rondeur, enfantent des saveurs piquantes; les figures orbiculaires, non glabres, mais hérissées d'angles presque imperceptibles, fournissent la saveur acide; de figures anguleuses, torses, d'isoscèles, résulte la saveur salée. L'amertume tient à la rondeur glabre mais torse, et de petites dimensions. De groupes petits, ronds, minces, résulte l'onctueux.

Le tact s'exerce par toutes les parties du corps, et tous les corps le possèdent, quoique étrangers à la sensation qui chez nous en résulte; le vide seul (mais le vide n'est pas un corps) ne peut ni toucher, ni être touché.

Nous sentons des effets tactiles de trois manières : 1° extérieure, lorsque nous appliquons nos surfaces à une surface; 2° intérieure, lorsque, par torsion, pression, traction, tension, ou autre mode d'agir, nous attaquons des parties internes : nous-mêmes souvent nous éprouvons des phénomènes de ce genre (le mal de tête, par exemple, ou les douleurs d'entrailles); 3° mixte, lorsque nous produisons au dehors ce qui naguère était au dedans de nous. Il n'y a pas besoin de dire que chacune de ces trois classes de phénomènes peut être compliquée soit de douleur, soit de plaisir.

En récapitulant les opérations des cinq sens, et les notions qu'elles nous fournissent, il devient clair pour Épicure que l'âme ne pense qu'à l'aide des objets extérieurs, et mieux encore à l'aide des images produites par les émanations atomiques. La pensée n'est due qu'à une agglomération plus grande, et par conséquent plus puissante d'atomes sortis des objets, et répandus dans l'atmosphère.

§ XIX. Divers phénomènes relatifs a l'homme; les désirs et les passions; les mouvemens volontaires et le langage; le sommeil et les songes; la mort. — Avant de songer aux désirs, il faut jeter un coup d'œil sur le plaisir et la douleur; ces deux phénomènes, selon Épicure, résident essentiellement dans la configuration du spectre atomique qui jaillit du corps exposé à nos sens, tandis que les spiritualistes ses adversaires placent sa formation dans l'âme même. Quel que soit le système auquel on se range, il reste toujours un fait patent, c'est qu'il y a opposition complète entre le plaisir et la douleur; c'est que l'on recherche le premier, et que l'on fuit le second. Dans la théorie épicurienne, ce vœu universel de tous les êtres en faveur du plaisir résulte de la nature même des choses. Il y a volupté, lorsqu'il y a harmonie entre les organes sensitifs, et les formes du spectre qui calque l'objet, père de la sensation; or, tout dans le règne organique tend à l'harmonie. Les âmes aussi doivent y tendre: de là l'horreur du mal-être, et la recherche du bien-être.

Cet élan vers certains phénomènes est ce que l'on appelle désir. Au désir s'oppose la crainte, et la crainte est elle-même un désir négatif. On souhaite *être* ou *avoir*, c'est le désir proprement dit; on souhaite *ne pas être*, *ne pas avoir*, c'est la crainte ou l'aversion.

Le plaisir est toujours accompagné d'une espèce d'expansion de l'âme, qui s'ouvre pour recevoir le bonheur, et se l'incorporer; la douleur, au contraire, est accompagnée d'une occlusion. Il semble que l'âme se ferme, pour ne pas laisser pénétrer la cause de la sensation fâcheuse. A vrai dire, cette expansion est la joie; la contraction ou occlusion est la douleur. Ces deux phénomènes se modifient à l'infini, soit en rapidité, soit en manifestations extérieures, soit en permanence; de là les affections et les passions; de là aussi les mœurs et le caractère.

La *volontariété* des mouvemens est vraie en ce sens que nous agissons en voulant; mais, nous n'agissons qu'en vertu de mobiles préexistans, et ces mobiles viennent tous de la sensation, et, par conséquent, des objets extérieurs. Il y a plus, il faut songer que, avant de vouloir opérer des mouvemens, il a fallu que nous vissions des mouvemens analogues.

Lorsqu'un membre est mis en mouvement, est-ce l'âme entière, ou une âme particulière à ce membre, qui le veut? Le fait est que l'âme pénètre tout le corps, et, par conséquent, réside aussi bien dans la jambe ou dans le bras, que dans le cœur ou dans la tête. Il n'en résulte pas qu'il y ait plusieurs âmes; mais, quand un membre se meut, la portion d'âme particulière à ce corps pousse la portion voisine, et, de proche en proche, la conscience du mouvement se communique ainsi jusqu'au foyer intellectuel; de sorte que, d'une part, la partie de l'âme a voulu, et que, de l'autre, l'âme entière acquiesce à cette volonté. Le corps alors ressemble à un vaisseau qui va en même temps à la voile et à la rame.

De tous les mouvemens spéciaux des corps, ceux qui produisent le langage sont les plus remarquables. Beaucoup d'animaux possèdent comme l'homme la faculté d'émettre des voix; quelques-uns même les articulent : tels sont entre autres les oiseaux; mais, sous ce rapport, l'homme est le mieux organisé de tous les êtres. Il articule de cent façons différentes des voix déjà nombreuses. L'examen des phénomènes du langage se diviserait en deux parties : 1° les actions des organes physiques, à l'aide desquels les sons de toute nature se produisent; 2° la formation des mots qui entrent dans la composition des langues. A quels objets furent imposés les premiers noms? comment des mots primordiaux et nécessaires arriva-t-on aux autres? puis, quelle fut l'origine des lois grammaticales? Épicure, sans décider ces questions avec la profondeur des modernes, lançait, chemin faisant, plusieurs solutions dignes de remarque. Entre autres faits, il proclame que primitivement les hommes nommèrent les objets nécessaires à la vie, ou frappans pour les sens, par des onomatopées. La nature seule agissait, et non l'influence de la méthode ou l'ordre d'un chef.

Épicure avait aussi aperçu que le langage est un signe, et il assimilait les mots aux gestes des doigts, au froncement des sourcils, etc., etc.

Le sommeil et les songes ont lieu lorsque la partie pensante et sentante se trouve affaissée par la fatigue. Quelquefois aussi ces phénomènes sont dus à une perturbation que des corpuscules, provenant de l'air ou des alimens, exercent sur les parties de l'âme disséminées dans le corps. Ils les refoulent alors, et les membres, privés du principe qui les régit et les soutient, languissent; le pied fléchit, le bras tombe, les paupières s'abattent, les genoux ploient, et la sensation n'existe plus.

A vrai dire, elle n'existe plus si l'on dort sans rêver; elle existe encore si l'on rêve; mais elle est incomplète, fausse, et quelquefois basée sur les souvenirs : cependant, les songes tiennent aussi à ces spectres atomiques émanés des objets. Grâce à leur subtilité extrême, ils pénètrent dans le corps endormi, quoique le sommeil en ait en quelque sorte fermé les portes. Il arrive alors que l'on voit dans le sommeil, comme dans la veille. Si nous ne nous apercevons pas de la variété de la vision, c'est que nos sens assoupis ne viennent point corriger l'erreur, et nous avertir que les objets que nous croyons présens ne sont pas là; et, s'il arrive en même temps que la mémoire repose, nous voyons reparaître ce qui est perdu pour jamais, nous voyons les morts renaître, nous leur parlons.

Pourquoi est-ce que l'on rêve surtout aux objets pour lesquels on sent de la prédilection? la réponse est simple : suivant Épicure, c'est que les organes se sont façonnés à recevoir certaines apparences atomiques, plutôt que d'autres. Il est naturel alors que celles-là pénètrent plus aisément, tandis que celles-ci se trouveront repoussées.

Au sommeil, suspension de l'activité des sens, se lie la mort, qui est extinction totale de l'âme. Tant que l'âme ne s'éloigne que d'un membre, d'un organe ou d'une région du corps, la sensibilité existe encore; mais, si elle se retire en total, le corps n'existe plus. D'autre part, l'âme elle-même, lorsqu'elle se trouve isolée du corps, ne possède plus aucune des facultés qu'elle avait : plus de mouvemens, plus de sensations ; il en est d'elle comme de l'œil qui, une fois arraché du corps, ne voit plus, eût-on avec soin gardé tous les nerfs et toutes les membranes dont il se compose.

La mort n'est pas une destruction, c'est une ségrégation ou dissolution. Dissolution complète : car, non-seulement les atomes plus grossiers qui constituaient le corps se trouvent séparés des atomes subtils qui sont l'âme, mais encore le corps se résout en substances diverses qui, en définitive, se diviseront à l'infini, puis recomposeront d'autres corps, et les particules de l'âme s'éparpilleront de même dans l'espace, comme la fumée ou comme un nuage. Cette dissémination des atomes subtils sera d'autant plus facile, que leur tissu était plus fin et plus léger.

Une preuve de la dissolution de l'âme, c'est qu'elle est née : tout ce qui a un commencement a une fin. Il est vrai que des philosophes ont été amenés à la déclarer éternelle ; mais que d'argumens contre cette idée ! 1° Rien n'est éternel que ce qui est solide comme l'atome, ou non divisible en régions comme le vide, ou incapable d'être reçu dans un autre lieu comme l'univers. 2° Comment pourrait-il se faire que l'immortel eût été joint au mortel ; l'âme impérissable au corps destructible et caduc ? 3° Pourquoi l'âme semble-t-elle grandir et se développer avec le corps, enfantine dans l'enfance, légère dans la jeunesse, grave à l'âge viril, avare et sombre dans la vieillesse ? pourquoi surtout, à cette dernière phase de l'existence, redoute-t-elle l'instant qui doit la séparer de sa prison ? ne devrait-elle pas être au contraire ravie de la quitter ? 4° Si elle laisse en partant quelques atomes d'elle-même dans le corps privé de vie, elle est soluble et divisible ; au contraire, si elle ne laisse rien, à quel germes serait due la production de tous ces vers qui pullulent sur les cadavres ?

Épicure appuyait surtout sur cette pensée, que l'âme décline avec le corps. Elle souffre dans les maladies, s'abat par le désespoir, s'émousse quand le corps est fatigué, disparaît dans l'ivresse, l'évanouissement, l'épilepsie, le délire ; l'âme mourra donc quand le corps mourra. Par là croulent d'elles-mêmes toutes les fables sur les enfers, les ombres, la vie future, ainsi que tous les contes relatifs aux cultes.

§ XX. ASTRONOMIE D'ÉPICURE. — La météorologie (ou περὶ μετεώρων), selon les anciens, qui ne possédaient pas assez de notions précises pour opérer la division des sciences avec justesse, se composait de deux parties, l'astronomie et l'aérologie. C'est à cette dernière que les modernes conservent le nom de météorologie, parce que dans l'atmosphère se passent tous les phénomènes météoriques.

Le ciel des astres s'appelle *éther* : c'est une région de lumière et de feu (comparez l'opinion d'Herschell, selon lequel le soleil, opaque et habitable, est enveloppé d'une atmosphère lumineuse).

Les astres, et plus particulièrement le soleil et la lune, ont commencé à exister en même temps que le monde : leur origine n'a ni suivi ni précédé.

La nature des astres est douteuse et hypothétique. Il est probable que plusieurs ne sont que des masses de feu. Tel serait surtout le soleil : mais d'autres semblent n'être que des conglomérats opaques, auxquels se trouve uni du feu. Il est concevable en effet, et que des corps polis reçoivent, renvoient, reflètent la lumière pourtant étrangère à leur substance, et que des masses creuses en dedans contiennent des feux intérieurs comme une lanterne contient de la flamme, ou comme un plat porte des charbons ardens. Il serait donc admissible que le soleil fût un aggrégat terreux, mais en même temps criblé de pores comme la pierre-ponce ou l'éponge, et qu'il laissât passer par ses interstices la lumière des feux contenus au dedans.

Ce qu'il est tout-à-fait impossible de supposer, c'est que les astres soient animés. La terre ne l'est pas, quoique une; pourquoi les astres le seraient-ils?

Les astres se divisent en deux classes : les astres mobiles ou errans, vulgairement planètes, et les astres fixes. Cette différence n'a rien d'extraordinaire, si l'on songe que les étoiles fixes se meuvent aussi, mais toutes d'après un même mouvement et suivant un même système; de sorte qu'elles sont toujours au même point de l'espace les unes à l'égard des autres, tandis que les planètes se meuvent suivant des règles toutes différentes, et qu'elles correspondent tour à tour à des points inégalement éloignés d'une étoile fixe.

La grandeur des astres n'est certainement pas celle que nous leur attribuons naturellement : cependant leur éloignement n'est pas extrême ; la chaleur des rayons qu'ils nous lancent en est une preuve irréfragable. Au reste, il est impossible jusqu'ici de dire avec certitude quelle est cette grandeur ; et celui qui n'a donné au soleil qu'un pied de long, comme ceux qui l'ont cru beaucoup de fois plus considérable que le Péloponnèse, et même égal en dimension à toute la terre, seraient aussi embarrassés les uns que les autres s'il s'agissait de démontrer leur opinion.

Quant à la figure, son orbicularité apparente peut être causée également par une sphéricité parfaite ou par un plan discoïdale. Rien n'empêche non plus que ce ne soient des cylindres, ou des cônes, ou des pyramides à base sphérique.

Aux deux classes d'étoiles se rattachent deux mouvemens différens : l'un, par lequel le ciel entier, et par conséquent tout le système des astres, serait emporté ; l'autre, par lequel des corps isolés avancent ou reculent au milieu d'un fluide qui laisse passage à des solides.

Ce dernier mouvement est celui des planètes ; il se divise en *antéversion* ou marche en avant, et *conversion* ou retour. Le premier a lieu lorsque l'astre, s'avançant dans une direction, décrit un arc de cercle égal à une notable partie de la circonférence ; le second a lieu lorsqu'il semble rétrograder, et qu'il décrit en sens opposé un arc contraire au premier. Règle générale : c'est vers l'occident que se portent tous les astres ; il est nécessaire cependant qu'ils reviennent ensuite vers l'orient. C'est ce que fait le soleil, qui le jour marche vers l'ouest, et que le lendemain matin nous retrouvons à l'est.

Le temps que mettent les astres à décrire cette espèce de circonférence, qui est la mesure de leur orbite, n'est pas le même pour tous.

Comment se fait-il que lune, soleil, planètes, une fois arrivés au tropique ou ligne solsticiale, forment un coude, et prennent une direction autre que la première ? Plusieurs causes peuvent être assignées à ce phénomène : 1° Peut-être est-ce que le mouvement qui leur fut imprimé lors de leur origine s'exerce en spirale : arrivés au point solsticial, qui est leur limite, il faut qu'ils reviennent. 2° Peut-être imitent-ils ainsi l'obliquité du ciel. 3° Peut-être est-ce l'air qui, par quelqu'une de ses propriétés, basse température, densité, etc., les repousse, etc. 4° Peut-être enfin est-ce que les alimens qui avivent ces astres se trouvent disposés sur la route de manière à ce que les uns étincellent derrière eux, tandis que les autres brûlent en avant.

Les phénomènes des levers et des couchers peuvent être assignés à trois causes : 1° Les astres apparaîtraient et disparaîtraient réellement ; en d'autres termes, ils décriraient une courbe au dessus de la terre et une courbe inverse au dessous. 2° Il peut se faire qu'un embrasement ait lieu dans les régions occidentales, et qu'arrivée à l'occident la matière embrasée s'éteigne. 3° Serait-il impossible que chaque matin il se formât un nouveau soleil qui, prenant son élan de la région occidentale, grandît, s'élevât, parvînt à un maximum de force, puis faiblît et en même temps déclinât jusqu'à extinction complète ?

Épicure, à l'appui de ces deux dernières hypothèses, citait beaucoup d'expériences.

Relativement à l'inégalité périodique des jours et des nuits, il donnait aussi trois explications. La première, qui est la seule vraie, tenait à l'obliquité de l'écliptique.

La lumière des étoiles est due sans doute à un afflux perpétuel de ruisseaux lumineux. L'immense quantité de rayons lumineux projetés de tous côtés, toute merveilleuse qu'elle paraît, n'est pas inexplicable, puisque évidemment la lumière est d'une délicatesse sans égale : la preuve, c'est qu'il est impossible de la toucher. Il peut se faire d'ailleurs que l'air soit de nature à s'allumer aisément, pour peu qu'une molécule lumineuse y pénètre : ainsi, des moissons entières sont embrasées par une étincelle. Peut-être le soleil a-t-il autour de lui un aliment invisible à l'aide duquel il répare sans cesse ses pertes. L'huile qui alimente la mèche peut faire comprendre cette explication.

Il est supposable que les autres astres, et particulièrement la lune, empruntent leur lumière du soleil.

Nous ne pouvons ici nous étendre sur les explications risquées à propos des phases de la lune et des irrégularités apparentes de sa course.

Les éclipses avaient déjà été expliquées par les philosophes prédécesseurs d'Épicure d'une manière satisfaisante, quoique indubitablement les calculs ne fussent pas très-exacts et très-savans.

Les pronostics, auxquels l'inspection des étoiles donne lieu, sont traités de haut. Épicure admet leur réalité, tant qu'il ne s'agit que de choses purement physiques ; seulement il prévient contre l'exagération qui voudrait leur attribuer l'infaillibilité et la certitude. Par suite, il touche un mot des pronostics qu'on a souvent tirés des animaux, mais qui sont des phénomènes tout au plus météorologiques.

Les comètes se distinguent, selon lui, en étoiles tombantes et comètes proprement dites.

Ces dernières proviennent peut-être de l'embrasement spontané de certaines matières qui se trouvent accumulées et disposées de manière à prendre feu dans les hautes régions; peut-être aussi préexistent-elles à l'instant où nous les apercevons : alors ce seraient les mouvemens et les positions du ciel qui les mettraient momentanément à portée de notre vue. Ces deux hypothèses ne sont pas les seules auxquelles on puisse se livrer. L'occultation ou l'extinction des comètes (car les deux dénominations peuvent être vraies) ont lieu par les causes et dans les circonstances contraires.

Les étoiles tombantes ou filantes proviennent, soit de fragmens d'étoiles usées ou brisées, soit de chute de matières brillantes dont les astres sont des conglomérats, soit de la réunion fortuite d'atomes ignés, soit de l'incandescence subite de l'air renfermé dans des cavités nébuleuses au dedans desquelles il est agité, et qu'il brise.

§ XXI. AÉROLOGIE OU MÉTÉOROLOGIE PROPREMENT DITE.—Les nuages résultent d'une condensation d'air, condensation produite par les vents. D'autres hypothèses peuvent disputer la palme à celle-ci. Des atomes aériformes se sont peut-être accrochés les uns aux autres, et par conséquent juxta-posés. D'abord, ces atomes ne forment que des masses de médiocre grandeur; mais bientôt elles s'agglomèrent, et en forment de très-grandes.

Les nuages se forment surtout au sommet des montagnes. Cela vient de ce que les premières condensations ont une si faible densité qu'on ne peut les apercevoir, et que le vent les transporte plus loin avant qu'elles aient eu le temps de s'épaissir ; les montagnes les arrêtent, et là elles s'amoncèlent en assez grande quantité pour devenir visibles.

Épicure joint à toutes ces explications des nuages la vraie solution ; il soupçonne qu'ils sont produits par les exhalaisons de la terre et les évaporations des eaux.

Les vents aussi sont dus aux atomes. Ces corps élémentaires rencontrent quelquefois dans leur course des surfaces qui les repoussent et les font rebondir fortement : leur rapidité alors est plus forte, plus grande, et il en résulte de violens courans d'air. Cet air qui donne lieu aux vents provient tantôt d'exhalaisons aqueuses ou terrestres, tantôt aussi de l'action du soleil, qui donne du mouvement aux fluides aériformes. L'intensité des vents est proportionnelle à la puissance de l'impulsion qui leur a été donnée primitivement. On peut avec assez de raison les comparer aux cours d'eau, dont la rapidité varie selon diverses circonstances.

Parmi les vents, il faut remarquer les tourbillons ou trombes. Ils proviennent de deux actions exercées en sens divers sur une nue que, par exemple, un vent intérieur tend à précipiter vers la terre, tandis qu'un autre vent non moins puissant la fouette extérieurement pour la faire marcher en avant. Ces phénomènes se produisent et sur terre et sur mer ; mais ils sont plus fréquens sur celle-ci que sur celle-là.

La foudre provient de l'agglomération d'un nombre infini de vents minimes gonflés de corpuscules ignés et contenus à l'intérieur des nuages. Agités par le mouvement général de leur prison aériforme, ils prennent feu et font explosion : de là le bruit, l'éclair et le tonnerre. Les incendies causés par la foudre mettent hors de doute la nature ignée de ce météore : on ne peut contester non plus la nécessité des nuages, puisque rarement il tonne sans que le ciel soit couvert. Le nuage est donc en quelque sorte gros de la foudre. Qui la détermine à sortir ? on l'a dit, le mouvement, et ce mouvement résulte le plus fréquemment d'un vent qui, pénétrant la nue, forme dans l'intérieur des parties ignées un tourbillon que la rotation échauffe, embrase et fait violemment éclater au dehors. Une foule d'autres explications, toutes aussi dépourvues les unes que les autres de preuves directes, et surtout d'expériences à l'appui, se succèdent chez Épicure : nous les omettons. Ajoutons cependant les trois propositions suivantes, relatives à certaines circonstances électriques : 1° Il tonne plus fréquemment au printemps et en automne que dans les deux autres saisons, parce que dans celles-ci les principes humides ou ignés ne coexistent pas ; dans l'automne et dans le printemps, au contraire, le feu et l'eau se produisent en abondance et simultanément. 2° La rapidité et la force de la foudre tiennent à la puissance d'élan que le météore possède en jaillissant de la nue, et à l'étonnante subtilité de son principe. 3° S'il pénètre à travers les clôtures des maisons, s'il dissout les métaux, s'il tarit les vins sans toucher aux vases qui les contiennent, ces phénomènes résultent aussi de la subtilité du fluide qui se glisse dans les pores les plus étroits, et de la mobilité qui le transporte en un instant à de fortes distances.

La pluie est une condensation d'eau restant à l'état liquide. Elle est due à la compression des nues, qui, rares lorsqu'elles sont à distance, se trouvent plus denses si le vent les agglomère et réduit l'espace qu'elles doivent occuper. Ainsi condensées, elles se résolvent en gouttelettes. Il y a dans les nues des germes d'eau, et les gouttes aqueuses passent à travers les pores de la nue absolument comme le sang à travers les veines. On peut admettre aussi que la matière des nuages se fond comme la cire, quand elle est exposée au feu. On sait que cette deuxième opinion est la seule véritable.

Épicure savait que les pluies offrent des phénomènes très-variés : par exemple, que les unes ne durent que quelques instans, tandis que d'autres sont continues ; que la terre, qui reçoit en été des pluies abondantes, exhale en vapeur une partie de ce qu'elle reçoit, etc., etc.

La rosée a lieu lorsque des corpuscules, exhalés de lieux humides ou bien arrosés, se réunissent et retombent en pluie fine, sans que l'on distingue les gouttes avant leur chute : c'est une espèce de pluie. Les salles des bains à vapeur offrent des exemples analogues à la formation de la rosée.

La neige, la grêle, la glace, étaient pour Épicure, comme pour nous les météores aqueux, remarquables par la solidification de l'eau. Il savait que la grêle a lieu souvent par le voisinage d'un vent froid qui tout d'un coup enveloppe les gouttes d'eau toutes formées, et qui allaient tomber sous forme de pluie; il apercevait aussi d'autres circonstances concomitantes, mais moins heureuses; il expliquait spirituellement la rondeur par l'hébétation des angles pendant la chute.

La neige résulte de ce que l'eau qui tombe en gouttes menues prend tout à coup la consistance de l'écume par la pression de nuages aptes par leur volume à produire cet effet, et par l'arrivée d'un vent qui souffle sur ces gouttes. Alors il y a glace légère.

La gelée blanche est la rosée devenue glace.

Épicure s'était aussi occupé de divers météores qui sont des effets de la réfraction, et, sans les expliquer avec justesse, il reconnaissait au moins que c'étaient des effets de lumière. Sa météorologie se terminait par des considérations sur des exhalaisons asphyxiantes et sur leur résultat le plus remarquable, du moins par sa puissance, et le nombre des victimes sur lesquelles pèsent les épidémies.

Telles étaient les principales idées d'Épicure sur la physique.

AJASSON DE GRANDSAGNE.

FIN DU TOME SECOND ET DERNIER.

ERRATA.

Page 4, ligne 1, obvia montes; *lisez*, obvia mentes.
— 8, — 14, jaculatur utraque; *lisez*, jaculatur utraque.
— 68, — 9, parveniant; *lisez*, perveniant.
— 256, — 6, quasi natura; *lisez*, quali natura.
— 266, — 27, Et qua si faciat; *lisez*, et qua vi faciat.

www.ingramcontent.com/pod-product-compliance
Lightning Source LLC
Chambersburg PA
CBHW052135230426
43671CB00009B/1260